经济管理学术文库·管理类

高水平开放促进高质量发展
——理论、实证及路径

A High Level of Opening-up
Promotes High-Quality Development
—Theory, Evidence and Approach

金 成／著

经济管理出版社
ECONOMY & MANAGEMENT PUBLISHING HOUSE

图书在版编目（CIP）数据

高水平开放促进高质量发展：理论、实证及路径/金成著．--北京：经济管理出版社，
2024.4

ISBN 978-7-5096-9683-5

Ⅰ.①高…　Ⅱ.①金…　Ⅲ.①开放经济—经济发展—研究—中国　Ⅳ.①F127

中国国家版本馆 CIP 数据核字（2024）第 084467 号

组稿编辑：张巧梅
责任编辑：杜　菲
责任印制：黄章平
责任校对：王淑卿

出版发行：经济管理出版社
　　　　　（北京市海淀区北蜂窝 8 号中雅大厦 A 座 11 层　100038）
网　　址：www.E-mp.com.cn
电　　话：（010）51915602
印　　刷：唐山昊达印刷有限公司
经　　销：新华书店
开　　本：720mm×1000mm/16
印　　张：14.5
字　　数：263 千字
版　　次：2024 年 6 月第 1 版　　2024 年 6 月第 1 次印刷
书　　号：ISBN 978-7-5096-9683-5
定　　价：88.00 元

目 录

第一章　更高水平开放的内涵、逻辑及路径

　　对外开放是中国的基本国策，也是中国经济实现繁荣发展的必由之路。"十三五"时期，我国进出口总额占国际市场份额比重进一步提升，夯实了作为全球贸易大国的地位。同时在全球经济深度调整期间，全球对外直接投资整体呈现低迷态势下，我国利用外资取得了逆势增长的骄人成绩，在世界银行公布的各国营商环境指数中，中国的排名不断提升。但是，我们也要看到，一方面，经济全球化发展出现了一些新变化，产生了诸多新问题，世界经济中的风险因素和不确定性因素日益增多，加快了世界百年未有之大变局的进程，中国开放发展面临的外部环境发生了深刻变化；另一方面，中国内部环境也发生了深刻变化，进入了高质量发展的新阶段。当然，从长期发展趋势来看，由于驱动经济全球化发展的根本动力是社会生产力的发展和科技进步，而新一轮的技术革命和产业革命正在孕育之中，许多新的社会生产力因素正在形成，因此，经济全球化发展虽然遭遇了暂时的逆风，但其发展的大趋势不会发生改变，开放、合作、共赢仍然是势所必然，尤其是和平与发展仍是时代主题。应该说，我国发展仍然处于重要战略机遇期，但面临的机遇和挑战却与以往有所不同，"十四五"乃至更长一段时期，需要实行更高水平对外开放，开拓合作共赢新局面。

　　新阶段中国实行更高水平对外开放，不仅是为了抓住新一轮开放发展的机遇以及迎接可能的挑战必须做出的战略调整和转型，也是更好地推动经济全球化发展的现实需要。究竟什么是更高水平开放？实行更高水平开放的内在逻辑又是什么？如何才能实现更高水平的开放，或者说实现更高水平开放的具体路径是什么？

第一节 更高水平开放的理论内涵

党的十九届五中全会指出，坚持实施更大范围、更宽领域、更深层次对外开放，依托我国大市场优势，促进国际合作，实现互利共赢。可见更高水平开放在理论内涵上主要有两大要点：一是坚持实施更大范围、更宽领域、更深层次对外开放；二是依托我国大市场优势，促进国际合作，实现互利共赢。

一、坚持实施更大范围开放

众所周知，第二次世界大战结束后的经济全球化发展，主要是发达国家推动的经济全球化，发展中国家和新兴市场经济体参与经济全球化，本质上就是以开放的姿态接受发达国家市场经济的全球推行、技术的全球扩散以及全球生产网络的全球拓展。中国改革开放的伟大事业也正是在此背景下展开的。改革开放以来，中国融入经济全球化发展开放型经济，实质上就是融入发达国家主导和推动的经济全球化，因此开放范围主要也就侧重于向发达国家开放，市场高度集中和依赖于发达国家市场，主要表现在两个方面：首先，从供给层面看，或者说依据比较优势从事专业化分工和生产角度看。自 20 世纪 80 年代以来，国际分工发生了本质变化，即以产品价值增值环节和阶段分布在不同国家和地区为表现的所谓全球价值链得到快速发展，而全球价值链的本质实际上就是发达国家跨国公司在全球范围内整合和利用资源和要素，布局全球生产网络。因此，中国融入国际分工体系实质上就是融入发达国家跨国公司主导的全球价值链分工体系，从而在开放范围上就必然表现为向发达国家开放。此外，在发达国家跨国公司布局全球价值链过程中所采用的重要方式和手段之一，就是开展对外直接投资，通过对外直接投资将自身的资本和技术优势同东道国初级要素等相结合，以尽可能地降低成本和提升竞争力。改革开放以来，中国大量吸引了来自发达国家和地区的跨国公司 FDI，就是真实写照。总之，在前一轮经济全球化发展过程中，国际分工形态的演变以及主要由发达国家跨国公司主导推动的特征事实，决定了中国在融入国际分工体系发展开放型经济时，开放范围必然主要体现在向发达国家开放。其次，从需求层面看。不可否认，发达国家推动的经济全球化发展为世界经济的繁荣和财富的积累带来了重要机遇，但是其中的财富不平等现象严峻，南北发展差距巨大乃至不断持续扩大，这一直是困扰经济全球化发展的一个重大问题。因此，一方面，在全球价值链分工条件下，产业和生产环节不断向发展中国家和新兴市场经济体转移；另一方面，财富和利润又主要集中于发达国家，从而决定了消费主要集中在发达国家，这就迫使中国等发展中国家在产出的"出路"上必须更加倚重发达经济体市场。长期以来中国开放发展不得不更集中于向发达国家开放，这种开放发展模式在特定的阶段无疑是有选择的必然性和合理性，但由此也带来了外部市场不平衡、不协调等问题。这显然不是高水平开放的题中应有之义。因此，新形势尤其是中国开放发展进入新阶段后，高水平开放必须是更大范围的开放，也就是说，要在继续坚持对发达国家开放的同时，更要扩展对发展中国家的开放，以及积极推进区域合作，更大范围地参与区域经济一体化，把我国开放合作的"朋友圈"越做越大。

二、坚决推动更宽领域开放

中国前一轮开放发展主要发生在制造业领域，具有"单兵突进"的突出特点，并且即便在制造业领域内部，先进制造业开放也相对不足。因此，从开放发展的产业领域角度看，同样存在着不平衡、不协调和不可持续等问题。当然，制造业"单兵突进"式的对外开放，既与前一轮全球价值链分工演进的阶段有关，也与中国自身所处发展阶段有关。如前文所述，全球价值链分工主要是由发达国家跨国公司推动的，而从具体的产业和产品生产环节梯度转移的角度看，首先转移的必然是发达国家已经失去比较优势的劳动密集型制造业产业，或者劳动密集型产品生产环节，并按此规律依次推进。诸多研究已经指出，"保留核心的，外包其余的"是全球价值链分工条件下发达国家跨国公司采取的普遍策略。从这一意义上看，发展中国家在承接产业和产品生产环节国际梯度转移过程中，究竟在何种产业领域或产品生产环节上进行专业化分工，不仅取决于自身拥有什么样的要素禀赋条件以及自己能够做什么，而且还取决于发达国家跨国公司产业链价值链的全球布局，从而决定给你做什么。从上述两方面看，中国在前一轮开放主要发生在制造业领域，都有其必然性和合理性。因为一方面，中国实施改革开放是在资本和技术等要素十分缺乏条件下开始的，只能从劳动密集型制造业领域做起。另一方面，为了尽可能地保持核心竞争力，发达国家跨国公司也不太可能不遵循边际产业转移规律，毫无保留地将更为先进的产业和环节转移出去。进一步地，从产业自身特征或者说更易于标准化和进行区域转移的可操作化角度看，相比于服务业，制造业也更容易在全球范围内拓展。这也正是为什么全球价值链分工在前一轮的发展中主要表现在制造业领域。

产业领域开放的失衡，显然不符合高水平开放的要求。从产业关联包括制造业和服务业关联角度看，当制造业发展到一定程度后，其进一步高端化发展往往离不开服务业尤其是现代服务业的支撑。而在服务业全球化和碎片化发展大趋势下，利用服务要素为制造业转型升级和高端化发展提供要素支撑，从来源上看既可以源自国内本土服务要素，也可以源自国外提供的服务要素。显然，如果在服务要素的供给和选择上不再局限于本土，就必须建立在服务业扩大对外开放基础之上。而一旦服务业扩大对外开放，不仅意味着服务要素的选择范围更广了，而且服务要素的质量也可能因此而得到提高，从而对制造业转型升级的支撑作用更强。当然，从服务业自身角度看也是如此。当全球价值链日益拓展至服务领域后，服务业国际竞争力日益成为一国参与国际竞争和合作的重要衡量指标。因此，无论是从产业间更加协调发展角度看，还是从产业内结构更加协调角度看，扩大开放领域都应该是高水平开放的重要内容和方向。因此，推动更宽领域的开放主要就是指不仅继续坚持扩大制造业开放，包括先进制造业领域开放，还要扩大服务业开放，包括金融、保险、咨询服务、电信服务、医疗、教育、养老等服务领域的有序开放。

三、坚定推动更深层次开放

第二次世界大战以来，经济全球化快速发展得益于贸易和投资自由化。尤其是 20 世纪 80 年代以来，以产品价值增值环节为界限的国际分工，以及以全球对外直接投资为主要表现的生产要素跨国流动，显然更加依赖于贸易和投资自由化。同一产品的不同生产环节和阶段被配置到全球不同国家和地区后，便形成了所谓的全球生产网络，众多国家和地区于是就成了全球生产网络中的某个或者某些节点。将这些不同的生产节点串联起来完成最终产品的生产，必然会涉及中间产品的跨境流动乃至多次反复的跨境流动。显然，在贸易自由化程度尚不高的情况下，在关税和非关税壁垒削减程度不够的条件下，甚至不起眼的关税成本，都会因为中间产品在不同国家之间反复流转，形成巨大的交易成本累积效应，阻碍着国际分工的发展。因此，以关税和非关税壁垒不断削减为表现的贸易自由化发展就显得特别重要。而布局全球价值链从微观经济主体角度看，主要是由跨国公司推动的。跨国公司之所以称之为跨国公司，开展对外直接投资就是不可或缺的因素，这也是跨国公司布局全球价值链的重要手段和方式。于是打开国门允许生产要素跨国流动尤其是资本的跨国流动，即投资自由化对推动全球价值链分工发展同样重要。

贸易和投资自由化推动了分工的演进和发展，尤其是全球价值链分工的演进和发展。但是当全球价值链演进至一定阶段和程度后，仅仅依靠贸易和投资自由化的边境开放举措，就无法适应新的发展需要了。在全球价值链分工演进的早期阶段，主要表现为制造业生产环节尤其是劳动密集型生产环节和阶段的国际梯度转移。这种产业和生产环节的要素密集度特征，决定了其进行跨国配置时，主要考虑的是东道国国内生产要素的成本，而较少考虑因规则制度等引发的交易成本。以边境开放为主要特征和举措的经济全球化发展，基本能够适应跨国生产配置对低成本生产要素追逐的需要。但是，当前全球价值链分工演进出现了新的趋势和变化，突出表现为价值链梯度转移的环节和阶段不断向中高端延伸和拓展，包括全球创新链也在深度演进。况且，跨国公司在组织和协同位于不同国家和地区的不同环节和阶段，并尽可能实现无缝对接，也对不同国家和地区尽可能在规则等制度方面实现统一和兼容的要求越来越高。这就意味着为适应经济全球化发展新趋势，适应价值链分工演进新需要，必须进一步推动从边境开放向边境内开放深化。换言之，所谓更深层次开放，主要指不仅要扩大边境开放，推动贸易投资自由化，更要推进边境内开放，以制度型开放推进构建更高水平开放型经济新体制。

四、逐步依托新型比较优势的开放

20世纪80年代以来，虽然国际分工的形态和本质有了深刻变化，即一方面突破了以往国际经济理论假定中的生产要素不具备跨国流动性，从而使生产要素跨国流动成为经济全球化发展的重要内容和表现形式；另一方面突破了以最终产品生产为界限的传统分工模式和格局，从而让不同国家和地区同时参与到同一产品的生产过程，从事和专业化于不同价值增值环节和阶段。但是，国际分工所遵循的基本原理依然是比较优势,只不过比较优势有了新的表现形式而已。正如有学者研究指出的,在以生产要素跨国流动和产品价值增值环节全球分解为表现的全球要素分工条件下,各国参与国际分工的比较优势主要是优势要素,而不是某件或某些具体产品的生产能力。改革开放40多年来,中国正是抓住了全球要素分工演进带来的战略机遇,依托低成本劳动要素等初级要素优势,吸引发达国家跨国公司资本和技术的流入,再与外部流入的优势要素相结合,形成了产业尤其是制造业的强大生产能力和出口能力。然而,开放型经济带动下的持续多年的经济高速增长,也逻辑地带动了各类生产要素价格的不断上升,尤其是近年来劳动力成本的迅速攀升,使得原有的低成本优势逐步丧失。参与新一轮经济全球化,抓住全球要素分工带来的新的战略机遇,中国必须培育新型比较优势,这也是推动开放型经济迈向更高层次和更高水平的重要表现。

依托本土市场规模优势,就是培育新型比较优势或者说形成新型比较优势的重要来源。目前,中国已经成为世界第二大经济体,人均GDP已经超过1万美元,并有着4亿多中等收入阶层,本土市场规模具有巨大的潜在优势。传统国际经济理论包括林德的重叠需求理论、波特的国家竞争优势理论以及以克鲁格曼为代表的所谓母市场效应理论等,无不揭示了本土市场规模优势在提升一国企业参与国际竞争力中的重要作用。实际上,在全球要素分工条件下,本土市场规模优势除了能够通过所谓规模经济效应、产品和品牌差异化效应等传统渠道影响一国参与国际竞争优势外,更为重要的是,还能够通过所谓的需求引致创新效应,培育更高端更先进的生产要素;还能够对全球优质的生产要素形成强大的虹吸效应,引进更高端更先进的生产要素;还能够通过诱发价值更高端的生产环节和阶段向国内转移,提升和改善国际分工地位;还能够通过进口竞争效应,产生技术进步促进作用;还能够通过扩大开放国内市场,在加强世界对中国市场依赖的同时提升中国在补充和完善全球经济治理规则体系中的制度性话语权等。总之,从广义生产要素角度看,依托本土市场规模优势其实就是可以培育、吸引和集聚更高端、更先进的生产要素,更好地利用两个市场两种资源,培育出参与全球要素分工的新型比较优势。

第二节　实行更高水平开放的基本逻辑

一、实行更高水平开放的理论逻辑

理论上说，实行更高水平的开放，是全球价值链分工演进的必然要求。自 20 世纪 80 年代以来，全球价值链分工演进得到了快速发展，从产业领域或者价值增值环节的国际梯度转移角度来看，主要发生在制造业领域尤其是劳动密集型等制造业和产品生产环节；而从不同国家和地区角度来看，全球价值链分工在得到快速发展的同时，存在着机会不均等和地位不平等的严重问题。就机会不均等而言，突出表现为部分发展中国家尤其是最不发达国家，在全球价值链中被边缘化，参与全球价值链分工的程度相对较低，而一部分国家则在全球价值链分工中不断退化为资源和能源的出口国，制造业在全球价值链分工中并没有获得更好的发展机遇。部分发展中国家如中国等，虽然具有了参与全球价值链并获得了开放发展的战略机遇，但总体来看在全球产业链和价值链分工格局中仍然处于中低端，面临着向全球价值链中高端攀升的任务。当前，世界正经历百年未有之大变局，全球价值链也正处于亟待重构的发展阶段。

全球价值链重构或者说调整的一个重要方向，就是促进分工朝着机会更加均等和地位更加平等方向发展，这也是促进经济全球化健康可持续发展的必由之路。从一定意义上看，当前经济全球化发展出现暂时的逆风和逆流，在一定程度与价值链分工中存在的问题和积累的矛盾不无关系。由于技术进步和社会生产力发展是推动经济全球化发展的根本动力，更确切地说，经济全球化发展是技术进步和社会生产力发展的必然结果和客观规律。2008 年国际金融危机冲击后世界经济进入到深度调整期，新一轮的产业革命和技术革命正在孕育之中，一些新的生产力因素如大数据、互联网、智能制造、云计算等正在涌现，由此推动全球价值链分工必然进一步深化发展，在领域上逐步向先进制造业、服务业和创新链等发展演变，并相应地要求全球经济规则向制度型开放层次深化。由此，价值链生产环节和阶段必然会按照梯度转移原理和规律，在区域上进一步向其他更多发展中国家和最不发达国家（地区）转移。在此背景下尤其是发达国家兴起逆全球化背景下，中国作为世界第二大经济体有责任也有义务，在引领和推动新一轮经济全球化中彰显大国担当和责任，推动经济全球化朝着地位更加平等和机会更加均等方向发展。这正是新阶段中国实施更高水平开放的理论逻辑。

二、实行更高水平开放的历史逻辑

实行更高水平开放是历史逻辑的体现和必然要求。这一点，无论是从第二次世界大战前的英国推动产业转移的历史逻辑看，还是从第二次世界大战之后的经济全球化发展的历史逻辑角度看，尤其是产业与价值链生产环节和阶段的国际梯度转移的历史演变逻辑看，都为我们理解相关问题提供了历史经验证据。在第二次世界大战爆发前的产业国际转移中，主要表现为20世纪初，作为当时头号资本强国和制造业强国的英国，将部分过剩产能通过产业转移的方式转移至美国。这一产业转移为之后美国工业化发展奠定了坚实的基础。受益于承接产业国际梯度转移，日本、德国于20世纪六七十年代开始推动轻工、纺织等劳动密集型加工产业，向亚洲"四小龙"和部分拉美国家转移，在这一过程中经济得以起飞并且开放发展水平日益提高的亚洲"四小龙"，应该说同样得益于其承接产业国际梯度转移奠定的基础条件。

从20世纪80年代开始，得益于技术进步和贸易投资自由化等制度的全球推行，全球价值链分工得以快速发展，欧美日等发达经济体以及亚洲"四小龙"等新兴经济体，开始推动劳动密集型制造业和产品生产环节向发展中经济体梯度转移。这正是中国实施改革开放政策的大背景，也是中国由此实现产业尤其是制造业产业规模迅速扩张乃至呈现一定升级的历史背景。改革开放以来，中国以开放的姿态积极迎接西方发达国家产业和技术的扩散和转移，把握住了向先行工业化国家和先进经济体的学习机会，依托中国人民的汗水和智慧，经过短短40多年的奋斗，走过了发达国家几百年的发展进程，实现了中华民族几代人的工业化梦想。40多年的开放发展取得了巨大成就，不仅表现在收获了分工和贸易创造的巨大财富方面，更重要的还表现在大大提升了财富创造的生产力方面，由此夯实了我国实施更高水平开放的坚实基础。

三、实行更高水平开放的现实逻辑

世界面临百年未有之大变局的外部环境深刻变化，以及我国经济迈向高质量发展新阶段的内部环境深刻变化，是我国实施更高水平开放的现实逻辑。就前者而言，百年未有之大变局加速调整的重要表现，就是国际经济格局和力量的调整和变化，尤其是国际经济格局出现的"东升西降"的重要变化。这其中，中国的和平发展和崛起无疑发挥着重要的引擎作用。这种变化在一定程度上意味着世界正朝着多极化趋势和方向发展，也表明从区域角度看特别是区域经济格局角度看，越来越具有"均势化"发展趋向。而当前逆全球化思潮和举措主要兴起和发生在美国等发达国家，世界上其他主要国家和地区仍然具有积极推动经济全球化发展的倾向和意愿。例如，2020 年 11 月 15 日签署的《区域全面经济伙伴关系协定》（RCEP）就是明证。RCEP 的签署不仅标志着当前世界人口最多、经贸规模最大、发展潜力最好的自由贸易区正式启航，而且从其规则看，RCEP 同样是一个现代、全面、高质量、互惠的自由贸易协定，体现乃至引领了经济全球化朝着制度型开放方向演进的趋势和潮流，这充分表明了在美国等发达国家去全球化、单边主义和贸易主义甚嚣尘上之际，亚洲地区的主动作为、危中寻机，通过签订区域贸易协定的方式，应对经济全球化遭遇的逆风逆浪，彰显对自由贸易和多边体制的坚定支持。再如，自中国提出共建"一带一路"倡议以来，已经得到越来越多的国际组织、国家和地区的认可，人类命运共同体的理念逐步深入人心。外部环境发生的这一系列深刻变化，必然要求中国在更大范围、更宽领域、更深层次方面坚决实施更高水平开放。

进一步地，从中国自身内部条件变化来看，中国已经成为世界第二大经济体，已经迈向经济高质量发展的关键阶段。持续多年的高速增长使得开放发展成果惠及劳动人民的同时，也带动了劳动力成本等生产要素价格的直接上升，传统的低成本优势逐步丧失。但我们应该看到，新型比较优势正在加速形成。例如，在传统人口红利逐步丧失的同时，我国每年有 800 万左右的本科生毕业和 300 万左右的研究生毕业，说明人力资本的累积效应正在逐步形成，转向人口红利的基本条件正在形成。再如，虽然中国在全球产业链和价值链中还面临着一些"卡脖子"的技术难题，但技术进步的速度正在加快，正如前文分析所指出的，在一些关键技术领域甚至已经达到了国际领先水平。多年开放发展创造的巨大财富，同样奠定了经济高质量发展所需要的巨大资本。因此，无论是从劳动力质量提升角度还是从技术进步角度，抑或是从资本积累角度，中国的要素禀赋结构都已经发生了巨大而深刻的变化，在为经济转向高质量发展奠定坚实基础的同时，也具备了实施更高水平开放的现实条件。尤其是在以往作为推动经济全球化发展的主要国家如美国，不断挑衅和践踏全球多边经贸规则、采取逆全球化举措之际，中国有义务也有能力，通过实施更高水平开放，在推动和引领新一轮经济全球化发展、调整和完善新一轮全球经济规则中彰显大国担当。

第三节 更高水平开放的实现路径

针对如何实现更高水平开放，从具体的实现路径看，扩大开放范围实际上就是要以共建"一带一路"为重点，不断扩大我们的"朋友圈"；拓宽开放领域实际上就是要在原有制造业开放基础上，有序扩大我国服务业对外开放；深化开放层次实际上就是要在继续推动商品和要素流动型开放的同时，更加注重规则等制度型开放。

一、以共建"一带一路"为重点

中国倡导的共建"一带一路"已经取得了初步成效——"六廊六路多国多港"的互联互通架构基本形成，一大批合作项目落地生根，首届"一带一路"国际合作高峰论坛的各项成果顺利落实，150多个国家和国际组织同中国签署共建"一带一路"合作协议。共建"一带一路"同联合国、东盟、非盟、欧盟、欧亚经济联盟等国际和地区组织的发展和合作规划对接，同各国发展战略对接。实际上，中国倡导的共建"一带一路"，不仅是应对当前逆经济全球化的重要举措，也是中国在继续做好向东开放的同时，拓展向西开放从而不断扩大"朋友圈"的重要举措，对于提升制度型开放水平以及完善全球经济治理体系，有着极为关键的作用和意义。以共建"一带一路"为重点，是中国在新阶段实现更高水平开放的重要抓手和平台。

二、有序扩大服务业对外开放

实行更高水平开放，坚决推动更宽领域开放，实际上就是在行业领域上要将开放进一步拓展至先进制造业，尤其是服务业领域。中国开放发展进入新阶段后，扩大服务业开放是实行更高水平开放的必由之路。做好扩大服务业开放的"时序"安排，对于尽可能降低风险具有极为关键的作用和意义。第一，要尽可能地避免对国内相关产业造成过度冲击，否则不但无益于拉动国内服务业发展，还有可能造成国内服务业发展被外资企业垄断的局面，引发产业安全等问题。第二，扩大服务业开放还要根据自身监管能力等，根据自身体制机制的变革和优化进展，做好开放时序和重点部门的安排。一方面，要加大简政放权力度，落实《外商投资法》确立的对外商投资实施准入前国民待遇加负面清单制度，真正让外资在中国落地生根，助力中国服务业发展；另一方面，可充分利用我国已经广泛布局的各地自贸区等先行先试平台，渐进推动相关行业开放，有序放开金融、教育、文化、医疗、交通、运输、基础设施、增值电信等领域开放，在"有序扩大服务业开放"中尽可能地降低和规避风险。

三、加快推动制度型开放

在推动商品和要素流动型开放的同时，更加注重规则等制度型开放，是新形势下中国实行更高水平开放的重要内容，也是重要的实现路径。与商品和要素流动型开放类似，制度型开放应该是一个双向循环的系统。也就是说，在加快制度型开放过程中，一方面，要及时跟踪和研究当前经济全球化发展的新形势、新特点，尤其是全球经济规则呈现高标准化发展的新趋势和新特点，做好对标工作。换言之，要按照全球经济规则中已经形成和推行的高标准规则等制度体系，对国内改革形成倒逼机制，即以开放促改革。在体制和机制的优化安排中不断提升规则等制度质量，实现与全球高标准经贸规则等制度相一致、相兼容。另一方面，在推动制度型开放过程中，不能一味地作为全球经贸规则的被动接受者。尤其是在新一轮全球经贸规则的调整和重塑过程中，中国需要成为重要的参与者甚至引领者。这就要求我们需要不断通过深化改革，形成更高质量的制度创新成果，尤其是要依托我国已经布局的各地自由贸易试验区，并且在进一步完善自由贸易试验区布局中，鼓励各地区自贸区在制度创新方面进行探索，多出高质量的制度创新成果，为中国积极参与新一轮全球经济规则调整和重塑奠定必要的基础。这也是我国实行更高水平开放的必要前提和条件。

四、坚持以扩大内需为战略基点

实际上，无论是扩大开放范围，还是拓宽开放领域，抑或是深化开放层次，最终仍要服务于改善和提升国际分工地位的需要，更确切地说，是要迎合我国产业迈向全球价值链中高端的需要。目前，在主要来自人口红利的传统低成本优势逐步丧失的同时，本土市场规模优势逐步凸显。现有关于母市场效应理论表明，依托本土市场规模优势，可以为本土企业带来规模经济优势以及产品差异化竞争优势，从而培育参与国际竞争与合作的新优势。能否将本土市场规模优势真正转化为参与全球竞争与合作的竞争优势，关键在于能否将潜在的需求激发出来。为此，必须坚持扩大内需的战略基点，完善促进消费的体制和机制，完善扩大内需的政策支持，形成需求牵引供给、供给创造需求的更高水平的动态发展和平衡。为了有效扩大内需，一是要继续推动城镇化发展；二是要推动城乡和区域的协调发展，缩小城乡和区域的发展差异；三是要促进消费需求结构的升级，切实增强扩大内需对经济发展的基础性作用，扩大内需对培育开放发展竞争新优势的基础性和战略性作用。

五、加快形成"双循环"新发展格局

党的十九届五中全会提出了"十四五"时期经济社会发展的指导思想和必须遵循的原则，其中再次强调了要加快构建以国内大循环为主体、国内国际双循环相互促进的新发展格局。这一战略部署实际上包含了两层含义：一是注重国内国际双循环的相互促进，也就是说，新发展格局并非是片面强调国内大循环或者国际大循环；二是明晰"双循环"新发展格局有助于重塑竞争新优势，从而为实施更高水平开放奠定基础条件。为此，在开放发展新阶段，中国需要充分利用国内国际两个市场两种资源，积极促进内需和外需、进口和出口、引进外资和对外投资协调发展，在促进国内大循环和国际大循环相互作用过程中，优化国内国际市场布局、商品结构、贸易方式，提升出口质量，增加优质产品进口，进而推动我国从贸易大国向贸易强国迈进，从开放型体量之大向筋骨之强阶段迈进。

六、大力实施创新驱动战略

经过 40 多年的开放发展，中国虽然已经全面而深度地融入全球价值链分工体系，并实现了一定程度的价值链升级，但是从现实分工格局看，中国仍然处于全球价值链中低端，在许多领域仍然面临着"卡脖子"的困境。破除产业链供应链因"卡脖子"问题而引发的安全隐患，实施创新驱动战略、加快开放条件下的技术创新和技术进步是一条切实有效也是唯一的路径选择。唯有如此，才能进一步扎根全球价值链分工体系，才有实施更高水平开放的基础和条件。为此，未来的开放发展需要进一步激发人才创新活力，加强基础研究、注重原始创新和开放融合创新，提升企业技术创新能力，强化国家战略科技力量。

第二章　经济高质量发展的内涵、目标及方略

　　基于对中国特色社会主义和经济发展进入新时代以及经济全球化发展新形势的精准研判，党的十九大报告中做出了"我国经济已由高速增长阶段转向高质量发展阶段"的科学论断。内涵上，高质量发展是创新成为第一动力、协调成为内生特点、绿色成为普遍形态、开放成为必由之路、共享成为根本目的的发展；目标上，就是要在质量变革、效率变革、动力变革的基础上建设现代化经济体系；实现路径和方略上，必须走深化供给侧结构性改革之路、走创新引领的发展道路、走乡村振兴发展之路、走区域协调发展之路、走加快完善社会主义市场经济体制之路、走推动形成全面开放新格局之路。习近平总书记关于高质量发展的论述，是对新时代经济改革发展实践的系统归纳和总结，充分体现了对马克思主义政治经济学、辩证唯物主义和历史唯物主义的继承和发展。

第一节　推动经济高质量发展的时代背景

　　经济发展理念的转变体现了一个国家和人民对客观经济增长形势和进程的判断和决策。我国经济由高速增长阶段转向高质量发展阶段，是适应我国社会主要矛盾的变化、保持经济持续健康发展和我国实现社会主义现代化的必然要求。

一、高质量发展是为了适应我国社会主要矛盾的变化

近些年，由于我国解决人民温饱问题和人民生活总体上达到小康水平这两个目标的提前实现，居民收入得到持续增长，中等收入群体不断扩大。在这一背景下，内需正逐渐成为拉动我国经济增长"三驾马车"中起引领作用的重要动力。但是我国供给结构仍然重视量的扩张而忽视质的提高，供给结构与需求结构的失调突出表现为中低端产品的产能过剩与高端产品供给不足同时存在。一定程度上的"供需错位"和发展质量效益不高问题，将会影响产业链改善、居民消费升级和经济高质量发展。为此，解决我国社会主要矛盾，必须推动经济高质量发展，尤其要推动供给侧结构性改革，以切实解决中低端供给过剩而中高端供给不足的问题。当然，随着人民自身素质的提高和经济社会的发展，美好生活需要已经不再单纯局限于物质生活消费层面，人民群众开始更多地关注法治公平、环境安全、民主和谐等上层建筑方面的问题。因此，面对社会主要矛盾的历史性阶段性变化，党中央充分发挥大局意识和全局观念，最大限度调动人民群众的积极性、主动性、创造性走高质量发展之路，以此落实"以人民为中心"的发展思想。

二、高质量发展是为了更好促进经济持续健康发展

长期以来，我国大量的劳动力、低廉的土地以及较低的环境成本，构成了经济长期高速增长的主要支撑。但是随着近年来我国劳动力等要素成本上升，环境保护力度趋紧，传统低成本优势正逐步丧失，在此背景下，甚至出现了部分跨国公司将某些产业和产品生产环节转移至成本更低的发展中国家的现象。同时，面临我国资源供给日益紧张、生态环境破坏趋于严峻和逆全球化不断抬头的现实，继续依靠粗放型发展模式实现的高速增长已经面临可持续难题，也不利于我国经济的健康和长远发展。此外，区域发展失衡、城乡建设不协调等问题，是导致我国经济不稳定性加剧和风险积累的重要因素。因此，保持社会主义经济的持续健康发展，迫切需要从各个角度提升发展质量，让我国经济由量变转向质变。

三、高质量发展是实现我国社会主义现代化的必由之路

如果一个国家仅仅关注 GDP 的增长，而不能在人均收入达到世界中等水平后实现发展方式转变，那么很可能出现增长动力不足、经济社会停滞不前的状

态，这时将会落入所谓的"中等收入陷阱"。我国要在21世纪中叶建成社会主义现代化强国的目标，意味着到那时我国将迈入发达国家行列。但从目前来看，我国在全球产业链和价值链中依旧处于中低端，科技创新能力薄弱，产学研整体渠道不畅，缺少尖端核心技术加持。国内产业仍存在结构失衡、关键产业空心化和产业发展模式粗放、能源效益差等问题。在新一轮科技革命和产业革命的浪潮下，我国要想跨越"中等收入陷阱"这一鸿沟，减少经济发展中不断出现的矛盾和风险，只有提高科技创新能力，掌握关键前沿的技术手段和经验，加快传统产业智能化转型步伐，坚持改革开放引资引智，才能推动社会主义现代化发展进程。

第二节　实现经济高质量发展的本质内涵

理念是实践行动的先导，每一次发展理念的完善和创新，意味着发展实践的进步和跨越，是掌握全局、方向、根本的东西。面对当前经济新机遇新趋势和新挑战新矛盾，党中央为了更好地跨越常规性和非常规性关口以实现经济高质量发展，在将马克思主义同当代中国实际和时代特征相结合的基础上，创造性地提出了创新、协调、绿色、开放、共享五大发展理念。因此，从内涵上看，经济高质量发展是体现新发展理念的发展，是创新成为第一动力、协调成为内生特点、绿色成为普遍形态、开放成为必由之路、共享成为根本目的发展。

一、创新是引领发展的第一动力

高质量发展是创新驱动和效率提高的发展。回望我国虽然经济高速增长，整体科技水平有所提升，但是，总体上看，我国在计算机智能、军事、安全领域等高技术方面同发达国家仍有较大差距，鉴于高新科技核心关键技术的长期缺失和难以攻克，我国重大生产研究项目经常受制于人、推进缓慢，同时，高端技术人才的缺乏和科技储备的不足都将对我国未来科技革命进程和发展造成不小的阻碍。纵观过去40多年的经济高速增长在很大程度上是依靠生产要素如劳动力、土地、资本的投入，科技创新和效率并没有成为经济发展的主要动力。但是，当今世界，单纯依赖本国自身传统的要素禀赋参与国际分工，很可能在享受一段时间的发展红利之后便遭受所谓的"资源诅咒"，目前国际间竞争优势越来越注重一国的科技创新能力，谁能在新一轮技术革命中迈出创新的关键一步，谁就能掌握经济发展新动能，就能拥有引领发展的话语权和主动权。高质量发展意味着经济发展动力的转变，强调创新是发展的第一动力，促进经济增长需转向提高效率、创新科学技术和把握关键核心科技。在实现社会主义现代化强国和增强我国国际竞争力的征途中，创新将会是高质量发展的关键词，只有抓住创新，经济发展依靠创新才能做到人有我有、人有我强、人强我优。

二、协调是持续健康发展的内在要求

高质量发展是促进平衡与不平衡统一、发展短板和潜力统一的协调发展。纵观我国历史进程，由于地理位置、人口分布、政策制定等各项因素的影响，区域、城乡、产业，物质文明和精神文明等方面的不平衡、不协调问题由来已久。在经济高速增长阶段，我国区域间存在严重的两极分化态势。在城镇化发展加快的进程中，我国城乡发展不平衡和不协调的矛盾比较突出，城乡二元结构问题显著，农村农业发展缓慢和落后。同时，我国一二三产业发展也存在结构不合理、第三产业发展滞后、地区产业结构趋同化、发展缺乏后劲等问题。伴随着整体经济社会的繁荣和脱贫攻坚的全面展开，大部分的人民群众基本能做到仓廪实衣食足，但需要引起注意的是一些地方文化教育资源比较匮乏，道德失范等问题比较突出，社会文明程度亟待改善和提高。高质量发展经济既要考虑巩固原有优势，又要补齐短板挖掘发展潜力、增强发展后劲，也要注重发展机会公平和资源配置均衡。因此，从高经济增长转为高质量发展，要大力促进我国区域、城乡协调发展，推动产业转型升级和丰富人民群众精神文化生活。

三、绿色是永续发展的必要条件

高质量发展是人与自然和谐共生，环境质量提升的发展。我国经济取得举世瞩目成就的同时，资源约束趋紧、环境污染严重等问题变得越发严峻，这一问题已经成为影响我国经济持续健康发展的明显短板。依靠消耗生态环境取得的经济增长只能是一时的，人与自然和谐共生的理念告诉我们，人类必须在尊重自然规律的基础上坚持节约资源和环境保护的基本国策。但不得不承认的是，在我国经济由高速增长阶段转向高质量发展阶段的过程中，污染防治和环境治理是需要花费大量人力物力财力才能跨越的一道重要关口，一旦突破环境整治这道难题，我国未来人民生活幸福指数和经济发展水平将会得到质的提升。因此，高质量发展必须坚持摒弃之前粗放的、破坏生态的发展模式，建设可持续、绿色高效的新型发展模式，必须坚定不移地加快建设环境友好型社会、资源节约型社会。

四、开放是国家繁荣发展的必由之路

高质量发展是实现更高层次、更宽领域、更高水平开放的发展。一个国家要想发展壮大，必须坚持对外开放，主动顺应世界发展潮流，吸收先进的科学、技术和经济资本。我国40多年的高速发展离不开改革开放，"改革开放是决定当代中国命运的关键一招，也是决定实现'两个一百年'奋斗目标、实现中华民族伟大复兴的关键一招"。但目前，一方面我国对外开放总体水平还不高，在相关领域如金融资本市场仍然存在较大的政策管制和交易壁垒，统筹协调"走出去"、"引进来"发展和利用好国际国内市场能力不强；另一方面由于全球经济治理体系主要还是以发达国家为主导，我国在解决国际贸易争端时面临缺少国际话语权和领导力的窘境。因此，在中国经济实现由大到强的关键时刻，在实现"两个一百年"奋斗目标和中华民族伟大复兴的时代转折点，未来中国经济实现高质量发展必须在更加开放条件下进行，进一步开放市场，努力破除非关税壁垒，减少进口制度性成本，改善外商投资环境，在以共建"一带一路"为重点的基础上建设更高水平的开放型经济，走包容性、共享性、联动性、公平合理的开放发展道路。

五、共享是中国特色社会主义的本质要求

高质量发展是满足人民美好生活需要、发展成果由人民共享的发展。高增长经济模式主要强调的是经济总量的增加，更多追求国家整体经济实力的提升，但并不能反映投入产出的效率、经济结构的状况、自然环境的改善，尤其不能体现发展成果由全体人民共享的初衷。整体来看，经过40多年艰苦卓绝的发展和付出，我国经济发展基本上实现了"蛋糕"做大做强的目标，而目前，贫富差距悬殊、收入分配不公、区域间基础建设水平差距较大等社会问题严重影响人民群众的获得感和幸福感，因此，如何在"不患寡而患不均"观念指引下切好这块

"大蛋糕"，以保证发展成果由全体人民共享成为党中央最关切的重点工作。在实践中，高质量发展不是要求完全不考虑经济增长速度，而是强调要在保持经济平稳增长的同时注重转变动力机制、改善产业结构和提升经济发展效率，特别强调发展为了人民，发展依靠人民，发展成果由人民共享。这就决定了：一方面，我国必须坚持以经济建设为中心，促进产业智能转型升级、实施创新驱动发展战略、深化改革开放程度，以此提高经济发展的质量和效益，不断做大"蛋糕"。另一方面，高质量发展过程中必须处理好分配的效率和公平问题，完善收入分配制度和着力解决地区间贫富差距问题，真正做到先富带动后富，发展成果惠及全体人民群众，做好"切蛋糕"的工作。

第三节　实现经济高质量发展的主要目标

将建设现代化经济体系作为经济高质量发展的目标，主要是因为一国要想更好顺应现代化发展潮流和在国际分工体系中赢得竞争主动优势，经济发展体系必须完善、先进和具有可持续性。同时，现代化经济体系的建设会给其他领域的现代化建设带去正向溢出效应，为国家整体现代化提供夯实的基础。现代化经济体系包含了产业体系、市场体系、收入分配体系、区域发展体系、绿色发展体系、全面开放体系和经济体制7个子系统，只有这7个子系统一体建设、一体推进时才能推动我国经济发展焕发新活力迈上新台阶。因此，从更加细分的角度看，经济高质量发展的目标就是要实现下述七个子目标：

一、建设现代化经济体系的目标，是要形成具有创新引领、协同发展的产业体系

客观而言，当前产业体系存在着内部结构不合理、效益偏低、产业层次低、生产结构单一等问题，因此，需要调整升级才能迈向现代产业体系。要想逐步形成具有创新引领、协同发展的产业体系，现代化产业体系必须增减并重，一方面要引导增量，注重培育新增长极；另一方面要将化解产能过剩、解决优胜劣汰问题放在压倒性位置。同时，高质量发展强调实体经济的健康发展，增强实体经济的营利能力。现代化经济体系下,金融必须服务实体经济,需利用多种货币政策工具,疏通货币传导机制,破除融资难、融资贵的瓶颈,以稳定的政策保障实体经济发展。以科技创新驱动高质量发展,推动互联网、大数据、人工智能和实体经济深度融合。总之,未来我国产业发展必须坚持的发展思路是立足优势、挖掘潜力、扬长补短,在享受丰富的劳动力资源带来的人口红利基础上,充分认识人工智能、电子商务、云计算等新兴数字高科技技术给传统产业带来的强大发展动力,积极鼓励智能型工厂的建设运用,尤其要推动劳动密集型产业向智能化转型,努力引领企业新旧动能转换,推动产业结构转型升级,构建高效、多元、全面的现代化产业体系。

二、建设现代化经济体系的目标,是要形成统一开放、竞争有序的市场体系

现代市场体系主要是从企业、消费者、市场微观角度对经济体制改革和建设现代化经济体系作出要求。市场活力来源于微观主体,合理健康的经济应该是由企业家、消费者激发市场活力,带动产业发展。当前,我国社会主义市场经济基本确立,但是仍然存在不少约束市场主体活力、要素市场严重滞后、政府过度干预市场规律发挥、市场竞争机制不健全等问题。现代化市场体系的建设意味着要减少政府对资源的直接配置,减少政府对经济活动的直接干预,把市场机制能有效调节的经济活动交给市场,充分调动民营企业家和消费者的生产和消费积极性,加快建设公平竞争、开放有序、高效便捷、机制健全的市场环境。

三、建设现代化经济体系的目标,是要形成具备体现效率、促进公平的收入分配体系

党的十五大提出要坚持按劳分配为主体、多种分配方式并存的制度,把按劳分配和按生产要素分配结合起来。合理的收入分配制度能够确保效率和公平的有机统一,调动人民生产积极性,更好地实现我国共同富裕的宏伟目标。但是目前我国仍然存在收入差距大,合理的收入分配格局尚未形成,生产要素分配不合理,劳动收入占比较低,居民收入在国民收入分配中比重偏低等一系列不符合社会公平的问题。现代化的收入分配体系意味着未来的收入分配要更合理、更有序,体现社会的公平正义,实现发展成果由人民共享。建设现代收入分配体系需不断增加劳动者的劳动报酬,完善以税收、社会保障、转移支付为主要手段的再分配调节机制，保护合法收入，规范隐性收入，取缔非法收入。收入分配格局应该由"金字塔形"转变为"橄榄形"，扩大中等收入群体比重，明显增加低收入者收入，逐步缩减收入差距。

四、建设现代化经济体系的目标，是要形成彰显优势、协调联动的城乡区域发展体系

过去我国区域发展存在不平衡、不协调等问题，区域间联动发展劲头不足，城乡发展不断两极分化，全国地区间差距深化等，都使得我国经济发展呈现跛足状态，影响经济持续稳定发展。现代化的城乡区域发展体系一方面要扎实推进乡村振兴战略，加大对欠发达地区和落后地区的扶持力度，重视发展现代农业，加快补齐农村发展短板，打通城乡要素自由流通渠道，建设成熟完善的城乡融合发展体制机制；另一方面要按照中央经济工作会议关于促进区域协调发展的强调和部署，统筹推进西部大开发、东北全面振兴、中部地区崛起、东部率先发展等工作的开展；同时，要使发展较快的京津冀、粤港澳大湾区、长三角地区成为引领高质量发展的动力源，增强中心城市辐射带动力，形成高质量发展的重要助推力，推动长江经济带发展，实施长江生态环境系统性保护修复，努力推动高质量发展。总之，唯有建设优势互补、良性互动、融合发展、城乡协调的区域发展体系，才能更好地建设现代化经济体系。

五、建设现代化经济体系的目标，是要形成资源节约、环境友好的绿色发展体系

绿色发展体系的提出，表明我国对加强生态文明建设的坚决意志和美好展望。由于多年来我国为了快速提升经济发展水平而过度消耗自然资源和污染环境，导致当前我国生态环境受到较为严重的损害，如雾霾、河流重金属污染、林业面积大幅减少等，严重影响人民生活健康和国家整体形象。为此，现代化经济体系的建设必须注重高效、节能、绿色的发展，良好的生态环境是人民幸福生活和经济可持续发展的必要外部条件。推进绿色发展体系建设必须在树立尊重自然、顺应自然、保护自然的生态观念的基础上，坚持进行沙漠种树等自然修复工作，同时也要提高社会群体的生态文明观念，对重度污染企业实施严厉的惩罚措施，抬高有污染风险行业的准入门槛，着力培养人民群众环保、节约、绿色的生活、消费方式。

六、建设现代化经济体系的目标，是要形成多元平衡、安全高效的全面开放体系

全面深化改革开放是建设现代化经济体系的必经之路，是实现社会主义现代化的必然要求。对外开放是中国的基本国策，中国开放的大门不会关上，中国将在更大范围、更宽领域、更深层次上建设开放型经济。未来建设的全面开放体系将努力破除现存开放进程中的壁垒和阻碍，在坚持人类命运共同体这一新型国际发展模式基础上，进一步促进"走出去"和"引进来"的统筹协调，充分发挥沿海开放地区带给内陆的开放溢出效应，坚定同共建"一带一路"国家保持良好密切的国际协作关系，形成引领国际经济合作和竞争的新模式新平台。

七、建设现代化经济体系的目标，是要形成充分发挥市场作用和更好发挥政府作用的"双强"经济体制

经济体制的改革与现代化市场体系是相辅相成、相互统一的有机整体。在发挥市场这只"看不见的手"对资源配置起决定性作用的同时，注重发挥宏观调控这只"看得见的手"在调整市场调控失灵、资源配置失衡时的有力作用。充分发挥市场作用和更好发挥政府作用的经济体制强调"政府的职责和作用主要是保持宏观经济稳定，加强和优化公共服务，保障公平竞争，加强市场监管，维护市场秩序，推动可持续发展，促进共同富裕，弥补市场失灵"。

第四节 实现经济高质量发展的路径方略

推动经济高质量发展不能仅仅停留在理念和目标上，更应该落实在行动上。实现经济高质量发展需要扎实管用的政策举措和行动落地，党的十九大报告明确提出深化供给侧结构性改革、加快建设创新型国家、实施乡村发展战略、实施区域协调发展战略、加快完善社会主义市场经济体制、推动形成全面开放新格局六大战略举措。这六大战略举措实际上为实现我国经济高质量发展指明了方向和路径。

一、实现高质量发展，必须走深化供给侧结构性改革之路

推动供给侧结构性改革，需要把握好三个基本要求：首先，主要任务是发展实体经济。实体经济是一国经济的立身之本，是财富创造的根本源泉，是国家强盛的重要支柱。深化供给侧结构性改革必须要大力降低实体经济成本，降低制度性交易成本，加快财政、税收等政策措施向实体经济倾斜，出台相应的减税降费政策和金融信贷支持政策，以鼓励和支持中小微企业持续减负发展，积极推动和指导实体经济利用先进科学技术如互联网、人工智能、大数据、区块链等进行智能化转型，提高数字化生产效率和效益。同时，也要在全社会继续营造"大众创业、万众创新"的良好社会氛围。其次，主攻方向是减少无效低质量供给，增加有效供给。深化供给侧结构改革的重点是"三去一降一补"。去产能、去库存、去杠杆是为了调整供求关系，缓解制造业下行压力和防范金融风险；降成本和补短板是为了提升企业的竞争力和促进企业自身发展。最后，根本目的是提高供给质量以满足需求升级。深化供给侧结构性改革要大力培育新动能，强化科技创新，通过调整现有产业供给结构、优化现有产品和服务，提供新产业和新服务，从深层次上解决供需失衡问题来满足日益增长的高质量需求。

二、实现高质量发展，必须走创新引领的发展道路

一是要提高自主创新能力，创新型国家建设关键是提升自主创新能力，当务之急是从社会各方面提升创新的积极性和主动性，政策、资金要向科技创新产业倾斜，破除创新成果转化过程中的障碍。二是重点掌握关键核心技术。是否掌握关键核心技术将决定我国能否抢占全球发展的制高点，发展前沿技术将会使我国摆脱发达国家对核心科技的垄断，将推动我国经济更有力、更有底气增长。对此，我国必须跟踪了解国际科技发展方向，从国情出发加大投入力度，着力攻克关键核心技术。三是完善创新人才激励和引进机制。创新驱动实际上是人才驱动，要想利用好创新人才，就要建立灵活的人才管理机制，破除人才流通、引进和使用中的障碍，最大限度地保证创新人才发挥作用。对外要积极引进海外优秀人才，制定更加积极的海外人才引进机制。同时，对内要深化教育改革，良好的教育环境能促进创新人才的成长和培育，培养一批社会各个领域高水准、高质量

的国家领军级人才。四是要将创新同经济社会紧密联系，营造良好的产学研深度融合的技术创新环境。科技创新成果只有转化成产品进入市场才能真正拉动经济增长，创新型国家的科技和经济社会必须紧密联系。同时，政府要加大科技投入力度，加强知识产权保护，加大对科技型企业的支持力度。

三、实现高质量发展，必须走乡村振兴发展之路

在现代化进程中，如何处理好工农关系、城乡关系，在一定程度上决定着现代化的成败。首先，实施乡村振兴战略要走城乡融合发展道路，增强财政政策对农业农村基础设施的投入和倾斜力度，加快城乡间生产要素的双向流动和资源优势互补，更好地发挥城镇对农村经济的拉动和扶持作用。其次，实施乡村振兴战略要关注乡村一二三产业的融合发展，积极推动农民创业、拓宽收入渠道，当地政府需按照因地制宜的原则充分挖掘和发挥好农村特色产业，构建现代化的农村产业生产体系，同时在进一步完善农村基础设施基础上，着力发展符合本地优势的绿色乡村旅游产业，通过鼓励农民开办"农家乐"等生态旅游项目促进农民增收。最后，实施乡村振兴战略要进一步完善我国的农村土地制度改革，完善土地的"三权"分置制度，保障农民等弱势群体的经济效益，实现农民生活水平的提高。

四、实现高质量发展，必须走区域协调发展之路

区域协调发展战略要优化好经济体系的空间布局，实现基本公共服务均等化，加快中西部地区的基础设施建设，促进人民生活水平的提高。京津冀地区要以疏散北京非首都功能作为重点，高质量、高格局、高标准建设雄安新区。作为我国最重要的经济增长极和对外开放的主要门户，长江经济带需要充分与共建"一带一路"进行有机融合，统筹经济带上沿海、沿江、内陆地区的携手发展。特别需要指出的是，由于上述地区经济发展迅速，规模经济效益逐渐显现，创新要素快速集聚，大量外资和跨国公司集中，使得这些地区成为全国引领经济高质量发展的排头兵和榜样。所以，要积极促使地区间互联互通、资源开放共享、要素有效流动和市场统一融合，充分发挥这些地区的辐射带动能力和示范带头作用，扩大溢出效应，来推动周边地区的产业结构升级优化和经济增长。

五、实现高质量发展，必须走加快完善社会主义市场经济体制之路

深化国有企业改革是经济改革的一大主要任务，加快国有企业战略、结构改革，坚持政企分开、政资分开，积极推动混合所有制改革，这既能为国有经济增添新的活力也能完善国有资产监管体制。同时，完善社会主义市场经济体制必须要加快建设有序竞争的市场环境，破除一切有碍市场公平竞争的体制藩篱，深化改革市场调控价格机制，让市场成为调节经济社会供需的主要推手，以此提高市场主体的竞争活力，实现企业的优胜劣汰和市场的健康持续发展。当然，政府宏观调控这只"看得见的手"也需要根据经济社会发展具体情况进行科学、有效的调节，为社会主义市场经济高质量发展保驾护航。

六、实现高质量发展，必须走推动形成全面开放新格局之路

全面开放新格局意味着我国的对外开放将包含新内涵，意味着开放水平将进一步提升，开放层次将不断深化。我国对外开放必须坚持"走出去"和"引进来"并重，遵循共商共建共享的原则。对内，要在沿海沿江地区继续优化布局，根据各地主要优势批准设立自由贸易区、国家级开发新区等试验区，积极破除开放过程中的制度藩篱，探索建设对外贸易中的简政放权模式。同时，积极加大内陆地区的开放程度以此吸引外资流入，这样有助于我国东西向互济的联动开放格局。对外，要以共建"一带一路"为重点，扩大进出口贸易，推动出口市场多元化，积极参与国家要素分工协作和力争攀升全球价值链上游，要以构建人类命运共同体为理念打造全球价值共赢链。

第三章　高水平开放促进高质量发展的逻辑及实现路径

　　实行高水平开放，是新的历史阶段为了适应促进高质量发展的新需求，对开放发展战略做出的重大调整和指明的转型方向。高水平开放促进高质量发展的历史逻辑在于，曾经开创中国特色社会主义开放发展道路并创造卓越历史成就的传统开放模式，已经无法适应新时代高质量发展的要求，需要构建开放型经济新体制，开拓合作共赢新局面。高水平开放促进高质量发展，是秉持创新、协调、绿色、开放、共享的新发展理念的理论逻辑使然，更是以开放创新融合增添创新发展新动能、以东西双向互济促进协调发展新格局、以绿色开放理念引领绿色发展新模式、以开放发展新理念推动开放发展模式转型、以更高水平的开放合作保障共享发展的实践逻辑使然。以高水平开放促进高质量发展，需要以高质量共建"一带一路"为重点扩大开放范围、以先进制造业和服务业为抓手拓展开放领域、以制度型开放为主要内容不断深化开放层次、在构建双循环新发展格局中统筹安全与开放的实施路径。

　　对外开放是中国的基本国策，是实现国家繁荣富强的必由之路，也是实现中华民族伟大复兴的必由之路。党的十一届三中全会以来的40多年间，中国屡屡创造举世瞩目的经济奇迹，正是得益于开放发展的引领作用。如果说，在特定发展阶段，以往具有"两头在外"和"大进大出"等基本特征的开放发展模式，在推动中国经济高速增长中发挥了重要作用的话，那么当"我国经济已由高速增长阶段转向高质量发展阶段"后，继续发挥开放发展的引领作用，显然不能走传统老路，而是要迈向更高水平和更高层次的开放。实际上，党的十九届四中全会以来，党中央多次提出实施更大范围、更宽领域、更深层次的高水平对外开放，本质上就是为了适应服务于高质量发展新需求，对开放发展战略做出的重大调整和指明的转型方向。那么，高水平开放促进高质量发展的机理逻辑究竟是什么？以促进高质量发展为目标导向，推动高水平开放的实施路径有哪些？本章力图对上述基本问题进行探讨。

第一节　高水平开放促进高质量发展的历史逻辑

高水平开放作为新时期党和国家对于开放领域更好促进高质量发展的新要求，既是对 40 多年来形成的传统开放模式，在我国经济发展中所展现的卓越表现和不凡成就的肯定，更加证明了开放对于经济发展的关键作用，以及我国毫不动摇地坚持扩大开放的决心。通过分析高质量发展新要求下传统开放模式的局限，能更加清晰地明确新阶段高水平开放，在历史演进层面的合理性和必要性，从而阐述在传统开放模式基础上，优化调整转型后的高水平开放，展现出的更适于新时代促进高质量发展的理论内涵和基本特征，以此明晰其促进高质量发展的历史逻辑。

一、传统开放模式的特征、作用及成就

20 世纪 80 年代以来，我国抓住了发达国家跨国公司推动的产业国际梯度转移，尤其是产品生产环节和技术向全球扩散和转移带来的战略机遇，利用国外市场和国际资源，实施对外开放战略，通过引进外资，将国外资本和技术与本土生产要素相结合，大力发展开放型经济，逐步形成了以"两头在外，大进大出"为特征、为出口而进口的传统开放模式。中国对外开放的突出特点之一就是渐进式开放，即很长时间内开放在产业和地域上都是不完全和双轨制。对外开放一路从"摸着石头过河"走来，以实践成效逐步明确开放战略实施要求，贴合国内产业经济发展规律，促进对外开放不断向广处延伸、深处拓展，逐步形成了"引进来"与"走出去"相结合的双向开放模式。从沿海到沿边、沿江并延伸至内地的"点、线、面"的全方位、多层次、宽领域的对外开放格局逐步成型。

传统开放模式的形成对国民经济和产业发展有显著促进作用。我国积极主动

地扩大对外开放，在统一的国际经济规则下参与国际市场竞争，与世界各国开展商品和服务的进出口贸易，利用国际国内"两种资源"和"两个市场"，推动我国开放型经济快速发展。参与全球价值链带来的产业迁移以及国外先进的企业管理经验，进一步促进了国内产业发展繁荣乃至结构调整升级。改革开放以来的经济实践，拓宽了开放型经济发展的创新路径。通过逐渐放宽和取消国际贸易和资本准入限制，依托区域非均衡式开放的示范先行，逐步探索出具有中国特色的开放发展模式。开放模式的演进和发展促进了社会主义市场经济体制的建立和完善。开放的市场化操作与改革的市场化方向相互促进，产生了"以开放促改革、以开放促发展"的显著效应。为适应参与国际竞争与合作的需要，国内在转变政府职能、深化行政体制改革、完善统一公平的市场体系、加强知识产权保护等方面都取得了重大进展，突破了经济发展的体制障碍，促进了竞争主体的多元化，加快了要素流动和配置的市场化，有力推动了整体改革进展，全面推动了国内体制的改革进程。

改革开放已走过40多年，我国的经济发展取得了举世瞩目的成就。特别是党的十八大以来，我国已成为世界第二大经济体，社会面貌发生了翻天覆地的变化，人民生活水平得到大幅提高。从开放型经济统计指标看，多年来不但外汇储备居世界第一，而且还是最大的货物出口国。2021年，我国货物和服务贸易总额增长到6.9万亿美元，连续两年全球第一，相较10年前增长超过56%。同时，我国双向投资稳居世界前列，2020年我国吸引外资达到1.15万亿元，连续四年位居世界第二，比2012年增长62.9%。对外投资流量稳居全球前三位，共建"一带一路"经贸合作高质量推进。开放型经济到快速发展助力国家更快实现了全面建成小康社会的历史性目标，距离实现共同富裕更进了一步。国内产业振兴创造出不凡成果，制造业综合实力持续提升，工业增加值在2010年开始超过美国成为世界第一制造业大国，是全球唯一拥有联合国产业分类目录中所有工业门类的国家。中国制造业增加值占全球比重从2012年的22.5%提高到2021年的近30%，持续保持世界第一制造大国地位。经济社会的快速发展促使中国在世界经济中的地位不断上升，中国的国际地位也不断攀升，为参与全球经济治理作出了新贡献，包括积极参与世贸组织改革，坚定维护多边贸易体制等。

二、高质量发展下传统开放模式的局限

传统开放模式取得了卓越的发展成就，我国综合国力大幅跃升、开放型经济竞争力显著增强，要素禀赋、产业结构、科技创新水平显著提升。然而，近年来贸易保护主义抬头、单边主义横行，逆经济全球化思潮频起，进一步加速了世界经济格局调整，世界进入动荡变革期。外部的动荡变革给国内经济发展形势带来了更多的不确定性，产业经济面临着需求收缩、供给冲击和预期减弱三重压力，我国经济发展面临的关键核心技术短板、矿能资源依赖进口、新旧动能转换、结构性矛盾突出等制约因素尤为显著，传统的开放模式已经无法应对时代变迁带来的新发展要求，因而更加迫切地要求构建与高质量发展阶段相适应、要素禀赋相匹配的开放新格局和新体制（戴翔，2019）。

对外开放促进了我国深度融入经济全球化进程，但主要依托初级要素形成的低成本优势，以"低端嵌入"的方式融入全球价值链分工体系，在产业链中处于从属性和依附性地位，虽然规模庞大但缺乏主导与控制能力，与高质量发展的内生需求不匹配。国际社会正在经历多边和单边、开放和封闭、合作和对抗的重大考验。正如党的十九届五中全会指出的，当前世界正处于百年未有之大变局，单边主义、保护主义抬头、逆全球化浪潮兴起、多边制度秩序遭遇到前所未有的挑战。

开放使得我国能够参与全球价值链分工并获取分工和贸易利益，但仍需打破价值链分工和开放利益的低端锁定，以更高的开放效益服务于高质量发展。此前，我国在产业发展过程中，很多低端加工组装制造行业急剧发展，技术研发上形成了短平快的拿来主义，造成了贸易附加值不高、贸易条件持续恶化等问题。传统的开放模式参与的全球价值链，依然是以发达国家为主导的国际分工体系，对于产业发展升级尚未把握主动权，突出表现为贸易和投资双重锁定效应：一是过多的低附加值和高资源消耗产业，阻碍了贸易结构和产业结构的升级；二是跨国公司在全球化资源配置过程中，加入了对中国比较优势的挖掘，进一步固化了我国在全球产业链分工中的地位，加剧了路径依赖和低端锁定问题。

开放配合国内发展改革节奏实现渐进式发展，但仍面临开放结构的阶段性和开放格局的失衡性等问题，与高质量发展所要求的更加平衡和更加充分还尚有差距。我国对外贸易依存度经历了倒 U 型变化，东部地区企业高度集聚，我国的传

统开放模式也形成了从空间上逐步由东到西、内容上有序渐进开放的总体格局，在成为世界第一大商品贸易国之后，如何将开放带来的局部地区发展红利和阶段性商贸繁荣，转变为持久稳定的内生发展动力，实现贸易的高质量发展，已经成为新时期必须解决的首要问题。而开放结构的阶段性问题也进而导致了开放格局的失衡性。渐进式的贸易开放格局形成了东部地区开放速度和水平大幅领先，内陆沿边地区明显滞后的发展现状，加剧了地区发展不平衡。加工组装行业助推了"世界工厂"的形成，但配套工业基础产业和生产性服务业发展滞后。当前中国服务业开放不足，是导致金融、电信、物流、教育、医疗等现代服务领域缺乏创新和竞争能力，难以满足人民日益增长的美好生活需要的重要原因（戴翔和张二震，2017，2020）。按照经济合作与发展组织（OECD）公布的 2016 年外资限制性指数，中国在调查覆盖的 62 个国家中，综合限制性指数值排名第四，服务业限制性指数更是高居第二位。传统开放模式带来的发展阶段瓶颈和发展格局失衡问题，成为新时期突破逐渐趋缓的发展步调、长久稳健地实现高质量发展的未决之问。

三、高水平开放的理论内涵和基本特征

随着我国经济规模不断扩大，经济增长高速运行，在时代背景和高质量发展的要求下，高水平开放理论应运而生。党的十八大提出我国经济发展和开放进入新的调整，形成了"创新、协调、绿色、开放、共享"五位一体的新发展理念，开放成为基本发展动力。党的十九届五中全会在《中国共产党第十九届中央委员会第五次全体会议公报》（以下简称《公报》）中提出，要实行高水平对外开放，开拓合作共赢新局面；坚持实施更大范围、更宽领域、更深层次对外开放，依托我国大市场优势，促进国际合作，实现互利共赢；要建设更高水平开放型经济新体制，全面提高对外开放水平，推动贸易和投资自由化便利化，推进贸易创新发展，推动共建"一带一路"高质量发展，积极参与全球经济治理体系改革。应该说，《公报》给出的上述战略定位，是理解高水平开放理论内涵和基本特征的逻辑起点。

开放作为经济发展的基本动力，为区域协调均衡发展、高端服务配套产业及要素流通开放、制度高效供给分配提供了更多的发展选择，基于深度开放格局进一步衍生出的高水平开放经济体制的要求，能够在支持国内经济高质量发展的同

时，更有力地参与国际经济竞争合作，妥善利用国内需求和市场规模优势，培育中国全球价值链"链主"地位，弥合经济高质量发展各维度存在的差距。高水平开放作为新时代纳入国家发展纲要的重要论断，是开放水平发展到当前阶段，对开放格局的调整转型提出的新要求。应当注意的是，高水平开放作为新的历史方位下具有承上启下的政策价值，需要突出"更"字的转接性和渐进性作用。一方面，高水平开放切实将我国经济发展到目前阶段，开放层面的卓越成果发扬光大，以规模优势和区域协同扩大开放成果的覆盖面；另一方面，高水平开放要切中肯綮，对影响开放水平发展提升的要素进行大力整改，实现开放水平质的提升，推进中国开放水平迈上新的台阶，不断开拓高水平开放的新方位、新领域、新层次。

高水平开放需要结交更多的合作伙伴，形成更大的开放规模。中国对外开放的瞩目成果，有赖于积极融入全球价值链分工的国际经济合作，而开放水平的进一步提高，更加不能脱离全球价值链。高水平开放，需要中国更加积极主动地参与到全球经济治理中来，参与到国际贸易合作竞争规则的制定中来，要以开放合作的姿态推进南南合作，顺应产业生产向新兴经济体转移的趋势，改变原有的经济全球化发展由发达国家主导、开放和发展成果多数流向发达经济体的现状，加强与经济贸易伙伴的合作互联，推进全球范围内的区域经济一体化。中国具有的超大市场和多元内需，在引进来方面有天然的内生优势。当前东部沿海地区在前一阶段的开放中已经达到开放水平提升的调整阶段，尽管绝对增长值维持高位，增速相对欠发达区域放缓，因而需要发挥区域协同作用，发挥中西部区域的后发优势，充分利用中西部地区优越的资源禀赋，实现国内范围开放规模的扩大，从而提升开放水平。

高水平开放代表产业开放结构的协调和国家贸易投资质量的提升。中国作为国际上拥有完备的制造业体系的国家，制造业开放已经达到了一定的水准，但是当前制造业高质量开放发展的首要困扰，就是关键技术领域的"卡脖子"问题。高精尖制造业的开放和投资往往受到知识产权和国家政策的保护，国内制造业相关的产业配套也未能及时跟进制造业体系的发展。更高水平开放推进制造业的高端化发展，需要在全球范围内吸收服务要素投资，以完善制造业的产业配套，实现更加协调可持续的产业结构开放。这对服务业领域的深度开放提出了更高要求，要在加强产业关联的同时，提升服务业本身的产业实力，培植强有力的现代服务业，使其成为经济高质量发展的重要支柱。而产业开放布局更加合理所产生的联动效应，将提升举国范围内的贸易投资质量，更好地构建国内超大规模市场，满足人民美好生活的内在需求。

高水平对外开放要求以制度型开放为核心，对标高标准国际水平经贸规则，全面促进贸易投资自由化。贸易和投资的自由化是边境开放格局下形成的优质成果，但因规则制度与国际经贸规则之间的差距导致的隐性交易，成本成为贸易投资自由落地的阻碍。在全球价值链分工演进的早期阶段，主要表现为制造业生产环节，尤其是劳动密集型生产环节和阶段的国际梯度转移的要素密集度特征，决定了其进行跨国配置时，主要考虑的是东道国国内生产要素成本，而较少考虑因规则制度等引发的交易成本。以边境开放为主要特征和举措的经济全球化发展，基本能够适应跨国生产配置对低成本生产要素追逐的需要。但是，当前全球价值链分工演进出现了新的趋势和变化，突出表现为价值链梯度转移的环节和阶段不断向中高端延伸和拓展，包括全球创新链的深度演进。这种新的发展趋势和变化显然对国内经济规则等制度环境更加敏感。要跳出以边境开放为主导的藩篱，就必须重视制度建设，打造自由竞争的营商环境，为深度介入全球价值链、创新链奠定制度设定和软硬件配备基础。高水平开放意味着在原有的开放路径之外开辟新的路径，实现国内国际市场一体化，通过国内国际的市场和资源，构建更高水平的开放经济体制。

第二节　高水平开放促进高质量发展的理论逻辑

高质量发展就是体现新发展理念的发展，是创新成为第一动力、协调成为内生特点、绿色成为普遍形态、开放成为必由之路、共享成为根本目的的发展。因此，理解高水平开放促进高质量发展的理论逻辑，可以分别从上述五个方面做一简要阐释。

一、高水平开放促进创新发展的理论逻辑

创新作为高质量发展的第一动力具有强驱动性，也是传统开放模式面临的关

键技术领域"卡脖子",以及全球价值链分工低端锁定问题的核心所在。随着新一轮的产业技术革命发展风口的到来,未来全球价值链将更多地向发展中国家和地区转移,因而在部分国家鼓吹逆全球化势头愈演愈烈的背景下,中国实行高水平开放能够进一步提高国际竞争与合作中的国际地位,在引领和推动经济全球化向机会更加均等化方向发展方面,彰显全球治理责任和担当,从而推进和引领全球第四次工业技术革命进程。而高水平开放本身也能够实现我国在全球价值链地位的攀升,加快国内产业链、创新链、价值链与全球价值链融合并相互促进,激活并打通国内大循环的产业创新升级,从而构建双循环相互促进的新发展战略格局。

高水平开放推行的更大范围开放,一方面,要与更多的发展中国家展开国际合作,实现全球价值链拓展延伸,提升参与全球价值链分工的程度,成为"链主",切实"固链"、"强链",从而解决产业中低端领域拥挤、产能过剩问题,在全球范围内拓展各产业链的核心技术领域和高端生产环节的发展空间,实现创新引领发展;另一方面,基于国内视角,则要更多地落在推进全域深度开放,推进中西部地区国际经济贸易合作,并畅通区域间产业转移,将东部沿海地区的劳动要素密集型产业,逐步向中西部资源富集型地区转移,通过引致高技术类型人才和区域间技术溢出效应,实现内陆开放和产业升级。相对应地,发达地区也能够集中发展力量,通过试点先行开放政策,集中地区资源和人力资本展开关键技术攻关及高科技产业技术革新,更好地发挥示范引领带头作用。更宽领域的开放,则将视野从已有的第一制造业大国的全部工业门类,拓展至先进制造业及配套的生产性服务业,更加专注地做好产业层面技术升级的相关配套,推进制造业从全门类出发,切实提升制造业生产效率,实现高精尖特色化提升和创新发展。更高水平发展服务业,通过承接服务业外商投资带来的技术转移与知识外溢,盘活国内服务业固有资源,推进服务型产业贸易投资与国际化标准接轨,强化文化创新资源优势,实现以培育第三产业成为国民支柱产业为目标的创新化发展(迟福林,2021)。更高层次的开放意味着从边境开放向境内开放延伸,从商品、要素流动型开放向规则、制度型开放转变,更加重视建立健全管理和规制境内经济活动的政策举措以及规则体系。提高开放层次能够从制度层面加强知识产权保护,营造良好的营商环境,确保公平竞争的市场化经济,为国内产业创新升级创造自由开放的产业孵化环境。规则制度型开放体系的建立也能够实现国际国内两个市场两种资源的合理优化配置，优化创新创业所需要的资源禀赋，解放传统开放模式下受到压缩的资源配比和空间分配，显著提高科研成果向创新生产力转化的产业化能力，实现新旧动能转换，有重点地推进创新产业发展。

二、高水平开放促进协调发展的理论逻辑

协调作为发展是否可持续的重要考量标准，是高质量发展的内生特点，体现在区域协调、产业协调、城乡及收入协调等各层面，表现为经济体系运行的内部平衡性。实行高水平开放，相对传统开放模式，更加注重打通区域间及各生产部门间的市场体制及制度规则壁垒，能够使资源在各部门和各地区间得到合理配置，畅通区域间资源流、产品流、信息流、技术流，进一步缩小地区间发展差距，实现区域间产业结构协同共生的演变规律，产业形态不断向高级化演进攀升，逐步展现出趋向于多元化、合理化与高级化的产业结构特征（任保平和李梦欣，2021）。高水平开放能够针对原有的贸易投资所引致的城乡发展及要素收入差距问题，逐步将开放扩大至乡村振兴发展战略实施层面，以国际化资源和制度要求为农业现代化赋能，密切城镇化与农业现代化互为支撑保障的作用，实现城乡区域协调发展。实行高水平开放能够推进较为滞后的要素市场化改革，加强国际生产、技术、人才要素集聚，密切国内国际资源分配交流，提升各行业就业层次和质量，实行要素收入协调。

更大范围开放，作为新时期高水平开放的必然要求，能够更好地统筹国内国际两个市场两种资源，在全国范围内实现合理分配，不同于此前的试点渐进式开放，能够使开放范围扩大至更多的内陆及欠发达地区，强化区域间、产业间、城乡间、要素间的发展理念沟通和资源分配协调，进一步降低各方行为主体之间的认知偏差，以及利益诉求冲突导致的贸易投资壁垒和交易成本，依托国内大市场优势，促进国际国内合作，实现互利共赢及协调均衡发展。更宽领域开放着重解决传统发展模式遗留的供给侧产业单一、产能过剩等问题，通过产业层面的技术升级，有针对性地补短板、强弱项、促提升，大力培育第三产业成为国民支柱产业，有力推进中国产业协同发展，实现高质量发展。服务贸易开放作为更宽领域开放的题中应有之义，能够引进人力、资本、管理经验等先进生产要素，通过溢出效应与关联效应提高产业生产率、优化东道国地区产业结构（季剑军和曾昆，2016）。同时，引进服务业外商投资能够有效改善中西部内陆地区开发现状，借助服务业外包等形式完善产业配套，最大程度地发挥技术转移与知识外溢效应，形成行业良性竞争，填补部分地区服务业贸易投资的空白，实现区域更加协调均衡发展。营商环境水平优化是深化制度型开放，即更高层次开放的直接体现。营商环境的自由化有助于土地、资本、劳动和技术等要素禀赋，在各部门间自由高效流动；对接国际贸易投资规则建立更加包容兼顾的制度体系，有利于吸引更多外资投资；激烈的国际竞争将使本国生产部门的资源配置更为合理有效，进一步推进中国要素流通和市场一体化，进而促进稳定、全面、平衡的协调发展。

三、高水平开放促进绿色发展的理论逻辑

绿色发展作为高质量发展的普遍形态和基本要求，以人与自然和谐共处为目标取向，通过绿色发展规划、标准、技术和体制、机制，加快社会经济活动的生态文明体制改革，将生态保护的理念渗透进高质量发展路径规划，实现物质财富与生态财富目标的统一，在达成高质量发展的同时，满足人民对绿色低碳、环境优美、人与自然和谐共处的美好生活的需要。高水平开放能够更加积极地顺应、参与和引领全球可持续发展建设，打破绿色贸易壁垒，扩大绿色生态产品服务的进出口贸易，强化绿色经贸合作交流，完善绿色生态领域的贸易合作协定商议谈判。同时，推进绿色产业要素资源的双向开放，普及推广资源节约型和环境友好型的生产措施和技术手段，促进节能减排和产业结构升级，积极构建清洁绿色产业链。

清洁绿色的生产生活理念的推广作为实现高质量发展的重要举措，在我国仍然属于践行普及阶段的重要工作。实行更大范围的开放能够统筹国家总体生态资源分布情况，重新调整布局污染重点监管企业建厂标准和排污规范，以更加统一可行的排污净化标准，规范部分监管薄弱地区的企业排污行为。并且，对于部分生态较为脆弱、环境承载能力较低的欠发达地区，更加严守生态红线，借助开放带来的先进理念和外部资源，恰当地引进经济效益与社会效益相统一的生态环保技术项目，通过技术赋能精准管理外向型开放和社会化生产带来的环境效应。更宽领域的开放能够推进产业发展趋于技术禀赋型和人力资本禀赋型，更加理性科学地实现自然资源的开发使用，利用科技赋能实现精准把控，避免过度生产和资源浪费。而服务业开放则为部分生态脆弱地区带来新的发展模式和先进的产业理念，强化跨领域的生态环境技术合作，更充分地利用开发各地区的生态旅游文化

等无形资源，实现国内生态旅游业等服务型产业发展壮大成为地方支柱性产业，盘活潜在资源，打造生态品牌，用可观的经济效益更好地推进生态环境保护和地方文化宣传工作。实施更高层次的开放体制创新，主要从相关法律法规入手，明确贸易、投资等绿色生态经济相关领域合作的负面清单制度和与当地产业生态环保标准，协商规范企业生产经营中避免造成生态环境破坏的自律公约和约束机制，在国际生态保护公约及环保标准框架下，实现区域绿色可持续发展的产业协同、潜在全球绿色发展中生态保护风险的重点防控，以及生态环境问题的协同治理，强化环境治理、节能减排、生态工程技术等领域的区域联动和国际合作，破除国内资源环境约束的桎梏，构建国内国际绿色发展生态循环联动相互促进的高水平开放体系，降低经济增长的生态成本，增强人民的幸福感，实现经济社会绿色低碳高质量发展。

四、高水平开放强化开放发展的理论逻辑

开放发展一直以来作为经济繁荣高质量发展的必由之路，是我国实现自身发展的内在要求，也是融入世界发展大势的迫切需要。开放发展注重解决的是国内国外市场资源联动的问题。充分利用我国资源、市场、制度优势，增强供给体系的韧性，提升竞争力和综合实力，实现经济的高水平动态平衡，从而激发各类市场主体的积极性，释放内需潜力，从而形成内外联动、开放发展的新格局。新时期高质量发展中的开放发展，相对传统开放模式，更加注重提升开放的质量，以更加全面广泛的开放范围、更加创新深入的开放程度、更加稳定安全的开放标准，加快构建以国内大循环为主体、国内国际双循环相互促进的新发展格局，从而以更高水平的开放规划高质量开放发展的实现路径。

更大范围开放意在推进区域合作，在原有的以发达国家为主导的开放发展模式基础上，扩大与发展中国家间开放合作，促进贸易投资自由化便利化，重塑全球价值链分工和布局。同时，深化东部沿海地区以外区域的开放水平，以更高质量的普遍性区域交往和世界性国际交流，畅通国内产业链范围内的要素流动和技术交流，提升高水平开放的内外联动机能，融入国际大循环实现交互、竞争和重组。更宽领域开放的推行，旨在解决开放发展产业领域的不平衡、不协调、不可持续问题，推进制造业产业链高端化发展，实现产业结构转型升级。通过开放使得服务要素来源更加广泛、服务要素质量进一步提高，提升现代服务业的国际竞争力，强化制造业和服务业之间的产业关联，实现产业高质量开放发展。更高水平开放型经济体制落足于制度性开放，将市场化经济体制的制度环境对标先进国际经贸规则，实现制度层面的统一和兼容，不断提升我国产品和服务质量、科技创新水平以及在国际经济体系中的话语权，更好地适应全球价值链和创新链深度演进，推进与国际市场在有效竞争、优势突出和深化分工等较高层次的融合开放。

五、高水平开放促进共享发展的理论逻辑

共享发展是高质量发展的根本目的，即实现发展成果由人民共享，表现为不断提升的社会福利水平和趋于合理的居民收入分配，缩小收入分配差距，解决住房、医疗、教育、基础设施等民生需求，切实提高人民生产生活幸福感，早日实现共同富裕的战略目标。高水平开放相对传统具有"非均衡"特征的开放模式，力图建立更加合理完善均衡的开放发展格局，切实缩小地区发展差距，促进区域间协调均衡发展。高水平开放助力农业融入全球价值链分工体系，通过产业赋能推动乡村振兴，缩小城乡发展差距，以农业现代化推进四化同步发展，实现城乡融合高质量发展（张二震和戴翔，2022）。针对共享发展面临的要素收入差距问题，高水平开放通过深化要素市场改革，从以促进商品要素流动为主的边境开放，向注重完善制度性开放的境内开放转变，建设统一开放、竞争有序的市场经济体系，吸引高端创新要素集聚，激发要素资源活力，实现共享发展。高水平开放通过创新升级发展模式，提升富裕度，为共享发展夯实物质基础。

更大范围开放在扩大外部市场空间范围之外，通过完善合理内部区域布局，依托国内市场构建完善本土价值链，不断提升改善在全球价值链中分工地位，创造更多财富，夯实共同富裕共享发展的物质基础，完善价值链的双重嵌入和良性互动，促进区域均衡协调发展，实现以开放促进共享发展。更宽领域开放主要改变制造业价值链低端嵌入和单兵突进的现状，强化国内价值链关联效应的同时，促进现代服务业领域同步发展，通过四化同步实现农业农村现代化，实现城乡融合的高质量共享发展。更高层次开放通过深化要素市场化改革，在改善商品和要素流动性开放的同时，加大制度性开放力度，以开放战略转型为建立国内国际高端创新生产要素集聚的引力场，创造成熟、规范、透明、法治的营商环境和更加完善的市场化水平，提升就业质量层次，缩小要素收入差距，推进共享发展。

第三节　高水平开放促进高质量发展的实践逻辑

针对高水平开放促进高质量发展的实践逻辑，同样可以从新发展理念的五个维度展开论述，并且，实施高水平开放在促进创新、协调、绿色、开放、共享发展过程中的具体实践中各有其现实侧重。

一、以开放创新融合增添创新发展新动能

增添创新发展新动能的实践更加需要高水平开放。新时期我国经济已从高速增长阶段转向高质量发展阶段，从依靠传统要素驱动转向依靠科技创新驱动。在新旧动能转换的关键时期，积极应对百年未有之大变局，抓住新一轮产业技术革命的时代机遇，充分发挥国内超大规模市场优势，促进价值链、产业链、创新链和人才链紧密有机衔接，深耕基础研究领域，突破关键核心技术攻关，不断提升自主创新能力，提高科技成果转化、分享与广泛应用，提前布局战略性新兴产业，需要以开放创新融合增添创新发展新动能。而实现开放创新融合发展，需要借助高水平开放构建开放的制度环境和创新生态体系，打通从生产到消费各个环节，充分发挥创新的技术外溢效应，优化配置内外部创新资源，提升国内产业市场竞争力和创新效率，催生创新发展新动能，培育参与国际合作和竞争新优势（金碚，2018）。要依托创新开放平台的载体支撑作用，加强国际科技交流合作，用好全球创新资源，深化知识产权保护，注重消除创新数字鸿沟，探索自由灵活高效的国际合作模式与路径，充分激发创新发展新动能。

二、以东西双向互济促进协调发展新格局

促进协调发展新格局的实践更加需要高水平开放。我国幅员辽阔、人口众多，各地区经济发展很不平衡，渐进式的开放政策进一步加剧了区域间发展差距。然而，党的十八大以来，随着共建"一带一路"的不断推进，我国有力促进了东部、中部、西部和东北地区的协调发展。在继续鼓励东部地区率先发展的同时，深入推进实施西部大开发、振兴东北地区等老工业基地、促进中部地区崛

起等重大战略决策，区域经济协调发展取得重大进展（杨丽花和王跃生，2020）。中部、西部、东北地区依托自身优势，加快对外开放步伐，积极承接东部地区产业转移，进出口贸易和外资企业进出口贸易在全国的份额持续提升，逐步形成陆海内外联动、东西双向互济的新格局，区域开放空间布局得以不断优化。开放作为促进区域经济发展的重要动力，经济相对欠发达地区应当实行高水平的开放型经济新体制，实施更大范围的全面开放，从注重沿海、沿江、沿边的对外开放转向覆盖东西南北中的全境对外开放，建立东西双向互济机制，通过加强区域产业能力结构匹配、完善产业转移补偿、有效合作利益协商更好吸收制度创新红利，缩小区域发展差距，优化中国区域开放格局。

三、以绿色开放理念引领绿色发展新模式

绿色发展新模式的实践更加需要高水平开放。高水平开放通过更全方位、多样化、创新性的开放合作方式，将绿色发展理念融入经济发展大势，在遵循客观经济社会规律的基础上，将绿色发展所推行的生态文明建设理念融入其中。新时期中国更加积极参与国际生态环境保护规则的制定，推动国际生态环境协议的达成，实现纵向和横向的经济与生态协调，在保障我国生态安全和生态环境关键技术自主权的基础上，进一步扩大和深化生态环保产业的对外开放，因地制宜，因时制宜地开展生态环保项目的国际贸易经济合作。坚持绿色开放理念，秉持绿色、低碳、可持续发展要求，更加重视和支持生态价值转化研究领域的国际交流与合作，积极引进生态产业融合发展领域的国际高端科技人才，畅通生态产业链要素双向开放流动，全面支持国家碳达峰、碳中和目标，加速实现碳源向碳汇的转变，并作为有价资本实现生态保护、控源增汇、经济发展、民生改善的良性循环，构建具有长效竞争力的绿色发展模式。

四、以开放发展新理念推动开放发展转型

推动开放发展模式转型实践更加需要高水平开放。开放发展新理念要求在实现商品服务要素开放提质升级的基础上，虹吸全球范围内的生产要素和技术经验，建立更高水平的开放型经济新体制，在全方位、宽领域、多层次的开放格局基础上，推进能够更加注重区域协调性、调整全球价值链分工的更大范围开放。实施更宽领域的全面开放，能够显著提升服务贸易投资国际竞争力。中国的开放

成果主要集中于商品货物贸易投资领域，而服务业贸易投资的国际竞争力仍然偏弱，要引进国际服务产业要素，学习先进的服务行业准则，接受强劲的国际服务产业竞争，有效改善服务业发展落后的现状，满足多元化的服务需求，提升产业附加值，释放服务业开放红利，提升服务贸易及投资领域的竞争力。实施更深层次的全面开放，能够与国际经贸高端规则更好地接轨。对接高标准的经贸投资规则的需求应运而生，公正透明、可持续的规范政策无疑在营造公平竞争的营商环境方面大有可为。从商品要素流动型开放向规则制度型开放转变，能够更好地消除隐性贸易壁垒，追求高质量高效益的开放和发展，实现两个市场两种资源优化配置。建设高水平开放平台，在畅通国际国内要素技术流通的基础上，对接高标准的制度规则进行有益创新，尽快形成可复制可推广的政策经验，构建形成具有中国特色的开放发展转型升级新模式。

五、以更高水平的开放合作保障共享发展

保障共享发展的实践更加需要高水平开放。当前更高水平的开放合作让后开放地区能够深度融入国际分工体系，着力解决区域之间和城乡之间的平衡发展问题，完善开放经济下的要素收入分配机制，充分实现开放发展成果由全体人民共同享有。通过畅通全境范围内各区域融入本土产业集群价值链，从更高水平融入并构建全球价值链，把握国际产业分工主动权，实现价值链双重嵌入的双循环战略新发展格局，深入完善内外部市场空间布局，带动后发展地区参与全球价值分配共享发展成果。扩大农业、服务业开放，形成有效的价值链关联效应，整合利用高端先进的农业和服务业生产要素，依托数字赋能"四化同步"，推动农业现代化发展和乡村振兴，实现城乡融合共享高质量发展成果。注重与国际通行规则保持一致的规则规制和管理标准，打破要素市场化配置的管理壁垒，推行更加透明规范的制度性开放，获取更多贸易投资利益，完善要素收入分配，改善国民收入水平，推进实现共同富裕的共享发展。

第四节 以高水平开放促进高质量发展的实现路径

基于前文分析可见，高水平开放确实有助于促进高质量发展。因此，要实现高质量发展的实践路径，就是要坚持实施更大范围、更宽领域、更深层次的对外开放。以高质量共建"一带一路"为重点扩大开放范围，以先进制造业和服务业为抓手拓展开放领域，以制度型开放为主要内容不断深化开放层次，在构建双循环新发展格局中统筹安全与开放，是高水平开放促进高质量发展的具体实现路径。

一、以高质量共建"一带一路"为重点扩大开放范围

差异化和渐进式的开放政策的实施，一直是推进我国经济高速增长的重要动力，但也产生了区域发展不协调等诸多问题。随着共建"一带一路"等的提出，以共建"一带一路"为重点，是我国在新阶段实现更高水平开放的重要抓手和平台（张二震和戴翔，2021）。充分发挥高质量共建"一带一路"国际合作，加快建设内陆和沿边开放新高地，以国际经济合作走廊为主骨架加强内陆和沿边地区与周边国家基础设施互联互通，加快建设内陆和沿边开放新高地。充分发挥现有的自贸试验区的先行先试作用，以制度创新为核心，持续深化首创性、差别化改革探索，加强改革试点经验复制推广，同时进一步增加自贸试验区试点，形成更大范围的试点格局（斯丽娟，2019）。将经济开放范围的扩大与新时期的开放政策和优惠措施紧密结合，发挥先富带动后富的理念在省域和区域层面的体现，加快落地东部发达地区的技术溢出和产业转移，妥善规划东部地区现有发展阶段有限的经济资源，高效益地投入到创新引领的科技尖端产业中去，有意识地引导欠发达地区人口回流，在缓解东部地区资源分配压力的同时，重塑并最大化中西部地区的资源优势，合理对接东部产业转移带来的经济质量提升，结合"飞地建设"，参考"雁阵式"区域发展格局（江小涓，2020），勾连形成有效同向的高质量发展经济区域带，扭转区域差序发展格局的同时，以范围开放带动经济高质量发展。

二、以先进制造业和服务业为抓手拓展开放领域

现代服务业的建设和产业升级，作为中国未来整体产业结构升级的现实目标，可以通过重点推进服务贸易在全行业层面开放中国服务业投资，从而实现服务业更加高质量地发展，这正是经济高质量发展在产业层面的内涵与目标范畴（迟福林，2021）。更宽领域的开放包括对于先进制造业和尖端行业的开放，而上述产业的开放又对中国服务业的建设提出了与相关制造业更加适配、更加国际化、更具创新要素的新要求。更加多元化的开放领域有助于改善产业生态结构，形成服务业跟进先进制造业配套，尖端产业带动服务业升级的良性循环。而服务业的演进与提升能够补足并扩充国内经济循环，以更高的产业附加值带动经济高质量发展，满足国内构建规模优势的大市场下人民更加多样化的精神需求，实现中华传统文化价值的变现，并通过产业层面的资本积累和知识累进优势，提升中国在全球价值链和创新链的地位，实现经济高质量发展的内外联动。总体而言，更宽领域开放能够从产业结构多元化角度为经济高质量发展做贡献。

三、以制度型开放为主要内容不断深化开放层次

制度型开放相对于边境开放措施，近年来才逐步受到关注。无论是区域性全面开放，还是服务业的全面开放，都需要通过制度变革得到推进，保障其得以实施，不可逆转。在推动商品和要素流动型开放、扩大开放成果的同时，更加注重规则等制度型开放，是新形势下中国实行更高水平开放的重要内容，也是重要的实现路径。制度型开放要更加结合中国区域发展实际，切实为优化市场经济和产业格局奠定有形和无形的政策基建支持。要更加有针对性地加快制度型开放步伐，打破区域乃至省域之间的要素流通和市场交易壁垒，畅通国内范围的生产消费链条，更加树立全国一盘棋的意识，营造更加自由的外商投资环境，重点扶持技术尖端和服务业发展，注重知识产权保护力度过大对部分欠发达地区可能造成的技术溢出阻碍，不断有序提高开放水平，优化制度对经济环节尤其是供给侧的改革作用（刘志彪和孔令池，2021；刘志彪和凌永辉，2021）。要按照全球经济规则中已经形成和推行的高标准规则等制度体系，对国内改革形成倒逼机制，即以开放促改革，通过与国际层面的贸易投资规则和国际经济治理层面的制度及时对接，不断优化体制机制和深化开放层次，形成纵深格局的有层次的高水平开放

体系，搭建经济高质量发展的总体框架。

四、在构建双循环新发展格局中统筹安全与开放

统筹好开放和安全，成为新阶段中国实现高质量发展的内在要求。这就需要我国在进一步扩大开放过程中，在开放范围、开放领域等方面要作出符合时代要求的调整和战略转型，向着更高层次、更高水平的方向发展，打造出国际合作与竞争新优势。化解可能的外部风险，一方面，需要立足国际关系建立促进"走出去"战略的新体制、加快实施共建"一带一路"、优化对外开放区域布局、拓展国际经济合作新空间，以高水平对外开放打造全方位、多层次、多元化的开放合作格局。拓展高质量发展中的开放领域，特别是注重实施创新驱动战略，防范"卡脖子"技术风险。产业链循环不畅乃至出现梗阻，畅通国内大循环也就无从谈起（江小涓和孟丽君，2021）。因此，推动重要领域关键核心技术攻关，加快构建开放型自主可控的现代产业体系，对于培育合作竞争新优势、维护产业链供应链安全稳定，具有极为关键的战略意义。另一方面，要对标国际贸易经济规则推进制度性开放，提升参与全球价值链的分工地位，积极参与全球经济治理体系改革，推动完善更加公平合理的国际经济治理体系。化解扩大开放可能引发的内部风险，需要加强国内监管，聚焦国内经济活动的管制、规则和法制等安全问题，健全要素配置市场化体制机制，构建开放安全的金融体系，建设稳定、公平、透明、可预期的营商环境，加强支持保障机制建设，建立健全开放型经济安全保障体系，增强事中事后监管能力，对境内外资形成常态化管控，完善境内开放的风险管控安全体系。在畅通国内循环的基础上培育内生竞争优势，借助制度规则优势融入国际循环形成价值链的双重嵌入，以国内大循环与国际大循环的良性互动构建"双循环"的战略发展新格局，实现高水平开放促进高质量发展。

第四章　高水平开放与后发地区 "四化同步" 的高质量发展

　　在全面建成小康社会基础上所要开启的现代化应该是全域现代化，而不是较小空间尺度意义上的局部地区现代化。因此，如何推动后发展地区 "四化同步" 以加快基本实现现代化进程，对全国实现现代化建设具有十分重大的战略意义。在经济全球化条件和背景下，"四化同步" 中每一 "化" 实际上都离不开国际化，需要更高水平开放提供的 "助力"。无论是从经济全球化正在向制度型开放等为主的转型等发展趋势看，还是从后发展地区的成长空间看，实施更高水平开放助力 "四化同步"，后发展地区均面临着重要战略机遇。为了抓住新机遇，后发展地区必须做出相应的战略调整以及采取有效的对策举措。

　　党的十九大明确提出在全面建成小康社会基础上，分两步走在 21 世纪中叶建成富强民主文明和谐美丽的社会主义现代化强国蓝图。根据 "两个一百年" 奋斗目标，全面建成小康社会是现代化的起点。在这个起点上，我国长期存在的人民日益增长的物质文化需要同落后的社会生产之间的矛盾基本上得到解决。推进现代化是要解决新起点上人民日益增长的美好生活需要和不平衡不充分发展之间的矛盾。这就表明新时代社会主义现代化的着力点是解决发展的不平衡、不充分问题。相对而言，相对发达的东部沿海地区实现现代化的难度小、进度快，后发展的中西部地区实现现代化的难度相对大、进度也慢。毋庸置疑，在全面建成小康社会基础上所要开启的现代化应该是全域现代化，而不是较小空间尺度意义上的局部地区现代化。因此，如何推动后发展地区 "四化同步" 以加快基本实现现代化进程，对全国实现现代化建设具有十分重大的战略意义，也是理论和实践部门面临的重大课题。实际上，无论是全面建成小康社会，还是开启现代化建设新征程,高水平开放都是重要的"助推器"。关键的问题在于,后发展地区能否依托高水平开放推动"四化同步"?本章对此力图做出初步的理论探讨。

第一节 高水平开放下后发展地区 "四化同步" 新机遇

自改革开放以来,开放发展的过程也是中国工业化、城镇化、农业现代化和信息化"四化"发展的过程(洪银兴,2018)。"四化"之间的相互影响、相互制约的关系,使得其在开放发展的引领和带动下,不仅对其中的各"化"产生直接作用,还在各"化"之间产生间接作用。虽然对外开放对"四化"发展进程具有重要推动作用是毋庸置疑的,但也要看到,在前一轮的开放发展中,对外开放在推动"四化"发展方面所起到的作用,或者说在实现"四化"发展程度方面并非是同步的,甚至存在较大差距。突出表现为改革开放以来,我国工业获得了长足发展,不仅在规模上实现了快速扩张,而且在内涵式发展上也实现了一定程度的转型升级;与之相比,农业发展虽然在劳动生产率提升方面有较大进步,但在"四化"发展中明显是短板。我国在迈向现代化新征程和新起点上,更加需要强调和注重"四化同步"。如果说,过去40多年的开放发展以非均衡和非协调的方式,在一定程度上推动了"四化"发展,那么迈入现代化新征程后,则需要以更高水平开放推动"四化同步"发展,需要在开放中利用全球生产要素,尤其是在中国迈入高质量发展新阶段,"四化"有了新内涵后,利用全球高端和先进生产要素助力"四化"发展,不仅可行而且必要。从改革层面看,一方面,改革不仅有助于更好地实行对外开放;另一方面,对外开放也会对改革形成"倒逼"作用,进一步塑造参与国际合作与竞争的新优势。也就是说,全面深化改革有助于发展更高水平的开放型经济,而实施更高水平的开放同样也有助于倒逼改革,从而可以更好地促进发展,包括依托国际市场发展和依托国内市场发展。过去40多年开放发展的过程,伴随的是一个不断改革的过程。但以往的"改革"更多表现为各部门的"各自为阵"和"单兵突进"。"各自为阵"的改革模式和路径往往容易出现相互矛盾,导致改革效果大打折扣。必须承认,过去40多年以"开放倒逼改革"主要是碎片化和零散化的,进入新发展阶段后推进

"四化同步"发展，更加需要系统集成改革，而系统集成改革则需要以更高水平开放提供助力和新的倒逼机制。

作为后开放和后发展地区，实施高水平开放从而推动"四化同步"集成改革，在新发展阶段面临重要战略机遇。

一、经济全球化发展演变新趋势，为后发展地区这样的后开放地区实施更高水平开放带来了战略机遇

当前，经济全球化发展出现的一个重要趋势，就是从以往商品和要素流动型开放，向制度型开放转型，而制度型开放的本质就是境内开放，是以优化营商环境等为主要内容的制度质量完善（戴翔，2019）。在以商品和要素流动型开放为主要内容和主要特征的发展阶段，跨国公司布局全球价值链所考虑的主要因素，就是不同国家和地区的要素禀赋优势。更确切地说，将价值链上具有不同要素密集度特征的不同生产环节和阶段，配置到具有不同要素禀赋优势的国家和地区，从而实现全球资源的优化整合和利用，这是前一轮经济全球化发展的基本逻辑。在此背景下，率先实现开放发展的地区主要以加工贸易起步，通过承接产业和产品生产环节的国际梯度转移，尤其是劳动密集型产业和产品生产环节国际梯度转移起步，从而获得了开放型经济的巨大发展。这一发展模式和路径决定了率先实现开放发展的地区，必须在初级要素价格、一定的产业基础和配套能力等方面拥有一定的基础优势。产业基础及发展状况往往决定了进一步开放发展的能力。但是，经济全球化出现的上述变化趋势，由于在开放内容和特征上出现了本质变化，因此对拟实施开放发展的地区来说，对初级要素禀赋乃至一定的产业基础等的要求，并非成为首要考虑因素。相比较而言，要素、产品和产业的流动和集聚，更加注重流入地的营商环境等制度质量。而顺应新一轮经济发展新趋势，依托集成改革打造制度型开放高地，后发展地区可以先试先行走在前列，完全有条件有能力在新一轮开放发展中抓住新机遇，实施更高水平开放。

二、新一轮产业革命和技术革命，为后发展地区直接以高起点开局方式实施更高水平开放，带来了重要战略机遇

2008年全球金融危机的爆发，本质上看是世界经济长周期规律作用的结果，是前一轮产业革命和技术革命所能形成的推动力基本衰竭的必然表现（郭克莎和杨阔,2017)。纵观世界经济发展史,每一次经济危机实际上都意味着原有技术革命生命周期的结束,并且孕育着新一轮产业革命和技术革命。当前,新一轮的产业革命和技术革命正在孕育之中,虽然尚未集中爆发并形成大规模的生产能力,从而彻底改变以往的产业形态和组织模式,但是一些新的生产力因素正在不断形成,新一轮的产业革命和技术革命的曙光已经初现。尤其是互联网、大数据、物联网、云计算、人工智能、区块链等新技术正在快速发展,并且催生着一些新兴产业业态,改造提升传统产业。特别是移动通信技术发展史上一次重大变革的5G技术,将在信息化领域掀起一场重要的革命,更将作为关键基础设施担负起使其他行业数字化的重任,为其他产业发展和城镇化发展赋能,驱动一个万物感知、万物互联、万物智能新型产业组织业态的彻底变革,包括工业和农业生产范式和组织范式的革新,加快智能城镇化发展进程。可以预期的是,伴随新一轮产业革命和技术革命的爆发,并由此带来的产业组织和范式革新,经济全球化发展的产业布局从影响因素角度看,将明显有异于前一轮经济全球化的基本要求。更确切地说,虽然参与全球合作与竞争所遵循的基本原理并不会发生实质性变化,即依托比较优势参与乃至引领经济全球化发展,依然是国际分工和贸易的基本理论逻辑,但是比较优势所赖以形成的主要因素将会发生本质性改变。在新一轮的产业革命和技术革命催生的新兴产业形态和组织形态,以及其在全球范围内的布局,使跨国公司所考虑的主要因素将不再是不同国家和地区生产要素价格方面的差异,尤其是普通劳动力所带来的传统低成本优势不再是吸引跨国公司进行生产环节和阶段转移的重要因素,取而代之的将是营商环境等制度质量,这也就是前述分析指出的制度型开放。在新一轮的产业革命和技术革命催生的新兴产业形态中,生产要素的内涵和外延也会出现变化,制度质量将会成为一种新型且更加重要的生产要素,因为在由新技术催生的产业组织业态中,对普通劳动力等需求将会大幅度下降,而对高级和创新性等生产要素的需求将会明显上升。生产要素密集度特征的改变将会彻底改变跨国公司生产经营成本的构成。如果说,在传统的产业组织范式中生产要素价格决定的生产成本,在总成本构成中占据主导地位,那么由新技术催生的产业组织业态中,营商环境等制度质量所决定的交易成本,将会成为总成本构成的主导部分。

正是基于上述意义,我们应当看到,后发展地区直接以高起点开局方式实施更高水平开放,实际上面临着重要新机遇,甚至可以说存在着"弯道超车"的新发展机遇。这是因为，在新一轮经济全球化背景下，生产要素尤其是创新性生产要素流向哪里、向哪里集聚，将并不依赖于以往该地区的产业发展状况，也并不决定于传统生产要素价格所带来的低成本优势，而是更加看重该地区的营商环境和制度质量以及该地区的经济和社会的治理能力，乃至看重该地区的生态环境和宜居环境等。哪里的营商环境越好，哪里的制度质量越高，哪里更善于经济社会的治理，哪里的环境更加宜居，高端和创新生产要素就会流向那里并形成集聚效应，就越有利于推动新型工业化发展、推动农业现代化发展、推动城市化发展乃至中心城市的形成、推动信息化发展。实施更高水平开放的重要内容和方向之一，就是制度型开放。以通过体制机制的优化与变革安排，形成良好的制度设计，打造国际化、法制化、市场化的一流营商环境，关键在于深化改革。从这一维度审视高水平开放，所有地区基本都面临着同样的机遇，并不存在孰优孰劣、哪个先进哪个落后的根本性差别。可见，从这一方面看后发展地区基本可以被认为，与其他地区处于同一起跑线上。

三、在新一轮的产业转型升级中，后发展地区的后发优势将会更加凸显

应该说，依托集成改革打造制度型开放高地，后发展地区能够成为先进和创新生产要素的"引力场"和"集聚地"，从而以往的发展劣势完全有可能转变为新发展阶段的优势。这是因为，相比于东部沿海地区尤其是开放型经济较为发达的地区，后发展地区的开发强度相对低，继续承载产业项目发展的空间和潜力大。而东部沿海等地区的开发强度已经很高，面临着产业转型升级的置换成本。生产要素的再流入、新型产业项目的再开工，在开发强度已经趋于饱和的地区，必然意味着上一个与下一个的"腾换"关系，从而面临着高额的转移成本。但是对于后发展地区，则在很大程度上可以避免产业转型升级的"腾换"成本，从而这一原有的劣势转变为新发展优势，能够在新一轮经济全球化发展背景下，吸引和集聚高端和创新生产要素，以"高起点"和"出类拔萃"的开局方式直接实现产业高级化发展，推动"四化同步"。实践表明，在开发强度较高，产业承载能力已经趋于饱和的上海、苏南以及浙江温州等地区，包括一些成熟技术的产业项目想要顺利落地，均存在一定困难。而对于后发展地区，可以通过直接引进成熟技术的产业项目，促进产业项目尽快落地生根，有着巨大的承载空间和发展潜力，进而可以通过引进、培育高端产业的方式，或者依托技术创新而对传统

产业进行改造，直接打造现代化产业体系。当然，为了成功实现上述转变和战略目标，关键之处还在于优化营商环境，提升和完善制度质量，而根本的出路则在于系统集成改革。

　　总之，随着发展阶段的变化，"四化"的内涵和内容有了新的变化和发展。例如，党的十八大报告指出，要"促进工业化、信息化、城镇化、农业现代化同步发展"，而在党的十九大报告中，"四化同步"发展的表述则变为"推动新型工业化、信息化、城镇化、农业现代化同步发展"。显然，新型工业化和工业化有着本质区别，反映了不同发展阶段对工业发展的不同要求，更确切地说，随着中国特色社会主义进入新时代，我国经济发展也进入新时代，在迈向现代化的新征程上，对工业化的要求将更加注重质量、效益和绿色，即所谓的新型工业化（洪银兴，2018；徐芹，2020）。实际上，随着中国开启现代化新征程，不仅工业化的内涵和内容有了新发展，对工业化发展有了新要求，其他"三化"同样也是如此，都会因新发展阶段的需要而被赋予新的内涵、特征和要求。正是因为"四化"的内涵和要求有了新的发展和变化，"四化"之间的相互作用、相互影响的关系和相互作用机制，比以往任何历史时期都更加紧密和更加复杂，实现"四化同步"发展的要求也比以往任何历史时期都更加迫切，"四化同步"发展的实现更加需要在高水平开放中实现。

第二节　后发展地区实施高水平开放面临的主要挑战

　　一国或地区的开放型经济发展，无疑会受到外部环境的影响。例如，当前世界经济负增长压力持续加大，国际产业链供应链格局深刻调整，逆全球化市场不断涌动，国内经济仍处在转变发展方式、优化经济结构、转换增长动力的攻关期，稳外贸稳外资压力加大等，无疑都会对开放型经济发展带来一定影响。因此，从上述意义看，外部环境的变化的确对后发展地区实施更高水平开放带来了一定挑战。但是，由于这种影响是系统性的，因此其所带来的所谓冲击和挑战往往具有普遍性，而不具有个性特征或者说特定的针对性。也就是说，外部环境变化带来的挑战不仅是后发展地区面临的问题，同样也是其他地区面临的问题。因此，进一步地深刻认识和了解后发展地区实施更高水平开放面临的主要挑战，主要还是要基于后发展地区自身发展状况进行分析。

客观而言，经济社会的发展并非一蹴而就，而且往往具有持续性特征和惯性作用。前期发展奠定的基础对后期发展往往具有重要影响，对此，开放型经济发展也不例外。相比较而言，在东部沿海地区前一轮开放型经济发展过程中，由于受到区位优势以及开放政策等因素的共同影响，东部沿海地区相对于中西部地区面临更多的机遇，从而使得其开放型经济快速发展，而作为中西部地区的后发展地区等，则在开放型经济发展方面略微滞后。这一点对后发展地区实施更高水平开放，尤其是与其他开放型经济发达地区相比，无疑算是一种挑战。后发展地区的开放型经济发展的基本状况，可以从如下几个方面简要分析：

一、从进出口贸易方面看

进出口贸易是开放型经济发展的重要衡量指标。表 4-1 给出了 2002～2020 年全国以及东、中、西部地区的进出口贸易额统计数据。从中可以看出，2002 年全国进出口贸易总额为 6207.66 亿美元，其中东部地区的进出口贸易额就达到了 5738.88 亿美元，占全国进出口贸易总额的比重高达 92.45%，而发展相对滞后的中部地区和西部地区的进出口贸易额分别为 262.71 亿美元和 206.07 亿美元，分别占全国进出口贸易总额比重的 4.23% 和 3.32%。2020 年，全国进出口贸易总额上升为 46462.57 亿美元，其中东部地区的进出口贸易额为 37914.06 亿美元，占全国进出口贸易总额比重的 81.60%，而发展相对滞后的中部地区和西部地区的进出口贸易额分别为 4279.58 亿美元和 4268.94 亿美元，分别占全国进出口贸易总额比重的 9.21% 和 9.19%。虽然作为后发展地区的中西部地区进出口贸易比重有所提升，但是与东部地区相比仍然有较大差距。由此可见，从进出口贸易这一特定维度衡量，发展相对滞后的中西部地区开放型经济发展在全国整体层面明显滞后。

表 4-1　2002～2020 年全国及各区域进出口贸易情况

年份	东部 （亿美元）	中部 （亿美元）	西部 （亿美元）	全国 （亿美元）	东部占比 （%）	中部占比 （%）	西部占比 （%）
2002	5738.88	262.71	206.07	6207.66	92.45	4.23	3.32

续表

年份	东部 （亿美元）	中部 （亿美元）	西部 （亿美元）	全国 （亿美元）	东部占比 （%）	中部占比 （%）	西部占比 （%）
2003	7864.60	365.98	279.30	8509.88	92.42	4.30	3.28
2004	10693.22	485.30	367.02	11545.54	92.62	4.20	3.18
2005	13191.70	576.03	451.33	14219.06	92.77	4.05	3.17
2006	16279.83	747.47	576.67	17603.96	92.48	4.25	3.28
2007	19932.42	1018.95	785.89	21737.26	91.70	4.69	3.62
2008	23211.35	1353.92	1067.28	25632.55	90.55	5.28	4.16
2009	20099.89	1058.74	916.72	22075.35	91.05	4.80	4.15
2010	26863.63	1592.49	1283.86	29739.98	90.33	5.35	4.32
2011	32347.08	2232.58	1838.98	36418.64	88.82	6.13	5.05
2012	33751.69	2555.46	2364.04	38671.19	87.28	6.61	6.11
2013	35971.66	2842.80	2775.48	41589.93	86.49	6.84	6.67
2014	36550.57	3122.66	3342.04	43015.27	84.97	7.26	7.77
2015	33686.86	2934.50	2908.97	39530.33	85.22	7.42	7.36
2016	31557.06	2729.40	2569.11	36855.57	85.62	7.41	6.97
2017	34838.93	3130.42	3102.29	41071.64	84.82	7.62	7.55
2018	38925.03	3609.76	3689.36	46224.15	84.21	7.81	7.98
2019	37969.97	3891.24	3917.70	45778.91	82.94	8.50	8.56
2020	37914.06	4279.58	4268.94	46462.57	81.60	9.21	9.19

资料来源：历年《中国统计年鉴》。

二、从利用外资角度看

开放型经济发展的另一重要衡量指标就是利用外商直接投资，尤其是在20世纪80年代以来全球贸易和对外直接投资呈现出一体化发展背景下，贸易的发展通常都是利用外商直接投资带动的。因此，后发展地区对外贸易发展相对滞后，与其利用外商直接投资规模相对有限存在密不可分的关系。表4-2汇报的结果证实了这一点。表中给出了2002~2020年全国以及东、中、西部地区的外商直接投资利用额统计数据。从中可以看出，2002年全国利用外商直接投资总额为594.50亿美元，其中东部地区的利用外商直接投资额就达到了502.70亿美元，占全国利用外商直接投资贸易总额的比重高达84.56%，而发展相对滞后的

中部地区和西部地区的利用外商直接投资额分为 58.80 亿美元和 33.00 亿美元,
占全国利用外商直接投资总额的比重分别为 9.90% 和 5.54%。到 2020 年, 全国
利用外商直接投资总额上升为 3873.70 亿美元, 其中东部地区的利用外商直接投
资额为 2674.70 亿美元, 占全国利用外商直接投资总额的比重为 69.05%, 而发
展相对滞后的中部地区和西部地区的利用外商直接投资额分别为 840.80 亿美元
和 358.20 亿美元, 占全国利用外商直接投资总额的比重分别为 21.71% 和
9.25%。虽然作为后发展地区的中西部地区利用外商直接投资总额比重有所提
升, 但是与东部地区相比仍然有较大差距。由此可见, 从利用外商直接投资这一
特定维度衡量, 发展相对滞后的中西部地区开放型经济发展在全国整体层面同样
明显滞后。

表 4-2　2002~2020 年全国及各区域利用外商直接投资情况

年份	东部（亿美元）	中部（亿美元）	西部（亿美元）	全国（亿美元）	东部占比（%）	中部占比（%）	西部占比（%）
2002	502.70	58.80	33.00	594.50	84.56	9.90	5.54
2003	593.50	72.40	35.50	701.40	84.62	10.32	5.05
2004	760.90	88.90	38.50	888.30	85.66	10.01	4.33
2005	669.80	99.70	41.90	811.40	82.55	12.29	5.16
2006	762.00	123.20	51.80	937.00	81.33	13.15	5.52
2007	881.30	158.10	68.50	1107.90	79.54	14.27	6.18
2008	1023.90	202.10	89.30	1315.30	77.85	15.37	6.79
2009	1132.30	257.60	131.60	1521.60	74.42	16.93	8.65
2010	1159.90	278.60	158.40	1597.00	72.63	17.45	9.92
2011	1327.90	336.80	221.70	1886.40	70.39	17.86	11.75
2012	1510.40	444.80	323.90	2279.00	66.27	19.51	14.21
2013	1674.90	531.00	333.00	2538.90	65.97	20.92	13.12
2014	1759.10	616.90	353.30	2729.00	64.45	22.60	12.95
2015	1813.00	700.80	361.80	2875.60	63.05	24.37	12.58
2016	1582.40	770.70	373.40	2726.40	58.04	28.27	13.69
2017	1427.80	839.40	350.40	2617.60	54.55	32.07	13.39
2018	1582.80	785.90	345.80	2714.50	58.31	28.95	12.74
2019	2649.50	851.50	381.00	3882.00	68.25	21.93	9.81
2020	2674.70	840.80	358.20	3873.70	69.05	21.71	9.25

资料来源: 历年《中国统计年鉴》。

正是因为前一轮开放型经济发展相对滞后，从而所能起到的带动作用不强，致使在工业化发展等方面也存在明显不足。例如，与东部地区相比，中西部地区不仅工业化水平不高，产业层次也相对偏低，创新能力相对偏弱，而且受经济发展水平等影响，交通运输体系建设也相对滞后，表现在交通基础设施规模总体偏低、综合立体交通指数偏低、多式联运发展滞后、水运中转成本较高、铁路运输量相对较小等突出问题。应该说，这些问题的存在无疑对发展更高水平开放型经济具有一定的制约作用。

第三节　后发展地区实施高水平开放具备后发优势

当然，后发展地区发展更高水平开放型经济，虽然在总体规模上相对较弱，但近年来的发展态势良好，表现出很大的增长潜力和增长能力。此外，从新一轮经济全球化发展以及实施更高水平开放的基本内涵角度来看，虽然前期发展的基础具有一定影响，但却不足以成为发展高水平开放的根本性制约。或者说，经济全球化可能由此开启的新起点以及高水平开放的新模式，能够为后发展地区在实施更高水平开放方面"出类拔萃"开新局，提供了新机遇。

实际上，一方面，总体规模有限意味着还有很大的上升空间，即发展潜力较大；另一方面，在具有较大上升空间的条件下，具有提升的能力可能更为重要，而后发展地区近年的发展则显示出其提升能力。根据表4-1的统计数据，可以进一步测算2003~2020年全国及东中西部地区进出口贸易总额年增长率（见图4-1）。

从中不难发现，自2010年之后，中西部地区的进出口贸易额增长率基本处于全国平均水平以上，并显著高于东部地区。2002~2020年，全国进出口贸易总额年均增长率约为11.83%，而同期发展相对滞后的中部地区和西部地区的进出口贸易额年均增长率分别为16.77%和18.34%，分别高出全国约4.94个和6.49个百分点。而2020年东部地区进出口贸易额增长率为-0.15%，出现了负增长，发展相对滞后的中西部地区均出现了正增长，分别为9.98%和8.97%。这种变化证实了本书的判断和预期。东部地区的体量和规模已经足够大了，虽然增速仍然可观，但是与体量和规模相对较小的中西部地区相比，明显要低了许多。换言

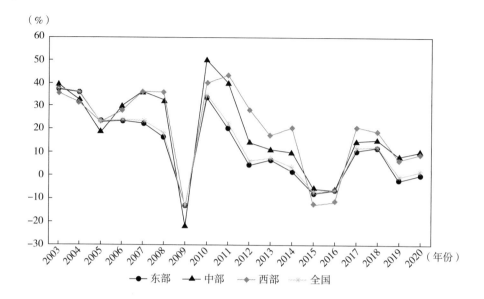

图 4-1　2003～2020 年全国及东中西部地区进出口贸易总额年增长率

之，巨大的增长空间和逐步形成的增长能力，将成为后发展地区发展新一轮高水平开放型经济的重要优势和重要机遇。

从进出口贸易额角度看是如此，从利用外商直接投资角度看情况也大体相似。根据表 4-2 的统计数据，可以进一步测算出 2002～2020 年全国及东中西部地区利用外商直接投资额的年均增长率，结果显示，此期间全国年均增长率为10.97%、东部地区年均增长率为 9.73%、中部地区年均增长率为 15.92%、西部地区年均增长率为 14.17%。从中不难发现，中部地区和西部地区与东部地区相比分别高出 6.18 个和 4.44 个百分点。利用外商直接投资增速的变化同样证实了本书的判断和预期。苏州利用外商直接投资的体量和规模全省最大，但在年均增速上已经趋于收敛，与体量和规模相对较小的后发展地区相比，明显低了许多。与之相比，后发展地区利用外资的总体规模相对较小，但增长的空间巨大，增长的速度可观。换言之，作为发展开放型经济重要内容和方式之一的利用外商直接投资，其巨大的增长空间和逐步形成的增长能力，同样将成为后发展地区实施更高水平开放的重要优势和重要机遇。

新阶段后发展地区能够实施更高水平开放型经济，不仅来自巨大的增长空间和增长能力，更为重要的是，新一轮经济全球化发展对力图融入全球化发展开放型经济的国家和地区来说，对其所具备的现实条件要求与以往的要求相比出现了巨大的变化。如前所述，在以全球价值链为主要内容、发展模式和推进路径的前一轮经济全球化演进过程中，跨国公司布局全球价值链所考虑的主要因素，就是不同国家和地区的要素禀赋优势。更确切地说，将价值链上具有不同要素密集度特征的不同生产环节和阶段，配置到具有不同要素禀赋优势的国家和地区，从而实现全球资源的优化整合和利用，是前一轮经济全球化发展的基本逻辑。而新一轮高水平开放所依赖的关键要素则是"制度质量"。后发展地区被确立为"四化同步"集成改革先行区，无论是从动力和压力角度看，都有理由有责任"先行"，即被确立为"四化同步"集成改革先行区，就有可能成为一种后发地区的优势。

第四节　"四化同步"下后发地区 实施高水平开放的战略

如同"四化同步"并非意味着在发展过程中一定要实现"齐步走"，而是需要有重点和突破口一样，实施高水平开放虽然包括更大范围、更宽领域和更深层次三个维度，但在实施过程中同样需要有重点和突破口。相对而言，更大范围和更宽领域相对容易做到，而更深层次的开放则相对较难。况且，能否实现更大范围和更宽领域的对外开放，在经济全球化新形势和国际分工演进新趋势下，在很大程度上决定于是否实施了更深层次开放。基于前述分析可见，如果没有更深层次开放，就难以把握产业革命和技术变革条件下新一轮经济全球化带来的战略机遇，就无法对生产要素尤其是高端和先进生产要素形成吸引和集聚作用，也就无法真正实现更大范围和更宽领域的对外开放。也就是说，即便我国愿意实施更大范围和更宽领域的对外开放，但没有实施制度型开放，那么从结果上看却极有可能无法实现真正的更大范围和更宽领域对外开放。所以，实施更高水平开放，需要以实施更深层次开放为重点和突破口，而其他两个维度的开放则更多是一种自然而然的结果，是经济全球化发展演进新趋势与地区实施正确开放发展战略相契合的结果。以制度型开放为核心和突破口，后发展地区据此能够成为生产要素尤其是高端和先进生产要素的吸引场、集聚地以及流动的中心枢纽，就能顺利实现"四化同步"。

当然，强调以制度型开放为核心和突破口，并非意味着后发展地区实施更高水平开放，就不需要在其他方面做好做足功课。实施更高水平开放也并非意味着只强调"对外开放"。实际上，开放发展本来就包括国际循环和国内循环两个方面，只不过在不同阶段二者的表现形式及相互作用关系不同。当前，党中央根据变化了的环境、条件和阶段，提出了"加快构建以国内大循环为主体、国内国际双循环相互促进的新发展格局"的重大战略部署，实际上就更加注重畅通国内大循环在重塑参与全球合作与竞争新优势方面的重要作用。因此，后发展地区实施更高水平开放助力"四化同步"，也要积极抓住构建"双循环"新发展格局带来的重要机遇（洪银兴和杨玉珍，2021）。积极融入和参与构建"双循环"新发展格局，以更宽视野、更大格局来理解实施更高水平开放问题，据此做出适当的战略调整并采取有效的对策举措。具体而言，在战略思路上，后发展地区通过实施更高水平开放助力"四化同步"集成改革，要做出如下几个方面的转型：

一、在开放模式上，要注重从商品和要素流动型开放向制度型开放战略转型

商品和要素流动型开放是前一轮经济全球化深入发展的主要特征，在此背景下，后发展地区的开放发展虽然取得了一定成就，但总体而言，由于受到各种因素的叠加影响，未能很好抓住机遇获得开放型经济的巨大发展。当前，经济全球化发展正在从商品和要素流动型开放向制度型开放深度演进。后发展地区要发展更高水平的开放型经济，必须把握好这一机遇。一方面不能继续走开放发展的传统老路，另一方面要紧随经济全球化发展的新趋势和新特点，及时转向制度型开放。所谓制度型开放，本质上是一种"境内开放"，最根本的要求就是要着眼于规制层面，促进区域内规则制度与国际通行的规则制度相衔接，体现监管一致性。因此在地区层面能够先试先行的制度设计和制度安排，在守住安全底线的前提下，只要有助于满足跨国公司统筹全球价值链、整合和利用全球要素"无缝对接"的需求升级，就可以大胆地试，大胆地闯。这就要求后发展地区在自主或者能够争取到的权限范围内，加快并以更大力度实施市场准入负面清单制度和外商投资负面清单制度，这既是发挥市场在资源配置中的决定性作用的重要基础，也是加快建立与国际通行规则接轨的现代市场体系的必由之路。发展更高水平开放型经济，离不开对全球生产要素尤其是高质量外资的利用，在转向规则等制度型开放过程中，更需要给各类企业创造公平竞争的市场环境，需要在进一步放宽市场准入、进一步促进投资便利化等方面做出更大努力，实行更大程度的开放。这就要求后发展地区进一步优化营商环境，因为营商环境在新一轮扩大对外开放中扮演着十分重要的角色，为此，后发展地区必须着力于打造国际化、法治化、市场化、便利化的一流营商环境，尤其是需要对标世界银行全球营商环境评价指标体系等国际标准，在营商环境方面进一步进行规制变化和制度优化。这不仅是吸引和集聚全球高端和创新生产要素的依托所在，也是激活市场微观经济主体的重要机制所在，更是发挥创新性生产要素的潜在创新能力的关键所在，如此才能更好地促进"四化同步"。

二、在要素集聚上，要注重实现从一般要素向创新要素的战略转型

由商品和要素流动型开放向规则等制度型开放转变，并非意味着商品和要素流动型开放不再重要，只是旨在强调开放模式和方略的转变和调整。毕竟，商品和要素流动仍然是经济全球化的主要内容和基础所在。就上述意义而言，制度型开放仍然是服务于商品和要素流动型开放，更确切地说，是推动商品和要素流动型开放转型升级的需要。例如，从吸引和集聚一般性生产要素，向吸引和集聚高端和创新性生产要素的转型升级。吸引、集聚和利用全球生产要素，调整总是伴随着经济发展实践的变化而变化，这也是基于适应特定发展阶段所需要进行的政策调整。改革开放以来，中国始终坚持积极利用外资的方针政策，并逐步完善外资政策体系，在扩大开放领域和吸引外资工作方面取得了巨大成就和成功经验。可以说，外资经济已经成为中国开放型经济重要内容和方式。利用外资显然不是简单的资金跨国流动，而是以此为纽带的一揽子生产要素的跨国流动，包括技术、管理、营销等狭义和广义层面的各种生产要素。前一轮开放发展中，后发展地区对全球要素分工演进中一般性生产要素跨国流动不断增强带来的战略机遇把握不够，虽然吸引和集聚了部分外资，利用了全球资源发展开放型经济，但明显相对滞后。当前，后发展地区发展更高水平开放型经济，需要抓住新一轮经济全球化发展带来的战略机遇，在以利用外资等为表现的吸引和集聚全球生产要素角度看，在引进和集聚战略上显然需要从一般要素向创新要素的转变。应该说，这种战略转变需要具备的现实基础和条件就是要进一步深化改革，尤其是集成改革打造制度型开放高地。据此，后发展地区可以利用外资为纽带而吸引和集聚创新要素，实现从招商引资向招商选资乃至招商引智等转型。这是后发展地区提升利用外资质量的必由之路，也是据此引领"四化同步"发展的必由之路。

三、在开放路径上，要注重从简单承接产业国际和区域梯度转移，直接迈向产业高端化发展的开放战略转型

苏南地区的开放型经济取得了巨大成功，不可否认的是，在产业和产品生产环节进行国际梯度转移背景下，正确地把握了发展机遇，成为产业和产品生产环节的承接地。这种发展模式在特定发展阶段具有选择的必然性和合理性，也取得了一定的成功。但正如前文分析所指出的，当前经济全球化出现了一些新形势、新特点和新变化，抓住新一轮经济全球化发展带来的战略新机遇，把握中国构建"双循环"新发展格局带来的战略机遇，后发展地区绝不可模仿苏南地区承接产业梯度转移的老路。不能把别人淘汰的、落后的、可能会造成环境污染、可能会对生态环境产生恶劣影响的产业和项目引进来。此类项目从短期来看，虽然能够拉动 GDP 增长，但与我国高质量发展目标是背道而驰的，并且从长期来看所付出的成本和代价更高。更为重要的是，当前新一轮产业革命和技术革命正在酝酿之中，由此形成的推动新一轮全球化发展的动力机制将与以往大不相同，由此产业组织形态和全球布局将不再是简单的国际梯度转移问题，即便是欠发达地区也完全有可能在全球竞争与合作中，直接从最先进最高端的技术入手，发展高端产业，形成区域间更为合理的分工体系和协作关系，包括联动创新的发展方式。这才是新形势和新阶段中后发展地区发展更高水平开放型经济的根本要义所在，也是实现以高水平开放引领"四化同步"的根本路径。

四、在政策设计上，要注重从各部门的政策碎片化向政策集成的战略方向转型

如前文所述，以往的改革和政策设计存在着"管中窥豹"的局限和不足，改革政策的碎片化和零散化等问题较为突出，导致改革的整体效益难以充分释放和发挥。部门之间缺乏有效的协调和沟通，致使改革的成效难以有效发挥，大打折扣，甚至由于互相矛盾而产生一系列负面影响。在开启现代化新征程的关键阶段，实现"四化同步"至关重要。而"四化同步"是一个涉及经济、政治、文化、社会、生态文明等各领域的系统工程，因此，需要强化改革举措系统集成，科学配置各方面资源，加快推进各领域融合发展体制机制、人才体制、财税金融体制、收入分配制度、国有企业等的改革举措和政策设计。经济、政治、文化、社会、生态文明等各领域改革和政策举措之间紧密联系、相互交融，任何一个领域的改革和政策举措都会牵动其他领域，同时也需要其他领域改革和政策举措的密切配合。如果各领域之间的改革和政策举措相互不配套甚至相互牵扯，全面深化改革就很难推进，实施高水平开放所需要的各种政策所能产生的实际效果也将大打折扣。例如，科技创新涉及政府职能部门、科研院所、学校、企业、人才等，这里面的创新链、产业链、资金链、政策链相互交织、相互支撑，改革一个环节或几个环节是远远不够的。何况，"四化同步"本身就是涵盖所有领域的宏观问题、制度型开放且涉及所有领域的协同关系。因此，未来后发展地区基于实施高水平开放的现实需要，在制度型开放的各种改革和政策举措方面要做到系统集成，即对各领域改革模块和政策体系的系统集成。这就需要用系统思维来思考全面深化改革。

第五节　"四化同步"下后发地区 实施高水平开放的对策

在具体的对策举措上，后发展地区通过实施更高水平开放助力"四化同步"集成改革，要努力在如下几个方面尽快实现新突破：

一、积极推动开放发展的平台和载体建设

当前，经济发展已经进入到平台经济的新阶段，"四化同步"离不开平台载体，集成改革需要依托平台载体才能更加有效地推进和完成。从实施更高水平开放角度看，亟须搭建有效的平台载体，能够促进开放型经济转型升级、引领产业转型升级、推动高水平开放的高层次平台。例如，科技创新平台的搭建、园区平台的建设等。目前，后发展地区的科创平台总数偏低、开发区和园区的规模总量不高。而考虑到后发展地区自身科研院所的相对缺乏、研究型大学的缺失以及创

新要素集聚程度尚且不够，在科创平台的搭建上，需要以更宽视野、更大格局寻求思路和对策。例如，加强与知名高校、产业研究院、各类研发中心等直接开展合作，将各类研发中心和科技创新活动引入后发展地区；可以组织各类企业建立科技创新平台、孵化平台，围绕产业链部署创新链，围绕创新链布局产业链，为后发展地区的"四化同步"提供必要的科技支撑和产业支撑。在园区平台建设上，除了继续依托打造制度型开放高地，以大项目和高端项目为载体吸引和集聚先进要素外，可以继续强化中西部地区和东部地区的园区共建和联动发展的功能和作用，做强、做大、做优园区平台。可以考虑通过 GDP、税收等方面的适当分享制度安排，鼓励和吸引更多的"飞地经济"在后发展地区落地生根，以"飞地经济"的形式探索园区共建，将发展"飞地经济"的项目和产业来源瞄准全国乃至放眼全球，与其他国家和地区开展合作，依托"飞地经济"拓展利用外资新模式，让国外的产业和项目能够直接落地后发展地区。此外，后发展地区以抓住与自贸区联动创新的机遇，重点在深化行政审批制度改革、提高服务投资便利化、推动创新驱动发展等领域加强借鉴，先试先行一批重大开放创新举措，全力打造后发展地区开放创新的新平台、新高地，探索新发展路径、开辟新境界。

二、积极组建专门招商队伍和完善招商机制

通过集成改革打造制度型开放高地，在信息不对称条件下，并不必然会导致优质和高端生产要素的流入。因为营商环境可能非常优越、制度质量可能非常完善，但是外部企业和人才等不一定了解和掌握相关的政策信息。尤其是在各地区招商引资的激烈竞争中，就更加需要我们及时总结和宣传改革开放的做法和经验，向可能入驻后发展地区的企业，或者来后发展地区创业的各类人才，精准推送各类优惠政策性信息，构建"面对面"政企沟通渠道。尤其是需要在构建制度型开放高地的基础之上，通过加大招商引资力度，吸引和集聚各类生产要素和产业项目。为此，需要推进招商机构改革，打破以往招商促进主要由政府部门担当的传统模式，可以考虑探索投资促进由专业化企业运作的市场化模式，创新考核激励机制，培育专业化国际化的投资促进和企业服务队伍，加快走出去步伐，实现外资招商新突破。通过政府部门和投资促进的专业化企业联合，开展全球性委托招商、专业招商、联合招商，深化国际合作提升请进来，成效实现对外招商，突破推进劣势招商。

三、积极参与共建"一带一路"

共建"一带一路"是中国在国际国内环境发生深刻变化背景下提出的,对中国发展更高水平开放具有重要的战略意义。后发展地区理应在国家共建"一带一路"承担应当承担的责任,当然,更重要的是把握因此带来的高水平开放的发展机遇。这种战略机遇不仅表现在对外合作方面,同时也表现在对内畅通方面,从而有助于在融入"双循环"新发展格局中,实现更高水平的开放发展。例如,在对外合作方面,可以加强与共建"一带一路"国家开展国际产能合作,支持企业与相关国家机构合作,参与建设境外经贸合作区、产业合作区等,加强与共建"一带一路"国家和地区开放创新合作,促进国内外技术、产业、人才资本对接,提升本土企业创新能力,拓展海外项目市场空间。在对内畅通方面,共建"一带一路"交汇点要想真正发挥支撑作用,必须有沿江、沿大运河、沿淮河真正联通起来。而沿大运河上后发展地区本身就是重要的节点。因此,积极参与共建"一带一路"有助于实现后发展地区与其他区域的互联互通,并借助这一机遇发展更高水平开放型经济。

四、积极对接其他国家战略

"长三角"高质量一体化建设已经上升到国家战略层面,对于推动区域间的产业分工、项目合作、人才和要素流动、打破区际间的行政壁垒等有着重要意义,尤其是为后发展地区带来的重要的发展机遇。后发展地区实施更高水平开放发展,正如前文分析所指出的,总体规模和体量偏小是其面临的主要劣势。实际上,没有足够的体量和规模支撑,一些开放平台和基础设施的构建都会面临很大的制约。从这一意义上看,单靠后发展地区自身的体量规模尚不足以形成有效支撑。借助长三角高质量一体化发展建设这一更大的平台,用联系的、发展的、全面的观点来分析和把握机遇,找准后发展地区在对接长三角高质量一体化建设中的功能定位,通过开展区域间的分工与合作,整合和利用更广领域内的资源和要素,不断扩大后发展地区与长三角地区间商品和要素的流动量,从而可以为实施更高水平开放提供更好的、必要的基础设施支撑。

五、积极以跨境电商为抓手发展外贸新业态

　　未来，伴随着技术进步尤其是数字经济的快速发展，作为外贸发展新业态的跨境电商，将会成为国际贸易增长点的重要一极。从对外部贡献角度看，挖掘外贸增长潜力，为推动国际贸易增长、世界经济发展作出积极贡献，后发展地区需要推动跨境电商等新业态新模式加快发展，培育外贸新动能；从对自身发展的意义角度看，后发展地区同样需要抓住外贸新业态演变发展态势带来的机遇，积极发展跨境电商。后发展地区应该以此为契机，加大企业、平台培育力度，通过电子商务的发展，为后发展地区实施更高水平开放型经济插上腾飞的翅膀。

第五章 主动扩大进口：高质量发展的推进机制及实现路径

　　国际分工演进至要素分工阶段后，进口贸易的性质和内涵均发生了深刻变化，从连接生产和消费端的简单交换环节，演变为连接不同生产端的必要纽带，本质上是生产过程的继续。因此从分工演进角度看，在经济全球化新形势下和中国开放发展新阶段，主动扩大进口的战略意义不仅在于追求贸易平衡的宏观作用，也不仅是补充人民消费需求升级下供给不足的简单惠民之举，更为重要的是，依托中国庞大的本土市场规模优势，促进中国进一步深度融入全球要素分工体系，并在全球范围内实现资源优化配置。具体而言，就是要在全球要素分工条件下，依托本土庞大市场规模下的进口，所能产生的制度性话语权提升作用、短板产业补齐作用、高端要素虹吸作用以及倒逼改革作用等具体机制，通过吸引、集聚和培育等方式扩大高端要素总量规模，奠定经济高质量发展的要素、产业和体制机制优势和基础。为将主动扩大进口的意愿化为实践，从而充分发挥其推进高质量发展的应有作用，中国亟待在改善进口自由化便利化条件等方面取得新突破。

第一节　问题提出

　　改革开放以来，尤其是上海浦东在开发开放和中国加入世界贸易组织（WTO）以及驱动中国经济增长的"三驾马车"中，出口贸易一直扮演着"牛鼻子"角色。换言之，投资和消费增长进而对经济增长的驱动作用，实际上在很大程度上是由出口快速扩张引领。而过去几十年中国出口贸易实现的增长奇迹，虽然在形式上具有出口导向型的特征和表现，但本质上是融入发达国家跨国公司主导的全球价值链分工体系的结果和表现，是发达国家把中国作为世界工厂和全球出口平台的结果和表现，因而是一种被导向的开放型经济发展模式的必然结果（张二震和戴翔，2013）。当然，对于这种发展模式，我们不得不承认存在两个方面的重要特征：一是在融入发达国家跨国主导的全球价值链分工体系中，由于受制于自身要素禀赋优势的约束，中国只能采取低端嵌入的方式，因而走出的是一条"血拼式"的规模扩张之路（金碚，2012）。这种发展模式虽然有助于我们快速而全面地融入到经济全球化进程中，并在产业中低端层面尤其是制造业中低端领域实现规模的快速扩张，甚至可以说取得了巨大的发展成就，但也带来了不平衡、不协调和不可持续等问题，突出表现为发展质量和效益不高、创新能力不强等不平衡不充分问题。二是在融入全球价值链分工体系过程中，由于受经济发展水平或者说收入水平的影响，参与全球生产而实现的产出规模持续扩大，我们不得不倚重于作为全球财富主要集中地的发达国家强劲市场需求。也就是说，在融入经济全球化发展前一轮开放型经济过程中，我们主要扮演着供给者而非需求者的角色。

上述发展模式在 2008 年国际金融危机冲击之后，已然面临着国际国内环境的深刻变化。一方面，世界经济进入到深度调整期，全球经济增长疲软和新动力缺乏是此期间最为主要的特征和表现，进而引发了逆全球化思潮的兴起、单边主义和贸易保护主义抬头并不断有新的表现，全球经济发展的整体环境趋于复杂、严峻和多变。2019 年 1 月联合国发布的《2019 年世界经济形势与展望》报告中进一步指出①，有迹象表明，全球经济增长已经达到顶峰，若干发展挑战可能会进一步阻碍经济增长，其中就包括多边主义发展受阻、贸易争端不断升级。在此背景下，不仅原有的出口高速增长模式面临质量和效益不高问题，还因外部环境恶化而面临不确定性，从而为经济发展带来不稳定性。另一方面，伴随几十年的经济高速增长，中国经济发展已经面临着劳动力成本不断上升、资源和能源约束

---

① UNCTAD. World Economic Situation and Prospects 2019［EB/OL］. https：//unctad. org/en/pages/PublicationWebflyer. aspx？publicationid = 2331.

日益严峻、各类生产要素价格不断高企、环境承载压力逐步增大等问题和挑战。在此背景下，党的十九大报告做出了"我国经济已由高速增长阶段转向高质量发展阶段"的科学判断。

而在世界经济形势发生"突变"的条件下，在经济全球化走到十字路口的关键阶段，中国彰显了一个负责任大国的使命和担当，成为贸易和投资自由化的坚定倡导者和忠实拥护者，成为经济全球化的积极推动者，正在用自己的实践行动为世界各国树立"榜样的力量"。这就提出了一个十分具有理论意义和实践价值的课题：新阶段扩大进口如何推动高质量发展？或者说，扩大进口能否成为推动新阶段高质量发展的动力之一？如果答案是肯定的，那么其中的主要作用机制是什么，以及如何通过扩大进口引领新阶段高质量发展？本章试图对上述基本理论问题进行探讨。

第二节　进口贸易：分工演进下新内涵及新作用

贸易的基础是分工，因此，正确理解进口贸易的内涵和功能作用，必须深入到国际分工层面。而伴随国际分工的演变和发展，贸易的性质也在发生着深刻变化，包括进口贸易。尤其是在当前全球要素分工条件下，进口贸易的内涵和作用发生了与传统国际分工条件下的本质变化。因此，为了更为深刻地理解进口对高质量发展的作用机制，可以从分工演进的特定视角，对进口贸易的内涵和作用做一简要梳理。

一、传统分工条件下进口的内涵和作用

传统国际分工是以最终产品为界限的，也就是说，不同国家（地区）遵循比较优势，各自专业化于生产和出口自身比较优势产品，并进口其比较劣势产品。在这种传统国际分工条件下，无论是出口产品还是进口产品，其整个完整的生产过程都是在分工参与国家（地区）内部独立完成的，国与国之间并不存在生产上的交集，从而无论是从生产或者供给层面看，还是从消费或者需求层面看，国与国之间都具有相对的独立性。此时，进口贸易的内涵，即指一国（地

区）从他国（地区）购买商品或服务的行为。具体而言，从经济活动的环节来看，进口贸易本质上属于交换环节，是连接产品生产国（地区）和产品消费国（地区）的流通过程。这种流通过程或者交换行为，从国际分工角度看，其主要的功能和作用就是互通有无或者优势互补。源于互通有无的贸易，进口的作用和意义不言而喻，对于消费者来说，通过进口贸易能够获得在封闭条件下无法获得的产品和劳务，从而实现了消费产品和劳务的多样化。这显然是福利水平的一种提高。至于优势互补，进口的作用和意义对于消费者来说同样具有提升福利水平的作用。这是因为通过分工和贸易，一国（地区）的消费者能够进口到相比于国内生产价格更为低廉的产品和劳务，从而提高了消费者剩余，促进福利水平的提升。如果说，从消费者角度看，传统国际分工条件下进口贸易的发展对消费者的作用和意义是积极的，即能够提升福利水平的作用还算达成共识，那么对于进口国的生产者进而本国生产和经济发展，则对其功能和作用的认识并非一致，甚至在理论阐释上存在较大分歧。

较早的有关国际贸易理论探讨中，重商主义学派就认为，进口贸易会使得一国财富流失，导致一国变得越来越贫穷，而出口贸易则相反，会促进财富流入，使得一国变得越来越富有。这也是重商主义提出"鼓励出口、限制进口"的理论依据所在。尽管重商主义的观点受到自由贸易理论的批判，但是进口可能对本国生产具有不利影响，从而对经济增长产生负向作用的认识，却并没有得到根本性的改变和扭转。对此，贸易保护主义理论以及新贸易保护主义理论，甚至是2008年国际金融危机冲击之后兴起的国际经济保护主义（佟家栋，2017），都持有进口贸易不利于一国生产从而对经济增长具有负面作用。后来的理论阐释所持有的"不利观"，虽然与早期的重商主义理论逻辑有所不同，即虽非"金银财富"的货币流出，但即便从生产层面看，其实本质并无太大区别，因为进口贸易被视为是本国（地区）产出的一种流失，从而导致总产出下降进而不利于经济增长。对此，凯恩斯的对外贸易乘数理论可谓是经典代表。凯恩斯的贸易保护主义理论认为，进口贸易的本质是一国（地区）的需求外流，由于国内需求的外流从而导致本国生产减少进而国民收入减少，国民收入减少会进一步导致对本国相应部门产出减少，产出减少又意味着国民收入下降进而需求减少，如此循环往复，最终形成进口贸易对国民收入下降的乘数效应。这种"不利观"虽然与自由贸易理论是相悖的，同时其理论基础也是不周延的，即忽视了许多其他作用因素并建立在严格的假定条件之上，但是这种观点的影响却一直延续至今。包括特朗普发起对华贸易摩擦所提出的所谓"贸易逆差"口实（戴翔等，2018），本质上就是重商主义和凯恩斯的贸易保护主义，因为在特朗普政府看来，贸易逆差就简单地等同于贸易利益的流失，等于经济增长的损失。

与贸易保护主义的"不利观"不同，贸易自由化的理论学派认为，进口贸易不仅不会导致本国产出下降，相反，由于遵循比较优势进行分工，进口贸易实质上就是放弃本国比较劣势的产品生产，把资源集中在具有比较优势的产品生产上，进而用比较优势产品交换比较劣势产品。因此，进口贸易的本质实际上就是比较优势原理作用下的分工结果和表现，从这一意义上说，由于存在着资源优化配置效应，即资源从原有生产效率相对较低的进口竞争部门，不断向生产效率更高的出口部门流动，从而实现了产出效率在整体意义上的提高。这也是自由贸易理论阐释贸易利益来源的主要渠道和机制，即开展分工和贸易使得世界总产出增长的根本逻辑在于，分工和贸易参与国实现了资源从低效率部门向高效率部门流动的优化配置。尽管这种资源配置会对不同部门产生不同影响，如对出口部门更为有利而对进口部门实际不利，或者说确实会导致进口竞争部门的产出下降，但资源优化配置后总产出的增长部门上涨幅度一定会高于受损部门产出下降幅度，从而在整体层面上仍然是有利的。而按照马克思主义的观点，贸易与经济增长的关系归根到底是交换与生产的关系。从最本质意义上来讲，生产决定交换，但是作为再生产过程阶段的交换，不仅仅是一个消极的被决定过程，交换在一定条件下也能对生产发生反作用，有时会对生产的发展产生巨大推动作用。这一经典论述实际揭示了进口可能对扩大再生产的关键意义。20 世纪 80 年代中期以来，以罗默、卢卡斯和斯文森等为代表的新增长理论，把技术变动作为推动生产率增长的核心因素（海闻，1995），从国际贸易层面看，由于进口通常可以通过技术外溢和外部刺激来促进一国的技术变动，因此对经济增长具有显著促进作用。

总之，在传统国际分工模式下，进口贸易属于连接生产和消费的交换环节，这一经济活动对于消费者来说，通常具有直接的福利提升功能和作用，但是对生产或者经济增长的影响，在理论认识上却存在较大分歧，既有可能通过需求外流引致乘数性的国民收入水平下降，也有可能通过资源优化配置效应和技术外溢效应等作用机制，促使产出和经济增长。如果说，这种认识上的分歧在传统以最终产品为界限的国际分工模式下仍然具有一定合理性，那么当国际分工演进至全球要素分工阶段后，由于进口贸易的内涵已经发生了实质性变化，从而其作用功能也必将产生根本性改变。

二、要素分工条件下进口新内涵和作用

20世纪80年代以来，国际分工在形式上发生了两个根本性变化：一是产品的价值链被分解了，同一产品的生产环节和阶段，会按照其要素密集度特征被配置到具有不同要素禀赋优势的国家和地区；二是生产要素的跨国流动性日益增强，突出表现为资本、技术等可流动的生产要素，跨国"追逐"土地、税收等不可流动的生产要素。上述两个方面的变化使得国际分工从传统的以最终产品为边界的分工模式，发展到以生产要素为边界的分工模式。这种新型的国际分工模式被学术界称为要素分工（戴翔和张二震，2017），因为在这种新型国际分工模式下，无论是从最终产品生产的完成来看，还是从具体的某一个生产环节和阶段来看，都不再是一个国家或地区独立完成的，而是由多国要素共同参与的结果。换言之，各国已经转变为以优势要素参与国际分工，而不是传统的以最终产品参与国际分工，因此在本质上可以看作是要素分工。在要素分工条件下，传统的所谓"美国制造"、"日本制造"、"中国制造"等产品几乎不再存在，取而代之的是"世界制造"①。应该说，要素分工的兴起由于突破了传统对产品生产不存在跨国空间配置以及生产要素不能进行跨国流动的假定，因而对国际贸易的性质、国际贸易格局等提出了巨大挑战，国际贸易包括进口贸易的内涵和作用功能，也必将随之发生深刻变化。

如前所述，在以最终产品为界限的国际分工模式下，进口贸易实际上就是连接生产和消费的桥梁和纽带，可以单纯地看作是独立的交换环节，既不涉及生产本身，也不涉及生产的跨国性问题。但是在全球要素分工条件下，大部分的进口贸易不再是连接生产和消费的简单交换环节，而是生产过程的延续。可见，中间产品进口贸易连接的并非是生产端和消费端，而是生产端和生产端。从这一意义上看，此时的进口贸易的意义显然是生产过程的继续，即生产过程从一国向另一国延伸和拓展的表现和必经过程，因而从本质上看，仍然是生产过程的一个必要

---

① "made in the world"这一概念系由WTO总干事Pascal Lamy于2010年10月提出，参见http：//www.wto.org/english/news_e/sppl_e/sppl174_e.htm。

组成部分。换言之，正是因为有了进口贸易，各国的生产就此交织在一起，形成了所谓全球生产网络，各国只不过是全球生产网络中的一个或某几个节点而已。"你中有我，我中有你"正是对当前全球生产网络的形象刻画。在全球生产网络中不断流转的中间产品，从区域层面看出现了跨国流动，那便有了所谓的国际贸易。所以，进口贸易在全球要素分工条件下，只不过是全球生产网络运转过程中的中间产品外在流转，俨然已经成为全球生产的一个环节和阶段。这就是进口贸易在全球要素分工条件下发生的本质变化。

正是因为国际分工出现了向要素分工的演进，使得进口贸易的性质发生了深刻变化，即从连接生产和消费的简单交换环节，演变为全球生产的一个必要过程。在这一背景下，与传统以最终产品为界限的分工模式相比，即便从需求层面考察进口贸易对本国产出的影响，也不能简单地将之理解为需求外流，而是所谓的凯恩斯式贸易乘数效应。因为此时的进口已经不是为了简单地满足本国最终消费需求，至少可以说主要不是满足本国的最终消费需求，而是为了满足本国的生产需求，且已经成为本国生产得以继续实现的必要条件。现有的理论研究和实证测算已经表明，全球要素分工条件下进口贸易对本国产出的作用，确实与传统宏观经济恒等式所导出的作用结果大相径庭（刘梦和戴翔，2018）。其本质原因在于进口贸易对产出的作用机理和内在逻辑已经发生了变化。

笔者曾撰文指出，从空间演变特征看，需求主要有三个发展阶段，一是在封闭经济条件下的需求限于本土化的发展阶段，此时并不存在内需和外需的区分；二是在传统国际分工条件下需求的国际化发展阶段，即本国产品既可以通过跨国流动满足国外市场需求，也可以从国际市场进口他国产品以满足国内需求，此时存在着内需和外需之别，这种区分也有着一定意义；三是在要素分工条件下需求的全球化发展阶段，即这一阶段的产品需求均具有全球化特征，很难具体区分某一种产品需求究竟是内需还是外需（戴翔，2012），因为进口产品可能含有本国成分，而出口产品也可能含有外国成分，甚至在最终到达消费者之前，已经在国与国之间进行了多次循环往复的流转。更为重要的是，由于产品生产乃至产品增值环节的生产，都是多国要素共同协作的结果，因此，最终产品需求实际上由于富含了多国要素，从而难以区分其具体的区域生产边界。即产品生产的全球化必然导致需求意义的全球化。显然，在需求边界已经模糊不清的条件下，继续区分内需和外需进而将出口贸易简单视为内需外流的传统观点，就其对产出的作用而言，毫无疑问会形成一些错误认识。

总之，无论是从生产层面进行考察，还是从需求层面进行考察，当国际分工演进至要素分工后，由于进口贸易的性质已经发生了深刻变化，从而其对生产乃至一国经济增长的作用随之发生了改变。在这一背景下，一国发展进口贸易的本质，实际上是融入全球生产分工体系，加入全球生产网络而进行的全球化生产。而发展进口贸易，就是在融入全球生产过程中，利用国内国际两种资源，利用全球生产要素，至少可以说是依托本国优势要素而与国外优势要素形成协作和分工关系，据此实现本国经济的发展。当然，我们并不排除和否认在要素分工条件下最终产品贸易仍然存在，但至少应已经不再居于主导性地位。在要素分工这一新型国际分工模式下，进口贸易的功能和作用也已经从互通有无和传统意义上的优势互补，发展成为融入全球生产从而发展本国经济的必要方式和途径。

第三节 扩大进口：推动高质量发展的主要机制

如前所述，改革开放 40 多年来，中国对外贸易发展以及由此推动的经济高速增长，正是在融入全球要素分工体系下实现的，从贸易流向上看主要发展的是出口贸易。当然，出口贸易取得高速增长奇迹的同时，进口贸易规模也获得了长足发展。中国商务部统计数据显示，中国货物贸易进口额从 1978 年的 108.9 亿美元增长到 2018 年的 2.15 万亿美元，40 年间增长了约 197 倍，年均增长率高达约 14.12%。但需要指出的是，过去 40 年中国出口贸易的高速增长与全球要素分工条件下出口增长密切相关，因为中国作为"世界工厂"，在大力发展以加工贸易为主的出口贸易中，进口贸易无疑发挥着重要作用。正如已有研究指出的，为出口而进口是中国尤其是东部沿海地区出口增长奇迹的主要机制（巫强和刘志彪，2009）。可见，此种模式的进口还不是真正意义上的主动扩大进口，作为一种为出口而进口的贸易，由于仍然主要服务于建立在比较优势基础上，并且从全球产业链角度看主要处于中低端的出口部门，显然还难以引领高质量发展的需要。伴随国内外环境的深刻变化，主动扩大进口的关键意义已经远远超越了拉动出口的初级需求。作为扩大开放的一种重要举措和表现，主动扩大进口一方面犹如前文分析指出的，是向世界表明中国坚定拥护和推动经济全球化发展的决心和态度；另一方面也是最重要的，是要让世界各国能够搭乘中国经济增长的快车，分享中国市场的发展机遇。对外贸易发展战略从重视出口到主动扩大进口的转变，对经济的作用必将开始向更广范围拓展，尤其是在要素分工条件下，对于推动新阶段中国经济的高质量发展将发挥重要作用。具体而言，新阶段中国主动扩大进口，会通过如下五个方面的主要作用机制，在进一步实现资源优化配置中，实现对经济高质量发展起到推动作用。

一、要素分工的制度性话语权保障机制

传统经济理论表明，分工有助于效率提升、工具革新和技术进步，而经济全球化不断发展的进程，就是市场不断扩大和分工不断深化与细化相互作用的过程。当前的全球要素分工就是社会分工不断向纵深方向演进并突破国界的结果，从而在促进资源优化配置中实现了全球经济几十年的繁荣发展。因此，从较大范围看，任何一个经济体的高质量发展都离不开经济全球化，必须在扩大开放中适应经济全球化深度演进的大趋势，更高水平的发挥进口促进分工效率提升的重要作用。但从特定经济体角度看，能否在融入全球要素分工中实现高质量发展，不仅取决于自身的因素，如自身拥有的要素层次和质量等，还取决于世界经济的总体外部环境，包括宏观层面的全球经济规则和治理体系，是否有利于吸引和集聚高端生产要素。客观而言，现行全球经济规则和治理体系是在"二战"后由美国等发达国家主导和构建的，更多反映发达国家利益诉求，对发展中国家的利益诉求关注不够。而要充分利用全球要素分工带来的发展机遇，尤其是高质量利用全球高端要素，确保各国在国际经济合作中权利平等、机会平等、规则平等显得尤为关键。由于权利不平等、机会不平等、规则不平等的存在，当发展中国家从全球价值链中低端迈向中高端过程中，霸凌主义就会抬头并借此进行产业排挤和技术排挤，为高质量利用全球要素分工发展高水平开放型经济设置障碍和羁绊（张二震和戴翔，2018）。中国40多年开放发展，主要是作为规则的被动接受者参与全球要素分工。现行全球经济规则和治理体系由于未能适应国际经济格局的变化，及全球要素分工演进新趋势的现实需要，面临着重塑和调整。这为中国从规则的被动接受者向规则制定的参与者、引领者转变带来了战略机遇，为重塑更加公平、公正、平等的发展环境带来了机遇。而扩大进口无疑就是提升制度性话语权的重要途径和举措。一方面，中国扩大进口实质上是在向世界表明扩大开放的决心，为构建开放型世界经济树立中国榜样，为换取对等公平的更加开放的发展环境奠定必要的基础。另一方面，扩大开放让世界各国分享中国发展，搭乘中国经济增长的快车，有利于提升中国的影响力，加强外部世界对中国的依赖性。因此，在新一轮全球经济规则调整和重塑中，中国应充分利用好主动扩大进口的战略调整，提升制度性话语权，从而为在融入全球要素分工体系中实现高质量发展，争取更加有力的制度环境。这也是在全球要素分工条件下，进一步实现资源优化配置所必须的宏观层面的制度保障机制。

二、中间品进口下的短板产业补齐机制

经济高质量发展从产业层面看就是产业高级化，如果说提升制度性话语权是保障全球要素分工条件下，中国能够实现资源在国内国际范围内实现自由有序流动，从而奠定高质量发展的宏观制度环境，那么在有利的制度环境下，充分利用要素分工带来的产业发展机遇，尤其是通过中间品进口以"补齐"我国产业发展中的短板，则是高质量发展的中观作用机制。目前，中国产业尤其是制造业的规模和生产能力，虽然已经具备了一定的在位优势，但是无论是从产品品质角度看，还是从核心技术和关键零部件生产角度看，无论是从价值链所处的实际分工地位角度看，还是从产业高级化包括现代服务业发展的水平和层次的角度看，中国产业发展水平与发达国家相比仍然有不小差距。在关键零部件、核心基础材料、高端装备等方面仍然面临显著的"短板"问题。尤其是高端产业发展过程中面临着一些"卡脖子"技术和核心零部件问题还比较突出。不仅制造业转型升级面临着技术攻克难题，而且在服务业尤其是高端服务业发展方面，更是面临显著的短板约束。补齐产业发展短板，避免产业尚未实现转型升级就向其他国家撤离和转移的产业空心化风险，在中国经济发展新阶段就显得尤为重要。实现这一战略目标的关键举措就在于，要充分利用全球要素分工对短板产业的"补齐"作用机制，即通过扩大进口来破除技术难关和核心零部件的约束。如前所述，在全球要素分工条件下，任何一个国家和地区都只不过是全球生产网络的一个或某些节点，没有必要也不可能在所有生产环节和阶段上都具有竞争优势。因此，此时实现高质量发展的关键在于能否充分整合和利用现有全球资源，包括先进的技术、设备和零部件。通过扩大进口将其融入到自身所处的生产环节和阶段，从而

实现高质量发展。当然，强调通过扩大进口以补齐产业发展的短板，并不是说在这些关键环节和阶段要一味地依赖于外部供给，而是指要依托和充分利用扩大进口的补齐作用，而补齐的关键意义并不是简单地通过拿来的方式补齐具体的生产环节和阶段，更为重要的还是要不断通过提升自身能力而增强发展的能力，即要注重"引进"与消化、吸收、创新等结合起来，在"补短板"中不断推动产业转型升级。

三、需求引致创新的资源优化配置机制

如果说在要素分工条件下，扩大中间产品进口有助于"补齐"产业发展短板，从而有助于促进高质量发展，那么扩大最终消费品的进口，则可以激发潜在高端需求和扩大消费需求规模，从而产生需求引致型创新效果，以需求引领高端和创新要素向新兴和战略性产业部门转移，实现高质量发展。众所周知，高质量发展的根本目的在于满足人民对美好生活的基本追求，即满足不断升级的高质量需求。在推动产业发展和转型升级的力量中，一种是来自供给层面，即技术进步和产业变革的推动作用；另一种是来自需求层面，即需求引致的创新对产业推动作用。林德的需求偏好相似理论尤为重视代表性需求对产业发展的关键作用机制。经过 40 多年的开放发展，中国无论是经济总量还是人均国民收入水平均有大幅度提高，在此背景下，党的十九大报告指出了我国社会的主要矛盾已经变成了"人民日益增长的美好生活需要和不平衡不充分的发展之间的矛盾"。这一变化说明了两个方面的问题：一是消费需求的不断升级；二是产业发展尚未能够跟随消费升级的步伐。实际上，无论是从化妆品的疯狂海淘，还是从马桶的疯狂海外采购来看，无不反映了消费需求升级背景下，产业供给步伐落后的窘境。当然，产业发展的不平衡和不充分从而未能满足高质量需求的演进速度，除了产业发展面临着技术等供给层面的约束外，潜在的需求未能形成现实的大规模购买力从而未能发挥需求引致创新型产业发展，也是其中重要的原因。海外采购和海淘现象的出现，虽然说明了高质量需求的潜在规模很大，但毕竟受制于不便利、不便捷、渠道不畅等因素的作用，由此所能实现和满足的需求群体还十分有限，很难在真正意义上形成代表性需求。何况，正如党的十九大报告所指出的，促进国内消费的体制机制还存在一定问题，从而在很大程度上约束了潜在需求的现实转化能力。因此，内外双重消费渠道的同时受阻，对高质量代表性需求的形成产生

了严重的制约作用。从这一角度看，主动扩大进口的本质意义，绝不仅仅局限于补给国内供给不足，从而满足人民生活对高质量的追求，更为关键和根本的意义在于，通过扩大进口可以将潜在高端消费需求转化为现实需求，在培育新的消费增长点和扩大消费规模过程中，最终实现以需求引致创新，以创新引领供给侧结构性改革，以创新推动产业高端化发展。此种意义上的扩大进口从短期和表面上看是一种微观惠民机制，但从更为深层次和长远意义上看，则可以转化为创新驱动的发展机制，包括利用全球高端和创新生产要素的动态的资源优化配置。

四、本土市场规模的高端要素虹吸机制

在国际贸易理论和实证研究中，有关本土市场规模效应的文献极为丰富，而且较为一致的观点认为，本土市场规模对于支撑本土产业进而出口贸易的发展的确具有积极的作用，这种效应通常也被称为母市场效应。而有关本土市场规模效应或者母市场效应，现有研究仍然聚焦于供给能力的培养上，认为它是一种动态的发展机制，是资源向创新和代表性产业部门集聚所形成的积极作用和效应。但是在全球要素分工条件下，实际上本土市场规模效应还存在另外一种重要的作用机制，就是全球价值链的区位配置效应，并由此引发高端要素的跨国流动，从而推进经济高质量发展。由于全球要素分工的实质是跨国公司在全球范围内构建生产网络，而不同生产环节和节点究竟配置于哪一个国家或者地区，不仅取决于该国或地区的要素禀赋结构以及优势要素状况，还取决于该国或地区的本土消费需求规模状况。因为跨国公司的全球化战略不仅体现在生产的全球化上，还体现在销售的全球化上，因此，生产地和消费市场的"接近程度"也是跨国公司布局全球价值链的重要考虑因素。联合国在针对跨国公司布局全球价值链的一项调查研究中发现，在其全球化布局中，由本土市场规模决定的需求因素，是仅次于要素禀赋结构决定的成本因素的第二大影响因子[1]。更确切地说，对于本土消费市场规模越大的国家和地区，跨国公司越有动力和倾向将高端生产环节配置到该国或地区，以尽可能地实现高端生产环节与需求规模较大的市场"接近"，因为这种"接近"有助于降低全球生产布局下必然产生的特定额外成本，包括阶段性

---

① UNCTAD. World Investment Report 2013：Global Value-Chains：Investment and Trade for Development [R]. UNCTAD，2013.

生产与消费地分离所导致的成本，这种成本不仅包括传统的运输成本，还包括市场信息的搜寻成本和反馈成本等。如果说本土市场规模效应所揭示的作用机制属于一种"慢变量"作用，那么由价值链生产布局调整而实现的分工地位攀升进而高质量发展，则是一种"快变量"作用。现有的一项理论和实证分析证实了上述作用机制的存在（戴翔等，2017）。因此，在中国已经成为世界第二大经济体后，依托庞大的国内本土市场需求效应，在扩大进口中产生对全球高端生产要素的虹吸效应，诱发跨国公司将产业和产品的高端环节配置到国内来，不失为促进高质量发展的一种重要途径和方式。

五、竞争政策的微观主体活力激发机制

在以往的开放发展进程中，中国在政策措施上主要采用的是优惠政策，或者说优惠政策下的地区和产业等非均衡发展策略，进一步打造了成本洼地效应，从而将低成本要素优势发挥到了极致。这也是为什么中国在过去40多年能够成功、快速而全面地融入到全球要素分工体系的重要原因和宝贵经验所在。发达国家跨国公司正是为了充分利用中国的低成本要素优势，从而将资本和成熟技术乃至边缘技术等要素转移至中国。大量利用外资和大力发展加工贸易，就是这一发展模式的产物和必然表现。以优惠政策所打造的成本洼地效应，在启动产业发展的初期以及在扩大产业发展规模的中期具有一定的适用性，那么在产业进入高质量发展的后期，则显然面临着严重不足和缺陷。这不仅是因为继续依托低成本优势的发展之路已经不可持续，而且全球竞争格局的变化，尤其是全球经济规则的高标准发展，依托优惠政策的作用空间必将越来越小，此外，高端化和高质量发展所需要的高端要素，往往对制度环境决定的交易成本更为敏感，而对其他生产要素的投入成本并不敏感（戴翔和金碚，2014）。目前，中国产业发展面临着"攀升全球价值链中高端"的目标和任务，而要实现这一战略目标，在开放政策上必须实现从优惠政策向竞争性政策转型。实际上，产业在迈向中高端的高质量发展过程中，发展的动力机制必须实现相应的重大调整和转化，那就是从要素驱动向创新驱动转变，而能否顺利和成功实现创新驱动的转换，在全球要素分工条件下，不仅取决于能不能吸引和集聚到高端和创新生产要素，还取决于能不能激发创新要素进行创新的内在动力。管理学相关理论研究表明，在一个不适宜的制度环境下，即便是具有创新能力的要素，也不会有创新的兴趣和动力。而什么样的制度环境最有利于吸引、集聚创新要素并激发创新要素动力？显然，影响因素可能是复杂和众多的，但从宏观层面看，其中最重要也是最关键的就是要打造竞争性的政策环境。主动扩大进口无疑有助于构建更具竞争性的营商环境，因为主动扩大进口，不仅要求我国进一步削减和消除关税和非关税壁垒，而且还会通过倒逼改革进一步规范内部市场运行机制；不仅有助于破除国内市场壁垒，而且会对国内企业带来竞争压力，当然，跨国公司之间同样也会形成竞争压力。这种竞争政策必将有助于激发微观主体的创新活力，为高质量发展提供不竭的动力源泉。

第四节　扩大进口：助推高质量发展的实现路径

主动扩大进口，是新时代扩大对外开放的重要举措，也是我国应对全球经济形势变化带来挑战的重要举措，尤其是在全球要素分工条件下，对于推动高质量发展具有极为关键的作用和意义。但能否有效发挥进口促进高质量发展的各种机制和作用，还取决于能否真正实现扩大进口，或者说能否有效实现扩大进口。以主动扩大进口推动高质量发展，中国亟待需要在如下几个方面实现新突破：

一、着力改善进口贸易自由化便利化条件

主动扩大进口，虽然是一种意愿，但是要转化为现实，还受到其他一系列因素的影响，其中影响进口贸易成本的贸易自由化和便利化就是决定性因素。众所周知，第二次世界大战以来，全球贸易的迅猛增长正是得益于各国关税和非关税壁垒的降低，贸易自由化制度在全球范围内的推行。尤其是在要素分工条件下，由于中间产品、生产要素在完成最终产品的生产之前，往往需要通过多次跨境流动。其中的任何一个不起眼的关税或者非关税贸易壁垒的增加，都会通过"价值链效应"而被不断放大。据此，在中国对外贸易发展新阶段，主动扩大进口的首要条件就是要着力改善进口贸易自由化和便利化条件。毫无疑问，自中国加入WTO以来，我国在削减关税和非关税壁垒方面履行了入世承诺，取得了巨大进步。但是，与发达国家相比，我国的平均关税仍然相对较高，贸易自由化仍有进一步发展的空间。特别是在贸易便利化方面，还有很大的改革空间和效率提升空

间。突出表现在通关流程上，能否采用"互联网+政务服务"的形式，加快和优化进口通关流程，清理进口环节不合理收费，在降低进口环节制度性成本中尽量缩短和降低进口贸易面临"线长、面广、环节多"等带来的较高时间、人力、财务和财力乃至效率成本，提高进口贸易便利化水平。

二、努力搭建有助于扩大进口的各种平台

改革开放 40 多年来，中国发展出口贸易的最为重要和宝贵的成功经验之一，就在于搭建出口贸易的各种载体和平台，如在扩大对外交流和宣传方面，有影响力较大的广交会、各种出口博览会等；在实体运转空间方面，有出口工业园区、出口加工区、自由贸易园区、经济技术开发区等。这些平台和载体在促进中国出口贸易方面，无疑发挥了巨大的作用。未来中国主动扩大进口，要充分借鉴成功发展出口贸易的宝贵经验，注重搭建有助于扩大进口的各种平台，大力培育进口促进平台。为此，扩大交流和信息服务方面，可以加大政府信息服务，专门搭建一个信息服务平台，并组织进口企业参加和举办各种进口展会，包括行业性的进口展会。关于这方面，尤为值得一提的是，作为迄今为止世界上第一个以进口为主题的国家级展会，2018 年 11 在上海举办的中国国际进口博览会，应该说是国际贸易发展史上的一大创举，对于新阶段扩大中国进口，为世界各国分析中国经济发展搭建了重要平台。今后一段时期要继续发挥好这一平台的进口促进作用，将其办成常态化和机制化的博览会。进口的具体空间组织形式和载体平台方面，比如可以培育形成一批示范带动作用较为突出的国家进口贸易促进创新示范区，搭建进口商品的重要集散地、充分利用自由贸易试验区、自由贸易港等。诸如此类平台和载体的搭建，不仅能够体现新阶段中国扩大进口的主动性，而且必将有助于加快进口规模的扩大。

三、制定和发挥好扩大进口的支持性政策

顺利实现主动扩大进口的目标，从政策和制度设计层面看，除了要尽可能地消除和降低各种贸易壁垒，以及实现贸易自由化和便利化外，对作为具体从事进口贸易的微观经济主体，给予必要的政策性支持也极为重要。如同对出口企业的政策支持可以有效促进出口贸易的发展一样，对进口企业给予必要的政策性支持，同样可以有效扩大进口。为此，不仅需要在财税政策和金融政策等方面，基

于扩大进口的现实需要进行完善，还要根据具体的进口需要实行分类的政策性支持。例如，对于最终产品的进口，尤其是事关民生的日用消费品进口，政策支持应着重放在降低日用消费品关税方面，包括降低产品消费税，以扩大需求的方式促进进口规模的扩大。对于基于融入全球要素分工体系需要，即从生产层面尤其是有助于供给侧结构性改革的产品进口，要根据发展阶段的变化和实际情况及时调整《鼓励进口技术和产品目录》，并给予此类进口企业更大的财税政策支持和金融政策支持，尤其是要鼓励金融机构，加大对此类进口的信贷支持力度，以扩大先进技术设备和部分关键零部件的进口。又如，在风险可控以及商业可持续发展的基础和前提下，对融资租赁和金融租赁企业开展进口设备融资租赁业务也给予鼓励和支持，等等。

四、强化进口诚信体系建设和知识产权保护

进口贸易诚信体系是社会信用体系的重要组成部分。特别是在全球要素分工条件下，由于专业化程度的不断增强、资产专用性的不断提高，不同生产环节和阶段之间有着较为严格的时间、数量和质量等方面的参数匹配要求，因此，从全球生产角度看，任一企业的信用状况，都将会影响整个生产网络的运营状况，甚至决定着最终产品生产的实现状况。例如，一家企业由于时间信用问题而在特定环节上进行拖延，那么之后所有的生产环节可能都会因此受到影响；同样地，一家企业在产品生产的特定环节和阶段出现了品质信用问题，那么从"木桶原理"角度看，就会导致最终产品品质的下降，甚至导致最终产品生产无法实现。此外，在全球要素分工条件下，由于知识等生产要素以及高端要素密集型中间品，往往具有公共产品的特征，因此，无论是通过进口加入到全球生产网络过程中，还是进口最终消费品等，比传统国际分工条件下都更需要知识产权的保护。实际上，加强知识产权保护也是通过法治化来规范信用体系的一个重要组成部分。总之，在要素分工条件下，强化进口诚信体系建设和知识产权保护，对于提升进口贸易综合竞争力，促进进口贸易稳定增长，建设法治化、国际化、市场化的营商环境有着极为关键的意义和作用，也是赖以扩大进口的主要制度保障。

五、创新进口贸易方式实现进口方式多元化

伴随着信息通信技术的突飞猛进，尤其是互联网技术的快速发展，国际贸易方式呈现出多元化发展趋势，一些新的贸易业态不断涌现，并在推动外贸发展中发挥着重要作用，甚至日益成为主导作用。尤其是在全球要素分工条件下，无论是生产层面还是需求层面，个性化需求和定制倾向都有越发加强的发展趋势，对传统贸易方式的革新和发展也提出了新的要求，并催生了一系列新型贸易业态。例如，近年来跨境电子商务、市场采购贸易方式、外贸综合服务平台等新业态和新贸易方式，在中国对外贸易领域呈现出强劲的发展势头，增长较快并成为带动外贸发展的新增长极。因此，主动扩大进口，除了要继续利用好传统的进口方式外，更应该紧随技术进步变化、分工演进变化、消费需求变化等引领下的国际贸易方式的创新和变化，培育并利用好新型贸易方式在扩大进口中的作用，实现进口方式的多元化。各种新型贸易业态可能正处于起步发展期，很多需要摸索和完善的地方，还有些新型贸易业态可能还在孕育之中，需要不断地去探索和尝试。在培育和发掘一些新型进口贸易业态过程中，需要注重通过管理创新、制度创新、服务创新和协同发展，为推动新型贸易业态的普遍发展和采用，积累可复制、可推广的经验，用新模式为扩大进口贸易发展提供动力支撑。

六、优化国际市场布局实现进口来源多元化

进口渠道和来源的多元化不仅更加有助于实现主动扩大进口的战略目标，而且对于规避在扩大进口中，可能形成的对单一市场过度依赖引发产业安全问题，以及消费需求保障问题，都有着极为重要和关键的意义。要充分意识到，在全球要素分工条件下，由于外部冲击可能对本国生产造成的影响和损害。许多理论和实证研究都表明，外部冲击通常会通过价值链进行传播，进而影响到一国的产出、就业并产生其他一系列并发症（代谦和何祚宇，2015）。这一方面最为典型的事件就是日本大海啸期间，导致许多中间产品生产企业停产，进而许多依赖于进口日本中间产品的中国企业，生产萎缩和出口下降，外向型经济发展遭受严重冲击。再则就是美国政府对中国企业采取的技术封锁，给我国相关企业带来的挑战乃至生存危机。这些事件均给了我们深刻的启示：在全球要素分工条件下，一方面要在扩大进口中融入全球分工体系，利用好全球生产要素和资源，另一方面还要注重进口渠道和来源的多元化发展，避免过度依赖单一市场产生的产业安全问题，在特定情况下要有可替代选择。为此，我们不仅要加强与传统发达国家的合作，还要加快共建"一带一路"的国际合作，优化进口来源地的国际布局。

中国开放发展已经进入到从注重出口向出口和进口并重转变的发展新阶段。这不仅是应对经济全球化新形势和新变化的战略选择，也是中国主动适应新阶段进入高质量发展、进一步发挥扩大进口贸易引领作用的战略选择。因此，在新形势和新阶段下，中国主动扩大进口的关键意义不仅在于主动追求进出口贸易的宏观平衡，也不仅仅在于通过扩大进口，来满足本国民众对高端和高质量消费品的日常需求，更为重要的是，是中国向世界表明推动经济全球化和发展开放型经济的态度和决心，是要让世界各国分享中国市场、搭乘中国经济快速增长的列车。当然，在全球要素分工体系下，由于各国之间早已形成了"你中有我，我中有你"的相互依赖格局，由于生产的全球化进而导致需求的全球化，因此，主动扩大进口让世界分析中国市场和搭乘经济增长列车的同时，还会产生另外一层较为深刻的意义，那就是依托本土市场的规模效应这一新的优势，融入全球要素分工体系，并利用要素分工演进带来的新机遇，通过主动扩大进口实现要素分工条件下的资源优化配置，从而实现对经济高质量发展的推动作用。

经过几十年的开放发展，中国已经成为世界第二大经济体，本土市场需求已经具备了一定的规模优势，这种规模优势可以转化为对外开放的新优势。依托庞大的市场规模优势，在扩大进口中可以提升中国在世界经济中的影响力。这种影响力不仅有助于中国在新一轮全球经济规则重塑和调整中提升制度性话语权，从而在规则和制度层面本身就体现高质量发展的水准和层次，更为重要的是，制度性话语权的提升还能够为更加高效地利用全球要素分工带来的高质量发展机遇，提供必要的制度保障和优化外部发展环境。概括地看，在要素分工条件下，较大的本土市场规模优势，对于高附加值生产环节和阶段更具有吸引力，从而能够诱发跨国公司将全球价值链中更加高端的生产环节和阶段，如技术和知识密集型等环节配置到该市场。因此，会通过中间产品进口补齐高端产业发展的"短板"，以及通过吸引和集聚高端和先进要素而形成创新驱动等作用机制，提升产业和经济发展的质量。此外，利用本土市场规模优势而扩大进口，可以加剧竞争效应，倒逼开放政策举措从传统优惠政策向竞争性政策转变，通过制度优化设计和优化营商环境，构建有利于激发微观经济主体活力尤其是创新活力的体制机制。总之，依托市场规模优势，主动扩大进口可以在更加有利的全球制度环境保障下，从全球要素分工角度实现资源优化配置。全球要素分工角度下的资源优化配置，不仅表现为在吸引、集聚、培育中扩大高端要素的总量规模，而且有助于推动高端要素向代表产业高级化演进的部门聚集，最终奠定经济高质量发展的要素、产业和体制机制优势和基础。

当然，将潜在市场规模优势转化为对外开放竞争新优势，将主动扩大进口的意愿转化为实际行动和实践，尤其是从助推经济高质量发展的角度看，我们还有很多方面的工作要做。这不仅要求我们在认识层面上，针对扩大进口需要突破以往"为出口而进口"的思维模式和做法，更不能仅仅停留在弥补国内对高质量需求供给不足的层面上，而是要着眼于经济高质量发展的根本需要，着眼于自身有效供给能力的提升。因此，依托主动扩大进口而助推经济高质量发展，亟待在着力改善进口贸易自由化便利化的条件、努力搭建有助扩大进口的各种平台、出台和实施各种有助于扩大进口的支持性政策、强化进口诚信体系建设和知识产权保护、创新进口贸易方式以及优化进口国际市场布局等方面，取得实质性进展和突破。

第六章　高水平开放促进经济高质量发展的实证分析

实行更高水平开放，是党的十九届五中全会提出的重要论断，也是"十四五"规划纲要中强调的重点。随着中国进入新时代，经济发展从高速增长阶段转向高质量发展阶段，经济高质量发展自党的十九大以来成为备受关注的热点。开放作为新发展理念的基本内涵，日益成为新时代推动经济高质量发展的重要内生动力。探究新时期更高水平开放对经济发展质量的影响机制以及作用路径，对深刻理解更高水平开放的政策研究具有重要理论价值和现实意义。

本章首先介绍开放水平的研究综述，界定经济高质量发展的概念及内涵，回顾经济发展质量的理论基础及相关研究，阐述关于开放水平与经济发展质量关系和影响机制的已有成果，并对相关文献研究进行述评。在此基础上分析中国开放水平的发展历史与现状，进而阐述现阶段更高水平开放在经济高质量发展阶段的理论内涵并分析其作用，从而提出本章更高水平开放影响经济高质量发展的机制和研究假设。其次从新发展理念的五个维度出发选取指标，建立经济发展质量评价体系，测度得出 2011~2020 年中国省级层面经济发展质量指数，分区域、分维度、分类型对经济发展质量特征及演化趋势对中国经济发展质量水平进行分析。通过梳理更高水平开放影响经济高质量发展的作用机理并建立模型，从开放范围、开放领域和开放层次三个方面展开，对 2013~2019 年中国省际面板数据进行实证检验，验证高水平开放的作用机制。最后得出本章的主要研究结论，并提出相应的政策建议。

本章得出主要结论如下：第一，2011~2020 年中国省际经济发展质量指标整体呈上升趋势，经济发展质量水平差距逐渐扩大，但相对差异随增速逐步缩小。

从区域分异角度看，中国省际经济发展质量分布总体呈现为从东部向西部逐步降低的地理特征，发展质量区域协调性仍有较大改进空间。从维度偏重角度看，出现发展动力维度结构的调整，区域间经济质量发展的主要驱动因素偏重不同。第二，更大范围开放能显著协调区域发展，实现经济高质量发展；更宽领域开放主要通过产业升级，提升服务业的开放度实现经济高质量发展；更高层次开放在营商环境层面能够不断提升市场化水平，有效提高经济发展质量。

第一节　研究方法、内容和创新

一、研究背景

改革开放作为中国的基本国策，是实现中华民族伟大复兴的必由之路，从党的十一届三中全会以来，中国屡屡创造举世瞩目的经济奇迹，对外开放战略的实施居功至伟。党的十九大的召开标志着中国进入了新时代。站在新的历史方位，开放发展作为新发展理念的重要元素，更是经济在持续高速增长转向高质量发展的调整缓冲的重要驱动力。贯彻新发展理念，成为"十四五"时期经济建设开新局的坚实保障。而经济发展的不断推进，也对我国的开放战略提出了更高要求。

新时期的开放是更高水平的开放。正如党的十九届五中全会所要求的，要坚持推进更大范围、更宽领域、更深层次的对外开放。过去几十年的开放政策实施，已经获得了卓越的成果，中国贸易总量跃居全球第二，外商直接投资和对外投资显著上升，经济特区和国家级新区的试点开放已经形成了较为成熟的开放经验，自由贸易试验区在制度型开放的创新实践方面迈出了新步伐，国家级经济技术开发区及边境经济合作区呈点阵分布辐射全国，即沿海、沿江、沿边、内陆开放城市群开放格局形成后，贯彻落实三大战略，通过共建"一带一路"、京津冀和长江经济带将中国省际东中西部分散式开放的格局贯穿起来，发挥开放范围带来的协同效应和规模优势。更宽的开放领域则要求基于我国当前货物贸易大体量的现状做出有益尝试，充分发挥完备的制造业体系优势，推进先进制造业和服务业开放，完善制造业配套的服务行业，助推第三产业发展壮大作为支柱产业，转变资源和要素导向的低端开放为主的开放现状，提升中国在全球价值链中的位置。更高层次的开放意在以更加主动的姿态促进国际合作，依托国内超大市场的优势，参与国际经贸规则的制定与推行，提升发展中国家在国际商谈合作中的话语权，不断完善全球经济治理体系，推动贸易和投资自由化便利化和创新发展，实现互利共赢。全面提高开放水平，建立更高水平的开放型经济新体制，是实行更高水平开放的题中应有之义，也是经济高质量发展的有利依托。

2021年的《政府工作报告》对新的经济周期推进高水平对外开放提出要求，要充分利用两个市场两种资源，不断拓展对外经贸合作，以高水平开放促进深层次改革、推动高质量发展。"十四五"规划期间高水平开放的新要求正是针对实现高质量发展阶段转换的良策。关于高水平开放和经济高质量发展的研究是近年的学术热点，但对于高水平开放影响经济高质量发展的实证研究尚不丰富。因此探究高水平开放影响经济高质量发展的机制和路径，探索通过高水平开放促进经济高质量发展的政策内涵和实践价值，对中国经济发展模式转换，稳步推荐开放水平提升具有重要意义。

二、研究意义

（一）丰富更高水平开放理论机制分析

更高水平开放作为近年来提出的新的政策思想，多以偏理论性、整体性的政策解读和短论为主，从全球视角综观国家层面的政策含义，而较少降维至省级层面展开研究，对于开放水平的实证性研究也仍以对外开放为主体，尚未结合最新的理论逻辑展开分析，对于开放的指标选取或者是评价体系倾向于分领域，从贸易开放、投资开放等角度展开，指标计算以开放度为基础扩展不断丰富。本章针对更高水平开放展开较为翔实的理论分析，探讨更高水平开放要求在渐进式开放发展过程中应运而生的合理性，剖析更高水平开放的理论内涵和现实作用，并依据全方位提升开放水平的要求，力求选取有代表性的开放指标，为研究高水平开放的理论类文章补充数据和实证研究层面的支撑，以期对今后开放水平的实证和评价体系相关研究有一定的启发作用。

（二）完善经济高质量发展理论

根据知网搜索结果建立研究文献网络图，从总量来看，有关经济发展质量的文献数量远低于以经济增长为关键词的文章，但近年来经济发展质量相关的文献呈井喷趋势，其中绝大多数主题为经济高质量发展，可见高质量发展开始成为研究热点。而相关文献多以政策研究为主，与经济质量相关的文献多将视角集中于生产效率和产业升级，使用全要素生产率作为量化的衡量指标。本章根据新发展理念的要求，试图基于已有研究选取更加符合经济发展质量要求的指标，评价近10年来省级层面的经济发展质量情况，并从区域、维度、分布等层面分析中国当前经济高质量发展的情况和特征，结合我国新阶段发展的经济生活实践做出解释，合理预测未来经济质量发展走势，更加清晰地刻画经济高质量发展的驱动机制。

（三）拓展更高水平开放影响经济高质量发展的机制、路径及政策等相关理论

关于更高水平开放的理论内涵和实施路径尚未结合到对外开放的研究中，而对外开放影响经济增长和经济发展的相关研究已经相对较为成熟。经济发展质量与新发展理念有机结合的评价体系并不鲜见，选取指标却不一而足，在细节上的合理性也有待斟酌。本章致力于细化以新发展理念为依托的经济质量评价体系的基础指标，更加符合新时代的经济升级要求，对更高水平开放的维度选取更加立体，突出差异性，从而顺应研究趋势，拓展开放水平对经济质量发展的影响机制研究体系。

（四）深化对中国各省及区域层面经济发展质量现状及其驱动要素的认知

经济发展质量作为较为综合抽象的概念，在现实中并无明显可区分的认定依据。当前我国经济发展质量现状呈现为东部相对发达，中西部相对落后的情况，是不平衡不充分的发展，将这样的区域特征放到近10年中国省份层面的时空框架下进行研究，对实现中国全域的高质量发展有着较为清晰的参照作用，为"十四五"规划及远景目标纲要提供了数据层面的佐证。随着开放的逐渐深入，边境开放和内陆开放补足了东部沿海试点开放的区域开放格局，境内开放也更加注重结构协调和制度建设，一改从前大进大出的单一开放模式，开放成果在经济发展质量的成果评价上是否有所体现，对于实施高水平开放的经济发展战略价值提供侧面的数据证明。创新成为推动经济发展的第一动力，作为新发展理念的首位，其现实作用是否存在时间和空间上的分异特征，对下一步中国的高新技术产业布局和知识产权保护建设有较为现实的参考价值。绿色作为可持续发展以及高质量

经济发展不可或缺的生态要件也被纳入发展质量评价体系，是全面认识中国经济高质量发展情况的有益尝试。协调以及共享理念作为发展的分维度指标，其促进社会公平正义的政策性作用在区域和时间维度是否有合理体现，为欠发达地区新的发展阶段的扶持政策提供了更加有针对性的建议。

（五）细化更高水平开放促进经济高质量发展的政策及配套建设重点

更高水平开放能否促进经济发展质量提升，以及通过何种路径影响经济发展质量，在经济高质量发展阶段的政策实施并无较为细致的体现，这与更高水平开放概念提出时间较短和准确定义的难度较大有关。本章将从高水平开放的新要求角度展开，探究中国省际经济发展质量水平及新发展理念维度作用的时空演化特征，为认识中国省际高水平开放影响经济发展质量的作用机制提供重要依据。通过验证开放水平对高质量发展作用的理论机制，实证研究中同时考察其他影响经济发展质量的现实要素，为"十四五"时期切实贯彻更高水平开放的要求，更有针对性的施策，并且及时跟进地区相关配套建设，帮助经济高质量发展走过改革调整深水区提供较为贴切的指导。

三、研究内容与研究方法

（一）研究内容

为了探究经济高质量发展进程中更高水平开放的作用机制、实现路径和政策研究，本章将理论分析、评价体系和实证研究相结合，使用省级层面的经济发展现实数据，依据新发展理念建立经济质量评价体系，重点关注各维度理念在提升经济质量方面的有益成果，综合分析经济高质量的现有水平。依托开放水平的新要求，聚焦全面对外开放格局形成以后的年份，围绕其对经济高质量发展的影响展开实证研究，从而细化当前的政策实施要则并提出建议。

第一，从当前经济高质量发展阶段的政策背景和现实情况入手，阐述现阶段研究更高水平开放对于经济高质量转型升级的理论和现实价值，说明使用的研究方法，并在此基础上介绍本章的研究技术路线图，明确行文思路，说明有可能存在的创新和不足之处。

第二，相关理论及文献综述。针对开放经济发展阶段和开放水平的文献，结合经济发展质量和高质量发展的相关理论和国内外文献，整理综合开放水平和经济发展质量关系的相关研究，并对已有研究展开针对开放水平、高质量发展和开放影响发展质量研究的评述。

第三，中国开放水平的发展及作用机制分析。从开放水平的发展阶段及当前开放水平现状分析，结合发展阶段阐述我国对外开放水平变迁。从开放范围、开放领域、开放层次三方面来分析中国高水平开放的内涵和作用，并对开放范围、开放领域和开放层次影响经济高质量发展的理论机制进行分析。

第四，经济发展质量指标评价。以新发展理念为依托建立经济发展质量的指标体系，总体评价各省份的经济高质量发展情况，并且分区域、分维度、分类型作横向和纵向比对，理解中国区域经济高质量发展水平特征。

第五，开放水平与经济发展质量关系的实证分析。在完成模型设定、指标构建、变量选取后，整合面板数据进行描述性统计并完成相关检验，对实证结果展开分析，随后通过稳健性检验保证实证研究的可靠性。针对开放范围、开放领域和开放层次的指标，提出相应的研究假设，并基于面板数据回归模型进行实证检验开放水平各方面影响经济发展质量的效果。

第六，基本结论、路径与对策建议。结合前述分析梳理，将经济质量评价体系和更高水平开放影响的实证回归分析相结合，归纳得出研究结论，并为新时期的高水平开放政策和新发展理念的贯彻提出建议，以期深入推进更高水平开放，从而促进经济高质量发展。

（二）研究方法

1. 文献归纳法

对开放水平发展演进相关的文献进行分类梳理，厘清高水平开放概念提出的合理性并总结开放水平的研究现状，整合文献以明确经济发展质量的概念界定与理论内涵，并重点归纳了经济高质量发展研究相关的实现路径和政策体系，为后文的理论阐述和开放水平机制分析奠定基础。关于开放水平与经济发展质量影响机制的文献也成为实证部分的有力参照。

2. 熵权法

使用熵权法，基于2013～2019年国内各省份经济数据建立经济发展质量指标评价体系并展开测算。熵权法计算权重的过程需要判定每个数值所涵盖的信息量，避免了专家评审带来的非客观性，计算结果精度较高，能够更加严密地解释所得到的结果。本章选择熵权法计算各指标权重，建立完整的评价模型，选取指标时根据新发展理念对指标分为五个维度，每个指标在其各自的维度范围内进行比较，避免指标数值之间的相互干扰；同时，在选取指标时，人工筛选了不同类别中最能体现地区经济发展质量的经济指标，避免用层次分析法和主成分分析法对其进行二次筛选。

3. 对比分析法

在经济发展质量指标的评价分析部分，考虑各省份的经济发展质量情况，对不同区域、不同维度和不同分布类型进行阐述，通过横向和纵向的对比，对经济发展质量形成较为深刻立体的刻画。

4. 面板数据模型

实证分析部分选取的数据是 2013~2019 年国内各省份开放水平和经济发展质量的宏观层面数据，是全面对外开放格局形成以后阶段的短面板数据，借鉴以往实证研究并通过相应检验，选择使用固定效应模型，对开放水平和经济高质量发展分维度的要求分别展开回归，更加稳健地反映更高水平开放对经济高质量发展的影响。

四、可能存在的创新与不足

（一）可能的创新点

1. 学术思想的创新

不同于以往从对外开放水平促进经济数量增长和质量提升的研究，本章聚焦新发展理念下的经济发展质量提升，并从"十四五"规划明确提出的高水平开放要求，将视野拓展向更高水平的对外开放和成为未来发展趋势的制度型开放，一定程度上佐证了高水平开放对宏观经济发展升级的正向效应，丰富了高水平开放研究领域的经济理论和实证研究。这样的区分将研究视角从"边境开放"向"境内开放"拓展、延伸和深化，为推动现有开放体系全面提升，商品和要素流动型开放转型升级和制度型开放体系的建立完善提供理论和经验支撑。

2. 变量选取及指标构建角度的创新

鉴于关于开放水平测度的研究多集中于对外开放水平，本章在解释变量确定及测算部分从开放范围、开放领域和开放层次入手，分别从三个差异较大的方面确定核心解释变量，在更高水平开放的层面集中讨论，相对于已有特定要素特征的实证研究，更加综合地探讨并验证了新时期开放政策对高质量发展阶段的作用机制。使用熵权法，结合省份层面的各类特征测算被解释变量，丰富了经济发展质量测算集中于国家或行业层面的研究。对于开放范围，考虑各省试点开放及政策优惠的区域差异构建代理变量。而开放领域层面则聚焦于产业对外开放向服务业开放发展的趋势，针对服务行业实际使用外资情况衡量区域的服务开放度，结合开放水平的其他层面考量，佐证了当前学界对新一轮扩大开放转向服务业领域趋势的研究。鉴于省域之间不便考察关税贸易规则、关税和非关税壁垒相关层次情况，本章开放层次指标主要考虑营商环境层面的指标，作为相对于开放范围和开放领域更加具有质的提升的指标，与从其他层面衡量制度型开放的文献研究相互照应。

（二）不足之处

1. 指标测算

对开放水平指标的选择，虽然针对现有文献和官方文件的解读力图代表开放水平三方面的影响，但鉴于更大范围、更宽领域、更深层次仍然是较大的宏观层面的方向，有限数量的变量尚不够深入具体，仅以实证研究揭示其相对作用，仍缺乏更加丰富和更深层次的分析。

2. 数据缺失

由于缺乏省份层面与具体国别之间的分行业贸易和对外投资数据，因此的研究止步于总体层面的变量分析。若能找到各省份与具体国别之间的细分行业数据，可更进一步明确更大范围中的具体国别区域，更宽领域中的具体产业行业、更深层次的具体贸易投资细则，将会使这一问题分析得更加透彻。

第二节　相关理论及文献综述

本章主要涉及国内外文献综述，针对所提出的问题，有针对性地从开放水平，经济发展质量定义、内涵、理论、测度和路径的相关研究以及开放水平与经济发展质量的关系研究三个角度对文献进行整理，并作出具体评述。

一、开放水平发展研究综述

对于开放水平的研究主要集中在不同时期的开放水平区分及开放水平的测度

和评价领域。从政策实施角度区分不同时期的开放水平，史本叶和马晓丽（2018）认为以点带线、以线带面的渐进开放策略推进了开放水平从经验探索向全方位开放，到体制性开放，逐步形成了当前的全面开放格局，并提出了要立足新的战略方位，推进新一轮高水平开放的建议。

从开放水平发展理论的角度来看，郭周明和张晓磊（2019）认为开放水平的阶段论思想可追溯至国际贸易分工理论，赫克歇尔—俄林的新古典贸易理论的研究结论就说明了开放模式应随要素禀赋变化，"二战"后的克鲁格曼的产业内贸易理论进一步拓展了开放水平发展阶段论的基础。而中国开放发展阶段性转变则由扩大开放、加快全方位开放到提高开放水平，新时期提出更高水平开放的表述后，开放水平特征更加细化到开放布局、开放途径、开放方式和开放目标的全新要求。杨艳红和卢现祥（2018）认为开放水平的变迁由政策性开放向制度性和规制型开放转变，出现制度创新、营商环境便利化改革、服务业开放深化和综合试点促进区域合作等新的阶段性特征。戴翔（2019）认为新时期的更高水平开放在理论内涵上主要体现为更平衡的空间结构、更合理的产业结构、更创新的开放动力、更自主的开放实力和更完善的开放制度。

开放水平的测度和评价主要从开放规则和开放结果角度进行指标选取，以开放结果在经济中的体现展开测度。主流且趋于一般化的指标包括以贸易开放度和外资依存度，或是综合贸易强度衡量开放水平。区别于单一指标，综合指标试图更全面涵盖开放水平的内涵和外延，标准也不一而足。刘仕国等（2021）表示开放水平的统计测度要更加注重指标内容之间的异质性，避免测度领域和流程环节的重复，开放领域和主体也应更加具有代表性。陈威等（2016）在研究开放水平测度指标的过程中，认为基础指标主要是由开放度指标分层次衍生而来，通过分析贸易、投资、经济合作和国际旅游层面的中国各省份区域开放水平情况，可总结其时空演变规律。斯丽娟（2019）认为相关指标多集中于开放水平结果的测度，对提升开放水平的驱动因素的探讨不够深入，方法较为简单。

而新一轮研究开始关注高水平开放的实现，多数研究集中在理论和政策方面。张二震和戴翔（2019）认为新时代的高水平开放是全球范围内价值链分工重构的理论要求，也是中国经济环境深刻变化的现实动力，我国基于新的历史方位，应该切实从要素型开放逐步过渡到制度型开放，全面推行更高水平的开放。任保平和朱晓萌（2020）认为新时期的开放应当是高质量的开放，应分别从贸易、金融、投资、信息技术、制度和社会等层面构建指标体系，以考量开放的质量水平，探究高水平开放的测度和路径。吴刚等（2022）指出开放不是静态发展模式，而是需要不断升级的动态跨越，开放局面从局部到全面，从单一单向到多元双向，从货物贸易向服务贸易扩展，从政策性开放到体制性开放转变。

二、经济发展质量的概念界定、内涵

（一）经济发展质量的概念界定

国外研究并没有高质量发展的概念，学界更倾向于关注经济增长与发展，因而相对应的是经济发展质量的相关研究。相对于经济发展质量，经济增长数量与增速是早期经济研究的热点。长期要素消耗的经济模式带来环境污染等负面影响，实体经济面临着经济转型升级的迫切要求背景下，可持续发展理论、经济发展质量作为经济增长的外延，其内涵相较经济增长质量更加丰富。多马（1952）首次提出经济发展质量的概念，认为经济发展质量根本上由社会结构决定，其中包含资源储备和政治体制等多方面内容。

中国全面实施改革开放以来，为了改变积贫积弱的现状，国民经济发展主要追求经济的高速增长。随着市场经济的发展和可持续发展战略的提出，我国经济发展更加注重经济结构和经济效益，经济发展模式开始发生转变。国内首次提及经济发展质量概念的是王雅林和何明升（1997），作者阐述经济发展质量是现代化进程的某一时点基于现有资源总量，社会满足其功能特性和运行状态下呈现出来的优劣程度。陈云贤（2019）除了将发展质量分为效率、公平以及是否可持续外，还提出要结合以人为本的核心准绳，从高效市场和有为政府两个角度不断优化要素分配。任保平（2019）认为经济高质量发展是指除高效率的技术产出外，持续高效益地提供高质量产出，保证全体人民高质量高水平生活的发展模式。韩文秀（2021）认为经济高质量发展体现为增长动力切换升级、经济结构调整优化和发展模式以质代量，要摒弃唯速度论的陈旧观点，转而兼顾长时期内经济发展的平稳性和动力。

（二）经济发展质量的内涵

经济发展质量的内涵分为狭义与广义，狭义的经济发展质量一般等同于经济增长效率或经济增长质量，即经济生产过程中投入要素与产出成果之间的比例，沈坤荣和傅元海（2010）采取计算投入产出效率为指标的方法测度经济增长质量；高艳红等（2015）根据实际经济增长质量与最优经济增长质量的规模偏差，推导得出经济增长质量指数的计算公式；黄清煌和高明（2016）将经济发展质量使用 SFA 和 DEA 测度，结合 SBM-DDF 方法得出的全要素生产率（TFP）以测度经济发展质量水平。

广义的经济增长质量包含国民经济的更多领域，逐渐演变产生经济高质量发展这一新的经济学名词。宋明顺等（2015）在研究经济发展质量的过程中，将经济发展质量的内在要求定义为市场化竞争、合作共享、民生、可持续发展，认为在包含产品质量发展进步的基础上，还应涵盖实体经济满足社会发展可持续的内在能力。张士杰和饶亚会（2016）表示经济发展质量的有效性应包含发展动力、数量增长、资源环境和经济结构等方面。田秋生（2018）认为经济高质量发展意味着提高居民的生活品质，以低成本促进高效率的发展，提升发展的协调性。此外，魏婕和任保平（2012）对产业消费结构、何伟（2013）对资源环境发展质量、郑立伟等（2015）对发展质量安全的观点等都丰富了经济发展质量的理论内涵，为经济高质量发展的题中之义作出了很好的阐发。杨伟民（2018）关于经济高质量发展的观点从新发展理念分别阐发，将第一动力的创新与必由之路的开放结合，以协调为内生特点，保证绿色的普遍形态，最终达成共享发展的根本目的。新发展理念的系统论述对于经济发展质量的分析与评价提供了较为清晰的理论内涵框架。

三、经济发展质量的理论基础、测度评价及实现路径

（一）经济高质量发展的理论基础

最早阐述经济发展质量的是古典经济理论，Adam Smith 在《国富论》中将其定义为增长数量与产出效率的统一，并将经济发展动因划分为市场、劳动和资本三种，从促进分工、提高效率等路径可实现经济发展质量的提升。

Solow（1957）首次提出全要素生产率可作为衡量经济发展质量较为成熟的指标，认为经济发展质量是技术进步引致的增长，无论是资本还是劳动，都能与技术进步相结合；引入 C-D 生产函数，在要素投入贡献论的基础上进行延伸，将要素分析法发展成更加完整的理论体系，这代表着量化分析地区发展质量工具的基本形成。

Arrow（1971）在 Solow 模型的基础上进行延伸，定义技术为内生因素，其

中知识外溢将促进要素质量提升和生产组织更新，带来规模效益递增，形成经济质量发展的正外部性，并构建了更加完整的理论体系，被后人简称为干中学模型。

Romer（1986）将竞争性框架中纳入 Solow-Swan 模型，形成一个 Pareto 最优的均衡经济增长率，完善了新古典主义增长模型。针对新古典模型可能依旧存在的技术限定等问题，Romer（1982）在不完全竞争框架的基础上进行延伸，构建了更加完整的 R&D 理论体系，将政府行为纳入长期经济增长率研究，并确认了发展中经济体的技术扩散学习模型。

有部分学者认为，除市场环境外，环境质量、财政赤字以及教育平等与经济发展质量的关联，尤其是以《我们共同的未来》为标志的报告发布更是明确了可持续发展的概念。注重公平的可持续发展理论逐渐兴起，Barro（2000）将经济增长数量与质量进行区分，将教育、医疗、社会制度也纳入经济发展质量的范畴。樊越（2022）系统阐述了可持续发展理念的演进，其在中国改革开放的实践中也实现了与马克思主义和社会主义思想的理论创新与融合（石莹等，2015），最终形成了科学发展观等具有中国特色的行动指南，并以新发展理念的形式继续指示高质量发展。

（二）经济发展质量的测度与评价研究

在经济发展质量评价指标选择的问题上，一些国内外学者常根据不同的研究目标来选择不同的指标体系，但尚无一个统一的评价指标体系来衡量经济发展的质量。联合国社会发展研究所（1972）从经济和社会两个方面出发，构建了一套包含 16 个方面共 73 个指标的评价体系，包含人均贸易额、制造业的 GDP 占比、职业教育覆盖率等指标。

国内对于经济发展质量评价指标的研究，国家统计局（2015）从经济、人口、社会、科学教育及资源与环境五个方面建立了一套测度经济发展的指标体系，但是由于指标量较大且没有筛除掉一些类似指标，使得指标之间具有关联性。何明升（1998）在王雅林和何明升（1997）提出的"经济发展质量"思想的基础上构建了一套评价体系，认为经济发展质量的衡量至少应该包含五个方面的内容，分别是发展水平、发展目标、发展集约程度、发展协调程度和发展的可持续度，为之后的学者构建指标体系提供了重要参照。许永兵（2013）以河北省为研究对象，运用熵权法和因子分析法对经济发展质量进行评价，并且与 9 个省进行比较分析。詹新宇和崔培培（2016）通过五大发展理念建立评价指标体系，测度发现创新发展与开放发展两个维度的指标对经济发展质量的贡献占比最高。师博和任保平（2018）将经济增长分解为强度、稳定性和外向性，与人力资本和生态质量结合综合衡量。王伟（2020）采用德尔菲层次分析法对经济高质量发展进行测度和评价，结合 ECM 方法切入区域平衡视角探索时空分布特征。

（三）经济高质量发展的实现路径和政策体系研究

黎文勇和杨上广（2017）将对外开放影响经济发展质量的路径概括为扩大外贸规模和优化外资结构。戴翔和宋婕（2018）揭示了外贸开放作用于经济高质量发展的路径，主要通过形成区域协调的贸易格局，扩大服务业领域对外开放，促进外贸产业转型升级实现。陈昌兵（2018）认为产业结构变动和发展动力转换是实现经济高质量发展的两大路径。而杨仁发和刘勤伟（2019）、杨仁发和杨超（2019）将研究视角聚焦于长江经济带的城市群，提出通过科技创新、市场自由开辟差异化路径，实现高效分工合作的协同效应，以实现经济发展内循环的畅通。任保平（2022）认为现代化的经济体系、经济质量效力动力变革和供给体系质量提升，辅之以质量型政策的宏观调控，满足上述条件，能够更加顺畅地实现经济高质量发展的转型升级。

四、开放水平与经济发展质量关系的影响机制

陈太明（2020）针对贸易开放与经济波动之间的影响采用滤波法构造三重交互项，发现贸易开放固然会带来经济增长，高贸易开放度也会倾向于使经济遭受贸易条件冲击时更加脆弱。从国内国际循环作用的视角切入，陈国福和唐炎钊（2022）发现金融发展和对外开放对经济发展质量具有推动作用，地方政府竞争有助于区域经济发展质量的提升，并且对外开放与地方政府竞争对经济发展质量具有正向的交互影响，地方政府竞争在一定程度上会改善区域经济发展不协调。崔日明和陈永胜（2022）关注沿边地区开放制度变迁影响经济发展的作用，得出沿边地区开放水平提升能够切实促进外商投资和增加固定资产，从而提升经济发展质量。

第三节　作用机制及研究假设

本节基于前文对相关研究的整理总结，探索更高水平开放影响经济高质量发展的作用机制。首先阐述了开放水平的发展与现状，证实更高水平开放要求提出的合理性，进而探讨更高水平开放的理论内涵和重要意义，并且进一步探究更高水平开放影响经济高质量发展的机制，从而提出研究假设。

一、中国开放水平发展历史与现状

中国开放水平的发展最早可以追溯到改革开放的全面展开，推动国民经济快速发展，到改革开放作为一项基本国策实施，此时开放水平仍处于初始的探索时期，开放水平总体较低，但对外开放作为经济快速提升的直接驱动力已经得到了国家的重视，外商投资和商品贸易随着经济特区等试点开放政策的实施，成为东部沿海地区经济发展的强心针。

市场经济体制建立以来，国内经济与国外的市场、资本对接，东部沿海地区的企业成为开放红利的直接受益群体，东部地区开放水平持续提升。渐进式开放的对外开放政策逐渐惠及国内更多区域，沿海、沿江向沿边、内陆开放的全面开放格局开始形成，开放的持续推进带来了经济的高速增长时期，但由于历史遗留的区域资本差异和现实实施的基础设施建设差距，开放水平仍然是不平衡的，开放带来的先进技术溢出和外商投资效益存在着区域偏差。

进入21世纪，中国通过WTO实现了与国际贸易规则和开放准则的并轨，贸易开放和投资开放不断取得显著成果，经济规模更加显示大国的体量。同时，对外开放政策开始出现变化，从引进来为主逐步形成双向开放的格局，更加注重开放水平的提升，构建全方位、宽领域、多层次的开放，成为经济进入新常态调整阶段的现实需求。党的十八大要求的对外开放与经济发展的新调整，呼应了开放于五位一体新发展理念的驱动作用。

中国已经成为世界第二大经济体和全球第一贸易大国，开放作为经济发展的基本动力，为区域协调均衡发展、高端服务配套产业及要素流通开放、制度高效供给分配提供了更多的发展选择，基于深度开放格局进一步衍生出的更高水平开放经济体制的要求，能够在支持国内经济高质量发展的同时，更有力地参与国际经济竞争合作，妥善利用国内需求和市场规模优势，培育中国全球价值链"链主"地位，弥合经济高质量发展各维度存在的差距。

二、高水平开放在推动经济发展中的角色

更高水平开放作为新时代纳入国家发展纲要的重要论断，是开放水平发展到当前阶段对于开放格局的调整转型提出的新要求。应当注意的是，更高水平开放在新的历史方位下具有承上启下的政策价值，需要突出"更"字的转接性和渐进性作用。一方面，更高水平开放切实将我国经济发展到目前阶段开放层面的卓越成果发扬光大，以规模优势和区域协同扩大开放成果的覆盖面。另一方面，更高水平开放要切中肯綮，对影响开放水平发展提升的要素进行大力整改，实现开放水平质的提升，推进中国开放水平迈上新的台阶，不断开拓高水平开放的新方位、新领域、新层次。

更高水平开放需要更多的合作伙伴和更大的开放规模。中国对外开放的瞩目成果有赖于积极融入全球价值链分工的国际经济合作，而开放水平的进一步发展，更加不能脱离全球价值链。更高水平开放，需要中国更加积极主动地参与全球经济治理和国际贸易合作竞争规则的制定中来，要以开放合作的姿态，推进南南合作，顺应产业生产向新兴经济体转移的趋势，逆转经济全球化发展由发达国家主导、开放和发展成果多数流向发达经济体的现状，加强与经济贸易伙伴的合作互联，推进全球范围内的区域经济一体化。中国具有的超大市场和多元内需，在引进来方面有天然的内生优势。当前东部沿海地区在前一阶段的开放中已经达到增长的调整阶段的开放水平，尽管绝对增长值维持高位，但是增速相对欠发达区域放缓，因而需要发挥区域协同作用及中西部区域的后发优势，充分利用中西部地区优越的资源禀赋，实现国内范围开放规模的扩大，从而提升开放水平。

更高水平开放代表产业开放结构的协调和国家贸易投资质量的提升。作为国际上拥有完备的制造业体系的国家，中国制造业开放已经达到了一定的水准，但是当前制造业高质量开放发展的首要困扰就是关键技术领域的"卡脖子"问题。高精尖制造业的开放和投资往往受到知识产权和国家政策的保护，国内制造业相关的产业配套也未能及时跟进制造业体系的发展。更高水平开放能推进制造业的高端化发展，在全球范围内吸收服务要素投资，以完善制造业的产业配套，实现更加协调可持续的产业结构开放。这对服务业领域的深度开放提出了更高要求，要在加强产业关联的同时，提升服务业本身的产业实力，培植强有力的现代服务业成为经济高质量发展的重要支柱。而产业开放布局更加合理所产生的多米诺骨牌效应也将提升举国范围内的贸易投资质量，更好地构建国内超大规模市场，满足人民美好生活的内在需求。

更高水平对外开放要求以制度型开放为核心，全面促进贸易投资自由化。贸易和投资的自由化是边境开放格局下形成的优质成果，但因规则制度与国际经贸规则之间的差距导致的隐性交易成本成为贸易投资自由落地的阻碍。要跳出以要素开放为主导的藩篱，就必须重视制度建设，打造自由竞争的营商环境，为深度介入全球价值链、创新链奠定制度和软硬件基础。更高水平开放意味着在原有的开放路径之外，开辟新的路径，实现国内国际市场一体化，通过国内国际的市场和资源，构建更高水平的开放经济体制。

三、更高水平开放的作用分析

（一）实施更大范围的全面开放，能够有效推动区域经济协调发展

经济发展成果卓著，这是对外开放带来的历史性成就，但是大进大出的粗放型开放模式为经济发展留下了诸多问题。局部试点后全面推广，摸着石头过河的开放实践蕴含着大胆尝试、细心求证的拓荒精神，也使得相对于经济发展质量的深圳、东北老工业基地、陕北老区以及少数民族地区的开放战略，成为任重道远的现实需要（杨丽花和王跃生，2020）。因而相继推出的共建"一带一路"沿线开放、边境经济合作区实践、国家级新区和自由贸易试验区等有益尝试，成为区域经济协调发展的重要依托。更大范围开放，通过扩大开放的空间范围，能够加快欠发达地区承接东部沿海地区产业转移的步伐，虹吸全球范围内的生产要素和技术经验，发挥区域协同发展和技术溢出效应，实现经济发展成果由全体人民共享，在全方位的开放格局基础上，推进能够更加注重区域协调性的更高水平开放。

（二）实施更宽领域的全面开放，能够显著提升服务贸易投资国际竞争力

中国的开放成果主要集中于商品货物贸易投资领域，服务业贸易投资的国际竞争力仍然偏弱，这与国际经贸向附加值更高的服务业发展的趋势，以及我国培育第三产业成为国民经济的支柱型产业的目标显然是相悖的。国内服务业的发展

壮大离不开服务业市场的开放，应引进国际服务产业要素，学习先进的服务行业准则，接受强劲的国际服务产业竞争。更宽领域的开放，能够有效改善服务业发展落后的现状，满足多元化的服务需求，提升产业附加值，释放服务业开放红利，提升服务贸易及投资领域的竞争力。

（三）实施更深层次的全面开放，能够与国际经贸高端规则更好地接轨

随着数字经济的兴起、国内营商环境在满足高标准的产业开放层面难免捉襟见肘。对接高标准的经贸投资规则的需求应运而生，公正透明、可持续的规范政策无疑在营造公平竞争的营商环境大有可为。更高层次的对外开放，即从商品要素流动型开放向规则制度型开放转变，能够更好地消除隐性贸易壁垒，追求高质量高效益的开放和发展，实现两个市场两种资源优化配置，在要素技术流通的基础上，对接高标准的制度规则，对提升开放层次和质量具有重要作用。

四、待检验理论假说

推进更高水平开放，要求以更大的地理开放范围、更宽的产业开放领域和更高的制度开放层次，驱动经济高质量发展。经济发展质量一般被认为是以技术要素为动力引领的增长，可以通过探索更高水平开放对于技术生产效率的贡献研究更高水平开放对于经济高质量发展的影响。最新的研究则将经济发展的内涵拓展到了创新、协调、开放、绿色、共享等多个维度，也有了更加综合的评价体系。因而，可以从新发展理念维度分析更高水平开放的作用机制，并提出研究假设。

更大范围开放通过试点开放政策，实现产业技术革新和区域创新发展。更大范围开放通过技术溢出效应对经济发展质量尤其是协调发展产生影响。扩大开放范围能够以外部力量优化中国区域开放格局（余雷，2020），有效改善中国区域间对外开放失衡严重的现状；能够带动欠发达区域当地产业配套升级，吸收国外投资带来的技术溢出和东部发达地区的技术转移，从而实现经济发展质量的提升，向环境友好型经济产业结构转变，实现绿色发展。区域经济发展的协同效应将随着开放范围的扩大逐渐明晰，更有利于实现区域共享经济发展成果。基于上述分析，提出本章第一个理论假说：

理论假说1：在控制其他因素影响情况下，更大范围开放会促进经济高质量发展。

拓宽开放领域意味着从以制造业为主，更加注重扩大服务业开放。更宽领域

开放能够有利于推进中国产业协同发展，大力培育第三产业成为国民支柱产业，通过产业层面的技术升级，实现经济高质量发展。更宽领域开放通过服务业开放实现产业升级，完善制造业产业配套，从而提高制造业生产效率，接受服务业外商投资带来的技术转移与知识外溢，以产业配套更新促进产业结构升级，实现创新发展，推进经济产业结构协调发展，最终实现经济高质量发展。以产业结构升级更好地帮助实现碳达峰碳中和目标，实现绿色经济转型。而服务业进一步带来的消费结构优化，也能够更好地满足国内多元化需求，更好地实现共享发展。基于上述分析，提出本章第二个理论假说：

理论假说2：在控制其他因素影响情况下，更宽领域开放会促进经济高质量发展。

更高层次的对外开放，即从商品、要素流动型开放向规则、制度型开放转变，更加重视建立健全管理和规制境内经济活动的政策举措和规则体系。提高开放层次意味着从制度层面加强知识产权保护，营造良好的营商环境，确保公平竞争的市场化经济。营商环境是国内制度开放水平的直接体现，为市场化程度破除区域制度和要素壁垒的重要媒介，对于国内区域间打破市场壁垒，促进商品流通，实现高质量发展有创新意义。营商环境的自由化有助于资本、要素禀赋在各部门的流通，能够促进国际范围内的要素分配，进一步推进中国要素流通和市场一体化，促进创新发展、协调发展。引进更加严格的国际贸易投资规则和企业标准，有利于规避污染天堂效应，推进供给侧改革，提高绿色发展和共享发展质量。基于上述分析，提出本章第三个理论假说：

理论假说3：在控制其他因素影响情况下，更高层次开放会促进经济高质量发展。

第四节　经济发展质量指标评价

一、经济发展质量指标设定

关于经济发展质量评价体系中指标的选取，参照相关文献的研究，从新发理念的角度出发，借鉴程晶晶和夏永祥（2021）、王伟和顾飞（2020）选取的指标，结合经济高质量发展的实践做出相应调整。经济发展质量指标体系构建如表6-1所示。

表6-1　经济发展质量评价指标

一级指标	影响因素	测度指标
创新发展	创新环境	技术交易额/地区 GDP
	创新投入	研发经费投入强度
	创新产出	发明专利授权数
协调发展	区域协调	地区人均 GDP/全国人均 GDP
	城乡协调	城乡居民人均可支配收入之比
	经济结构协调	第三产业增加值/GDP
绿色发展	绿色投入	节能环保支出
	资源节约	电力消费量（去除绿电）/GDP
	环境友好	生活垃圾无害化处理率
开放发展	贸易开放	外贸依存度
	投资开放	地区外商投资企业数
	旅游开放	入境旅游人数
共享发展	公共服务供给	每千人拥有卫生技术人员数
	社会公平正义	居民人均工资性收入
	人民生活状况	居民食品消费支出

创新作为经济发展的第一动力，是经济实现高质量发展的关键。考虑创新主要与产业相关，从相对宏观的角度出发，将创新发展的环境、投入和产出作为二级指标进行考量，区域的创新环境状况考虑用技术交易额与地区 GDP 之比，体现创新发展形成的产业环境在地区的成果；创新投入从省份层面来看，可以用研发经费投入强度与地区 GDP 之比表示；而地区层面的创新产出实现的经济发展成果，可以用发明专利授权数表示。

协调作为发展是否可持续的重要考量标准，是发展的内生要求，由于关注的主要是地区层面的协调发展状况，考虑从区域、城乡以及经济结构层面评价协调发展状况。区域协调层面，为了更加有代表性，采用任保平和李禹墨（2018）的做法，使用地区人均 GDP 与全国人均值之比衡量；城乡协调层面则采用城乡居民人均可支配收入的比重衡量；经济结构协调则专注于第三产业对经济的贡献程度。

绿色是建设资源节约环境友好的经济发展模式的题中应有之义，是经济发展质量的普遍要求，也是当前还有所欠缺需要进一步提升的维度。因而，就从节能环保支出表征的绿色投入维度指标、电力消费量占 GDP 之比表征的资源节约维度指标，以及生活垃圾无害化处理率表征的环境友好维度指标。

开放作为重点考察的解释变量出现在经济高质量发展的指标体系中，要更加偏重于选取代表开放发展成果的指标，因而选择从较为传统的贸易、投资、旅游三个层面表示，分别用外贸依存度、地区外商投资企业数和入境旅游人数表征相对应的指标。

共享作为满足人民美好生活需要的最终目的，更加偏向于价值导向，体现了以人为本的发展思想，主要围绕公共服务供给、社会公平正义和人民生活状况三个层面展开，反映全面建设小康社会的成果。每千人拥有卫生技术人员数主要代表医疗对民生的重要性，居民人均工资性收入主要考察收入再分配层面的发展质量，而居民食品消费支出参照恩格尔系数，能够反映人民生活的物质条件。

二、经济发展质量指标构造及评价

（一）经济发展质量指标构造

确定所选取的评价指标并整理形成经济高质量发展水平测度的基础数据后，采用熵权法对中国各省份经济高质量发展水平指数展开测算。一般来说，针对越小的信息熵，其所对应指标的分异程度越明显，统计分布特征里也存在着更多的信息变动，该指标在评价体系中所占的权重也就越大。具体过程如下：

第一步：进行数据的标准化处理。借鉴徐志向和丁任重（2019）使用的极值法，鉴于比值类指标的存在，在原有标准化公式中加入轻微的平移，具体如下：

$$X_{ij} = \frac{x_{ij} - \min x_{ij} + 0.01}{\max x_{ij} - \min x_{ij}} \quad （正指标） \tag{6-1}$$

$$X_{ij} = \frac{\max x_{ij} - \min x_{ij} + 0.01}{\max x_{ij} - \min x_{ij}} \quad （负指标） \tag{6-2}$$

式中，X_{ij} 是第 i 个区域第 j 项经济发展质量指标标准化后的标准值，x_{ij} 是第 i 个区域第 j 项经济发展质量指标的原始数据。

第二步：计算各指标层的权重，计算公式如下：

$$w_j = \frac{1 - E_j}{\sum_{j=1}^{n} 1 - E_j} = \frac{1 + \frac{1}{\ln m}\sum_{i=1}^{m} p_{ij}\ln p_{ij}}{\sum_{j=1}^{n} 1 + \frac{1}{\ln m}\sum_{i=1}^{m} p_{ij}\ln p_{ij}} \qquad (6-3)$$

式中，w_j 是第 j 项指标权重，E_j 是第 j 项指标的信息熵，$E_j = -k\sum_{i=1}^{m} p_{ij}\ln p_{ij}$，其中，$k = \frac{1}{\ln m}$，$p_{ij}$ 表示第 i 个区域第 j 项指标的概率。$p_{ij} = \frac{x_{ij}}{\sum_{i=1}^{m} x_{ij}}$，$m$ 表示各准则层下的所有指标数。

第三步：根据 w_j 计算各维度发展水平指数和经济高质量发展水平综合指数，公式如下：

$$y_i = \sum_{j=1}^{n} w_j x_{ij} \qquad (6-4)$$

（二）中国省际经济发展质量评价

本章测度了 2011~2020 年中国 31 个省份的经济高质量发展水平，数据来源涵盖了《中国统计年鉴》等多种年鉴。测度结果如表 6-2 所示。

表 6-2　2011~2020 年中国省际经济发展质量指数评价结果

年份 地区	2011	2012	2013	2014	2015	2016	2017	2018	2019	2020
北京	0.3509	0.3785	0.4001	0.4111	0.4502	0.4797	0.5105	0.5201	0.5476	0.5777
天津	0.1876	0.1974	0.2098	0.2206	0.2307	0.2358	0.2487	0.2608	0.2852	0.2903
河北	0.0760	0.0823	0.0879	0.0948	0.1092	0.1132	0.1322	0.1526	0.1687	0.1824
山西	0.0609	0.0693	0.0725	0.0772	0.0859	0.0893	0.0959	0.1094	0.1143	0.1203
内蒙古	0.0698	0.0843	0.0834	0.0875	0.0954	0.0990	0.1067	0.1134	0.1211	0.1280
辽宁	0.1297	0.1419	0.1348	0.1411	0.1526	0.1631	0.1764	0.1833	0.1942	0.2009
吉林	0.0729	0.0781	0.0857	0.0898	0.0933	0.1066	0.1175	0.1354	0.1513	0.1578
黑龙江	0.0789	0.0871	0.0880	0.0945	0.1017	0.1035	0.1198	0.1195	0.1365	0.1483
上海	0.3278	0.3321	0.3430	0.3534	0.3762	0.3937	0.4145	0.4405	0.4518	0.4659
江苏	0.2366	0.2530	0.2424	0.2539	0.2969	0.3118	0.3298	0.3506	0.3628	0.3804
浙江	0.2058	0.2181	0.2069	0.2189	0.2523	0.2687	0.2927	0.3137	0.3385	0.3785
安徽	0.0767	0.0890	0.0967	0.1063	0.1267	0.1427	0.1522	0.1725	0.1911	0.2090

续表

年份 地区	2011	2012	2013	2014	2015	2016	2017	2018	2019	2020
福建	0.1343	0.1463	0.1437	0.1501	0.1606	0.1813	0.1960	0.2018	0.2159	0.2228
江西	0.0624	0.0701	0.0727	0.0794	0.0887	0.0961	0.1063	0.1197	0.1308	0.1443
山东	0.1473	0.1571	0.1633	0.1701	0.1893	0.2035	0.2193	0.2445	0.2524	0.2798
河南	0.0681	0.0799	0.0811	0.0886	0.1005	0.1094	0.1220	0.1499	0.1559	0.1614
湖北	0.0873	0.0993	0.1142	0.1295	0.1524	0.1614	0.1785	0.1983	0.2206	0.2328
湖南	0.0737	0.0841	0.0928	0.1027	0.1159	0.1238	0.1423	0.1601	0.1812	0.1997
广东	0.4221	0.4491	0.4618	0.4577	0.4957	0.5124	0.5636	0.6374	0.6812	0.6953
广西	0.0663	0.0759	0.0767	0.0856	0.1012	0.1093	0.1160	0.1266	0.1354	0.1438
海南	0.0745	0.0801	0.0880	0.0927	0.0968	0.0936	0.0991	0.1140	0.1194	0.1236
重庆	0.0909	0.1070	0.1111	0.1255	0.1238	0.1361	0.1479	0.1688	0.1714	0.1817
四川	0.0762	0.0918	0.0994	0.1129	0.1281	0.1377	0.1555	0.1838	0.1992	0.2110
贵州	0.0412	0.0460	0.0502	0.0586	0.0669	0.0744	0.0855	0.1017	0.1144	0.1164
云南	0.0594	0.0703	0.0707	0.0776	0.0990	0.1089	0.1230	0.1315	0.1457	0.1539
西藏	0.0449	0.0591	0.0609	0.0617	0.0690	0.0713	0.0761	0.0844	0.0868	0.0886
陕西	0.0912	0.1070	0.1227	0.1359	0.1530	0.1607	0.1747	0.1913	0.2147	0.2309
甘肃	0.0427	0.0491	0.0568	0.0648	0.0755	0.0845	0.0914	0.0994	0.1029	0.1117
青海	0.0505	0.0551	0.0634	0.0677	0.0807	0.0886	0.0957	0.1025	0.0851	0.0927
宁夏	0.0457	0.0498	0.0554	0.0638	0.0686	0.0752	0.0844	0.0952	0.1007	0.1049
新疆	0.0626	0.0701	0.0762	0.0791	0.0791	0.0813	0.0862	0.0966	0.0991	0.0973
全国	0.1166	0.1277	0.1327	0.1404	0.1554	0.1650	0.1794	0.1961	0.2089	0.2204

从表6-2可知，2011~2020年，全国层面以及分省份经济质量评价体系总体呈上升趋势。具体来看，2011年经济发展质量水平靠前的分别是广东、北京、上海、江苏和浙江，经济发展质量指数水平为0.4221、0.3509、0.3278、0.2366和0.2058；与之相对应的经济发展质量水平靠后的是青海、甘肃、西藏、宁夏和贵州，经济发展质量指数水平为0.0505、0.0427、0.0449、0.0457、0.0412。2020年，排名靠前的省份以及顺序没有变化，经济发展质量指数分别为0.6953、0.5777、0.4659、0.3804和0.3785；排名靠后的省份依次是甘肃、宁夏、新疆、青海和西藏，经济发展质量指数分别为0.1117、0.1049、0.0973、0.0927和0.0886，相较于10年前，甘肃、宁夏和贵州超过了青海和新疆。

比照 10 年来地区间经济发展质量的走势，经济发展质量指数提升最多的省份依次是广东、北京、浙江、湖北和江苏，经济发展质量指数提升最少的省份是内蒙古、海南、西藏、青海和新疆。就增长率而言，贵州、四川、安徽总体增长最快，辽宁、天津和上海增速最慢，值得注意的是，经济发展质量指数水平最高的五个地区增长率都低于全国平均值。而总体水平较低的贵州、甘肃等地区，则保持着较高的增长率（见图 6-1）。

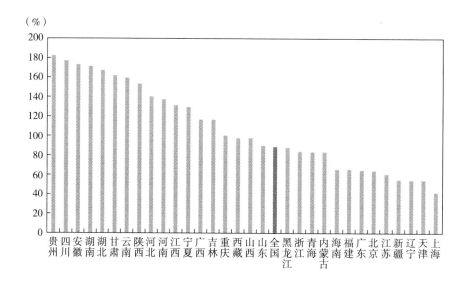

图 6-1　中国省际经济发展质量指数评价指标增速与差异

三、经济发展质量水平特征

（一）经济发展质量区域特征分析

为准确反映不同区域的经济发展质量指数水平与变化趋势，将经济发展质量分别按东部地区、中部地区和西部地区加总合计，探究其区域特征。表 6-3 为 2011~2020 年中国三大区域经济发展质量指数及全国均值评价结果。2020 年，东部地区经济高质量发展的均值是 0.3452，远高于全国经济发展质量平均水平；中部地区经济高质量发展指数为 0.1717，而西部地区经济高质量发展指数则是 0.1384，均低于样本整体平均值。

表6-3 2011~2020年中国三大区域经济发展质量指数评价结果

年份 地区	2011	2012	2013	2014	2015	2016	2017	2018	2019	2020
西部	0.0618	0.0721	0.0773	0.0851	0.0950	0.1023	0.1119	0.1246	0.1314	0.1384
中部	0.0726	0.0821	0.0880	0.0960	0.1081	0.1166	0.1293	0.1456	0.1602	0.1717
东部	0.2084	0.2215	0.2256	0.2331	0.2555	0.2688	0.2893	0.3108	0.3289	0.3452
全国	0.1166	0.1277	0.1327	0.1404	0.1554	0.1650	0.1794	0.1961	0.2089	0.2204

从图6-2展示的中国三大区域经济发展质量指数变化趋势来看，近10年来中国省级层面经济发展质量的总体水平呈上升趋势，前期经历了相对缓慢的增长爬升时期。横向比对区域特征分异，东部地区经济发展质量最高且远高于中部地区和西部地区，西部的经济发展质量水平最低，甚至低于全国平均水平。与全国均值变化趋势相同，2011~2020年四大经济区域经济发展质量整体均处于上升区间，区别主要体现在不同区域具有不同的阶段特征与增速变化。东部地区经济发展质量水平增速持续上升，其中2011~2012年和2014~2015年总体领涨，以较为陡峭的增长势头高于全国平均水平。与之相比，中部地区的经济发展质量水平增长相对平缓，从接近全国经济发展质量平均水平逐步领先于全国均值，呈现出稳中有进的特征。西部地区经济发展质量水平在三大经济区域中最低，并未发生显著变化，总体经济发展质量水平提升较2011年进步。

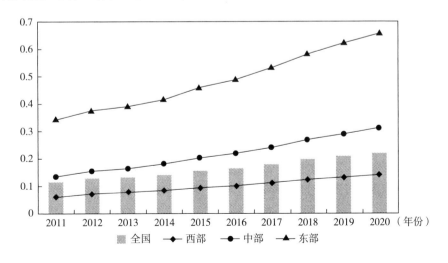

图6-2 2011~2020年中国三大区域经济发展质量指数变化趋势

总的来说，近10年来东中西部地区发展质量水平的相对位次并未发生变化，且均处于稳定的上升期，但东部地区明显以更快的增长速度一骑绝尘，领先于其他经济区域。

（二）经济发展质量维度特征分析

表6-4和图6-3为2011~2020中国经济发展质量指数分维度评价结果和变化趋势，除了开放维度外，其他维度保持着较为稳定的上升态势。开放维度在2013~2017年出现波动，但仍然属于经济发展质量水平中的主要贡献因素。创新从贡献率接近20%左右的一般水平，2020年相比2011年倍增约3倍，成为经济高质量发展的主导维度。受决胜全面建成小康社会影响，共享维度指标从在各维度质量水平中占比最小，逐渐超过绿色维度和协调维度，成为除创新与开放维度外贡献度最高的二级指数，但是与创新维度和开放维度仍有较大差距。

表6-4　2011~2020年中国经济发展质量指数分维度评价结果

维度 年份	创新	协调	绿色	开放	共享	经济质量
2011	0.7324	0.6000	0.4699	1.4451	0.3676	3.6149
2012	0.8816	0.6565	0.5103	1.4653	0.4447	3.9584
2013	0.9227	0.7309	0.5544	1.3471	0.5573	4.1124
2014	0.9996	0.7942	0.5756	1.3548	0.6294	4.3535
2015	1.2658	0.8593	0.6492	1.3041	0.7376	4.8160
2016	1.4027	0.9258	0.6633	1.2868	0.8378	5.1165
2017	1.5262	0.9989	0.7274	1.3612	0.9470	6.5608
2018	1.7118	1.0750	0.7750	1.4398	1.0774	6.0790
2019	1.8242	1.1382	0.8544	1.4530	1.2059	6.4757
2020	2.1228	1.1763	0.7903	1.4645	1.2781	6.8321

表6-5为2011~2020年中国经济发展质量指数分维度指标变化趋势，除共享维度外，其他维度的区域分布特征均为东部大于中部大于西部地区，其中开放维度东部地区经济高质量发展指数约为中部地区与西部地区之和的3倍。而共享维度区域分布特征均为东部大于西部大于中部地区，可能与西部大开发、共建"一带一路"沿线开放等相关政策有关。从整体上看，我国经济高质量发展呈现为东高西低、中部次之的分布特征。

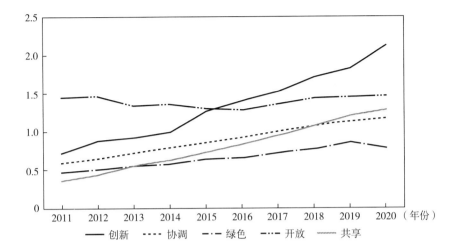

图 6-3　2011~2020 年中国经济发展质量指数分维度指标变化趋势

表 6-5　中国三大区域经济发展质量指数分维度评价结果

地区 \ 维度	创新	协调	绿色	开放	共享	经济质量
西部	0.022123	0.021408	0.017421	0.016878	0.022149	0.099979
中部	0.030867	0.02458	0.021642	0.020366	0.019572	0.117028
东部	0.075142	0.04018	0.024981	0.093337	0.035083	0.268723
全国	0.128133	0.086168	0.064044	0.130581	0.076804	0.48573

由图 6-4 可知，共享维度的高质量发展二级指数为 2011~2020 年来西部地区经济高质量发展的主体贡献指标，相比创新高约 0.02%；中部地区贡献度最高的二级指数则为创新维度，大幅度领先于其他维度的二级指数；而东部地区则以开放为绝对主要贡献指标，开放与创新维度二级指数在经济高质量发展指标中占比超过 60%，从全国层面来看，开放仍然是经济高质量发展指数中最为有力的二级指数维度，这与东部地区在全国经济高质量发展中的贡献是分不开的。

（三）经济发展质量分布特征分析

本部分采用 NatureBreaks 结合层次标准法（魏敏和李书昊，2018；杜志高等，2022），根据 2020 年各省份经济高质量发展水平进行类型区分：经济高质量发展地区（1.5 倍均值以上，即 0.3306 以上）、经济较高质量发展地区（数值位

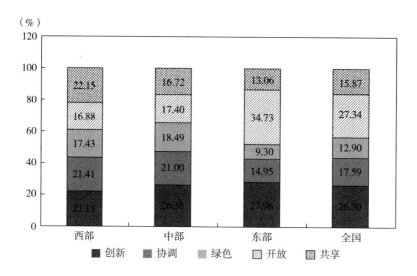

图 6-4　中国三大区域经济发展质量指数分维度指标贡献比例

于 1~1.5 倍，即指标数值在 0.2204~0.3306）、经济高质量发展水平一般的地区（数值位于 0.5~1 倍，即指标数值在 0.1102~0.2204）、经济高质量发展水平较低的地区（数值水平在 0.5 倍均值以下，即指标数值在 0.1102 以下），具体划分如表 6-6 所示。

表 6-6　中国经济高质量发展类型省域分布

地区 评价等级	西部	中部	东部
高质量			北京、上海、江苏、浙江、广东
较高质量	陕西	湖北	天津、山东、福建
一般质量	内蒙古、广西、重庆、四川、云南、甘肃、贵州	山西、吉林、黑龙江、安徽、江西、河南、湖南	河北、辽宁、海南
较低质量	宁夏、青海、新疆、西藏		

经济高质量发展水平得分高于均值 0.3306 的有北京、上海、广东、江苏、浙江 5 个省市。这些地区经济发展强劲，经济高质量发展水平高，整体表现优异。天津和山东是经济高质量发展水平较高的地区，这两个地区的各个子系统得

分较高，但各维度投入力度仍显不足，有很大的提升空间。福建、湖北、陕西则与天津、山东略有差距，但仍属于较其他中西部城市，发展水平较高的地区。河北、辽宁、山西等17个省（自治区、直辖市）属于经济高质量发展水平一般的地区，占考察样本的55%，这些地区的经济增长活力维度和创新发展维度的得分较低。经济高质量发展水平较低的地区有青海、新疆等4省区，其发展水平的得分低于0.1102。经济高质量发展水平一般或较低的地区在发展进程中需要重视各维度的均衡发展。

第五节 高水平开放影响经济质量发展的实证分析

一、计量模型设定

基于更高水平开放影响经济高质量发展的理论机制分析，借鉴王晗和何枭吟（2020）的做法，考虑经济发展受到对外经济开放的影响，将经济发展质量的生产函数形式设定如下：

$$Y = A(open)F(K, L) \tag{6-5}$$

式中，Y 表示国民经济的产出，$open$ 表示对外开放程度，K 表示资本要素的投入，L 表示劳动成本的投入。开放水平还能通过影响技术进步水平和作用于人力资本的方式影响产出，也就是经济发展质量，这体现在 $A(open)$ 中。$A(open)$ 表示技术效率进步函数，具有希克斯中性。根据以上理论，进一步考虑到我国高水平开放通过更高范围、更宽领域和更高层次开放影响经济发展质量的理论机制，本章将三个维度的开放指标纳入经济产出效率影响因素的分析框架中，结合市场规模效应，得到：

$$Develop = A(scope, field, layer)F(AL) \tag{6-6}$$

同理，假设产出效率函数的具体形式为：

$$Develop_{it} = Ae^{\lambda t}scope^{\beta_1}field^{\beta_2}layer^{\beta_3}(AL_{it})^{\beta_4}e^{\varepsilon} \tag{6-7}$$

式中，i 表示地区，t 表示年份，β_1、β_2、β_3 和 β_4 分别表示开放范围、开放领域、开放层次和人次的产出效率弹性，ε 表示扰动项。对式（6-8）取对数并对时间求导得到：

$$\frac{\Delta Develop_{it}}{Develop_{it}} = \alpha + \beta_1 \frac{\Delta scope_{it}}{scope_{it}} + \beta_2 \frac{\Delta field_{it}}{field_{it}} + \beta_3 \frac{\Delta layer_{it}}{layer_{it}} + \beta_4 \frac{\Delta HC_{it}}{HC_{it}} + \Delta \varepsilon_{it} \qquad (6-8)$$

根据更高水平开放的内涵，考虑控制变量（$X_{j,it}$）的影响，得到如下模型：

$$develop_{it} = \alpha + \beta_1 scope_{it} + \beta_2 field_{it} + \beta_3 layer_{it} + \sum_{j=1}^{N} n_j X_{j,it} + \varepsilon_{it} \qquad (6-9)$$

面板回归模型的选择部分，拟采取 F 检验以及 Hausman 检验的方法确定，本章 F 检验统计量值 356.84，Hausman 检验结果为 26.14，在 0.05 的置信水平显著，此时个体效应与解释变量存在较为明显的相关性，因而本章采取固定效应模型的估计效果，相对随机效应模型更加适合。

依据上文的分析，本章以经济发展质量评价水平作为被解释变量，同时引入开放范围、开放领域和开放层次作为主要解释变量，在原模型的基础上，构建如下计量模型：

$$develop_{it} = \alpha + \beta_1 scope_{it} + \beta_2 field_{it} + \beta_3 layer_{it} + \beta_4 intellect_{it} + \beta_5 sca_{it} + \beta_6 hc_{it} + \beta_7 struc_{it} + \varepsilon_{it}$$

$$(6-10)$$

式中，i 表示省份；t 表示年份，被解释变量为经济发展质量指数（$develop_{it}$）；α_i 为个体的截距项，即固定效应；ε_{it} 表示随机扰动项。

二、变量选取及数据来源

（一）被解释变量与核心解释变量

经济发展质量（$develop$）。根据前述章节计算得出的经济发展质量指标，作为本章模型中的被解释变量。

开放范围（$scope$）。从省级层面考虑，开放范围维度的指标主要衡量区域间开放程度差异，因而通过国家层面实施的区域开放政策措施衡量。进入高质量发展阶段后，在沿海、沿边、沿江、内陆开放格局的基础上，经济技术开放区和边境合作区重点推进创新发展和协调发展，共建"一带一路"、京津冀协同发展、长江经济带三大战略通过经济区域发展的协同效应促进省际范围内实现发展成果共享，推进共享发展。经济特区和国家级新区作为较为成熟的试点开放区域，持续引领开放发展。自由贸易试验区和自由贸易港的设立等举措都体现出对于贸易开放创新发展对全域开放的有益探索。借鉴刘渝琳和刘明（2011）的做法，考虑区域差异以及同类开放区域之间存在的竞争情况，构建开放范围代理变量如下：将共建"一带一路"政策实施沿线、自由贸易试验区的开放范围指数表示为 $p1 = 3+(n-1)/1$，将经济特区、国家级新区的开放范围指数表示为 $p2 = 3+(n-1)/2$，将长江经济带沿线区域和京津冀战略区域的开放范围表示为 $p3 = 2+(n-1)/2$，将国家级经济技术开放区和边界经济合作区的开放范围指数表示为 $p4 = 2+(n-1)/3$，将沿海、沿边和内陆开放城市的优惠开放范围表示为 $p5 = 1+(n-1)/3$，然后对上述五个指标进行加总，得到各省的开放范围指数 $scopeit = \sum p_{it}$。其中，n 表示开放范围区域的数量。具体加权方法如表 6-7 所示。

表 6-7　开放范围区域政策权重设定

变量	样本数
共建"一带一路"政策实施沿线、自由贸易试验区	
经济特区、国家级新区	
长江经济带沿线区域和京津冀战略区域	
国家级经济技术开放区和边界经济合作区	
沿海、沿边和内陆开放城市	
无开放区域	
各地区开放范围总权重	

开放领域（$field$）。开放领域的拓展主要体现在先进制造业开放和服务业开放层面。服务业作为制造业重要的配套产业，是未来产业发展的重点领域。鉴于更高水平开放向服务业领域扩大开放的战略趋势，考察中国省级经济发展质量主要体现在产业层面，因而将服务业实际使用外资占比作为表征变量。囿于省份数据的可得性的方法，采用服务业外资依存度来代表服务业开放程度（刘斌等，2018），公式如下：

$$field_{it} = SFDI_{it} / TFDI_{it} \tag{6-11}$$

式中，$SFDI_{it}$ 表示 i 省份在 t 时期的服务业实际利用外商直接投资额，$TFDI_{it}$ 表示 i 省份在 t 时期的实际利用外商直接投资总额。数据来源于各省份统计年鉴，由于存在吉林等四个省份的统计年鉴相关数据缺失，用服务业增加值占地区总增加值的比重替代相关省份的开放领域指标。

开放层次（$layer$）。开放层次的深化与制度型开放的推进相关，在中国各省份层面确定驱动制度型开放进一步深入的指标，拟选取为各省域的营商环境建设。营商环境作为更高层次开放中的基础层面要素，是国内外贸易和外商投资的基本考虑因素，是国内制度开放水平的直接体现。营商环境下的市场化水平使用各地区市场化相对指数中的各省份市场化总指数，从市场、国企、要素、中介以及法律层面衡量省级层面的市场一体化情况，包括流通性、贸易壁垒、制度约束和规章的一致性，对各省份开放层次维度的基本水平进行反映。

（二）相关控制变量

知识产权保护（*intellect*）。知识产权保护水平作为对创新成果进行注册保护的制度性规范，是影响经济质量的技术效率革新的重要因素。知识产权保护对于营造有利于创新型技术改进的制度环境有重要意义（万伦来和陈永瑞，2021）。选用 2013~2019 年的知识产权保护指数，是区域知识产权保护层面综合实力的反映，包含一个地区与知识产权保护相关领域各个层面、环节发展现状和潜力的所有要素的集成，数据来源于知识产权战略研究中心。

市场规模（*sca*）。建设超大规模的国内市场作为与更高水平开放相辅相成的战略性要求，对经济高质量发展举足轻重。参照以往文献，采用人口密度，即各省各年份的每千平方千米的常住人口数量度量市场规模，以期代表该地区的市场潜力（高翔和黄建忠，2017）。

人力资本（*hc*）。采用教育年限法衡量，即计算各省各年 6 岁以上人口接受教育的年数程度。将小学、初中、高中和专科以上的文化水平记为 6、9、12 和 16 年，那么人力资本的计算公式可以写为：$hcit = 6 \times pri + 9 \times mid + 12 \times hig + 16 \times uni$，其中 *pri*、*mid*、*hig* 和 *uni* 分别表示接受小学、初中、高中和大学教育的人数占比。

产业结构（*struc*）。将经济发展质量中产业层面的决定性因素纳入到控制变量中来。采用各省各年二、三产业工业增加值占国民经济的比重表征该变量作为中国经济质量提升的重要因素纳入模型考量。

三、描述性统计及相关检验

为了保证所使用的计量模型适用于 2013~2019 年的中国省级层面短面板数据，对所使用的数据进行基础处理，去除异常值，补足空缺值后，除了对后文中的面板数据进行 Hausman 检验和 F 检验确定使用模型外，使用 Stata 15 对面板数据进行描述性统计和一系列检验，确保实证结果的可靠性。

（一）描述性统计

基于此前引入的被解释变量、核心解释变量和相关控制变量，将数据导入 Stata 15，进行基础的数据描述，相关描述如表6-8所示。

表6-8 更高水平开放影响经济高质量发展面板数据的描述性统计

变量	样本数	均值	标准差	最小值	最大值
经济发展质量（develop）	217	0.17	0.12	0.05	0.68
开放范围（scope）	217	9.99	3.36	4	19.33
开放领域（field）	217	0.45	0.24	0	1
开放层次（layer）	217	6.69	2.16	−0.23	11.15
知识产权保护（intellect）	217	63.29	12.61	40.56	93.74
人力资本（hc）	217	9.14	1.14	4.22	12.68
市场规模（sca）	217	2.85	1.12	1.05	6.54
产业结构（struc）	217	0.90	0.05	0.76	0.99

综合2013~2019年的数据，合计217个样本观测值。经济发展质量变量来自评价体系得出的指标，根据极值和均值的情况也能够验证此前关于发达区域与欠发达区域存在的发展差距较大的问题。开放范围选取的变量指标是通过加权运算所得，因而主要体现表征性的差异，数据分布情况侧面反映出加权运算公式在考虑开放范围的多种区域开放政策的前提下较为明显的区分度，但同样需要注意的是，加权计算值与其他变量量纲不同，不能直接进行横向比较，因而重点关注开放范围对经济发展质量的作用积极与否以及是否显著，而不作进一步的横向比较。开放领域的变量以服务业开放度为表征，因而数据主要为比值。而开放层次选取了市场一体化指数表征营商环境，需要注意的是，最小值里存在负值，经过溯源核实，确定该指标变量为负值的只有最小值一例，是2013年西藏的市场一体化指数，鉴于该值与0相近，且为个例，并不影响时间和空间上的分异区分度，因此不对原始数据做其他处理。

为了更加直观地探究解释变量与被解释变量的关系，避免因为时间分异产生的相关性和核心解释变量之间影响对于实证分析结果的误导和偏差，对面板数据先进行分省份分年度的基础回归，可以确认回归模型对于在分省份层面的p值均为 0，即在 1% 的置信水平显著，分年份的回归除 2013 年外，p 值也通过了置信水平的测试，可以理解为分维度的核心解释变量在经济转向高质量发展模式后，其影响趋于显著。

借助 Stata 15 中的 Avplot 程序包绘制核心解释变量与被解释变量的截面偏相关图，如图 6-5 所示，从中可以看出，开放范围、开放领域以及开放层次与经济发展质量的相关性趋势线斜率为正，在分个体和截面偏相关图里呈现出较为一致的相关性。

在面板数据的设定下，基于不同的省份截面绘制核心解释变量的时间序列，如图 6-6 所示，各省份的分维度开放数据呈现波动性的上升趋势，并且有较为明显的区域分异特征，其中开放领域的时间序列中部分省份波动幅度较大，存在部分省份开放领域与开放层次较低趋于 0 的情况。

（二）多重共线性检验

在选取变量的过程中，依据前文理论分析和模型假设，选取了差异性较大的解释变量以保证模型估计的准确性，为了进一步避免存在多重共线性的问题导致模型预测失效以及变量估计偏差，对影响经济高质量发展的各变量进行 VIF 检验，结果如表 6-9 所示。

表6-9　更高水平开放影响经济高质量发展面板数据各变量膨胀因子检验结果

变量	VIF	1/VIF
开放范围（*scope*）	1.57	0.638803
开放领域（*field*）	1.20	0.830249
开放层次（*layer*）	6.07	0.164645
知识产权保护（*intellect*）	2.91	0.343915
人力资本（*hc*）	2.51	0.398789
市场规模（*sca*）	1.11	0.903731
产业结构（*struc*）	1.61	0.619737
Mean VIF 值	2.43	

模型设定下的所有解释变量均通过了膨胀方差因子检验，膨胀方差因子均值为 2.43，并且均小于 10，排除了变量之间存在多重共线性问题的可能，避免估计中的偏误。

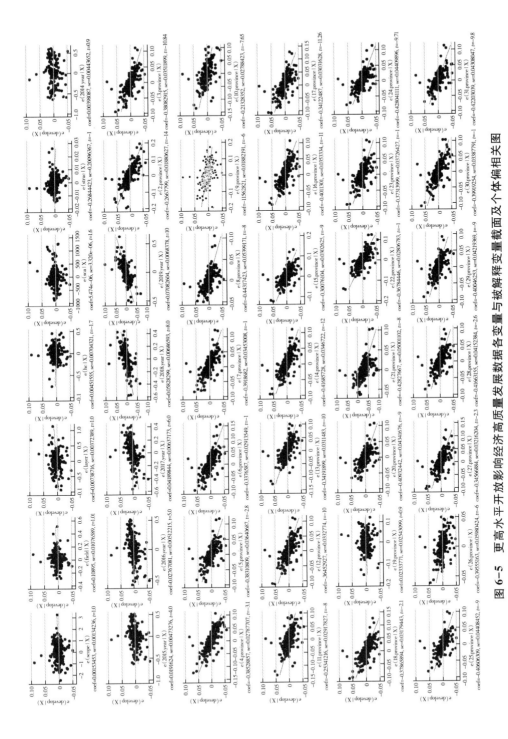

图6-5 更高水平开放影响经济高质量发展数据各变量截面及个体偏相关图

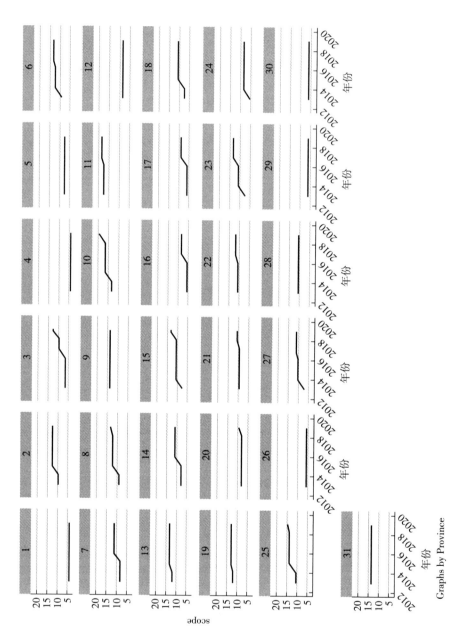

图6-6 更高水平开放影响经济高质量发展面板数据核心解释变量的时间序列

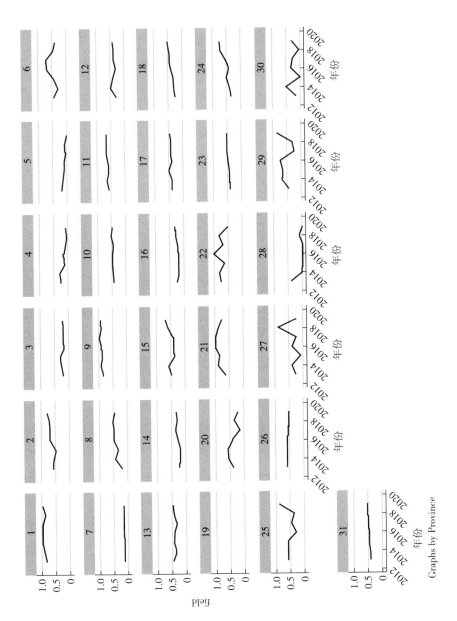

图6-6　更高水平开放影响经济高质量发展面板数据核心解释变量的时间序列（续）

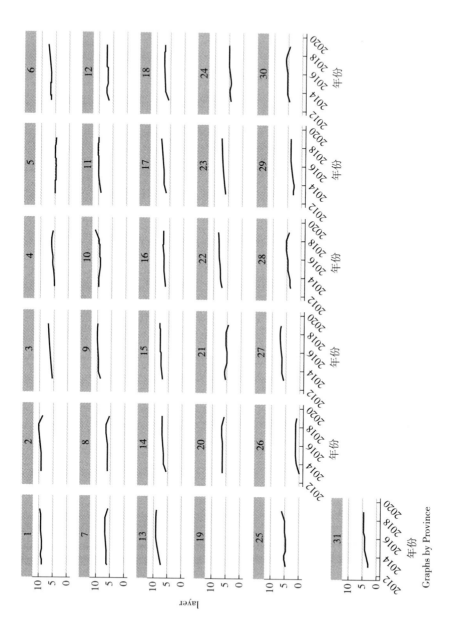

图 6-6　更高水平开放影响经济高质量发展面板数据核心解释变量的时间序列（续）

四、基准回归结果分析

使用 Stata 软件进行回归分析后得到如表 6-10 所示的结果。第三列为固定效应模型回归结果，与固定效应对照的是第一和第二列的混合 OLS 模型和随机效应，第四列为对照的添加控制变量对回归结果的影响参照。

表 6-10　更高水平开放影响经济高质量发展面板模型基本回归结果

变量	（1）混合 OLS develop	（2）RE 效应 develop	（3）Fe 效应 develop	（4）控制变量 develop
scope	0.00148	0.00573 ***	0.00622 ***	0.00810 ***
	（0.00129）	（0.00145）	（0.00154）	（0.00154）
field	0.127 ***	0.0323 **	0.0225 *	0.0205
	（0.0182）	（0.0134）	（0.0133）	（0.0138）
layer	0.00707	0.0169 ***	0.0160 ***	0.0177 ***
	（0.00491）	（0.00382）	（0.00409）	（0.00415）
intellect	0.00235 ***	-0.00121 ***	-0.00150 ***	-0.00153 ***
	（0.000650）	（0.000311）	（0.000322）	（0.000337）
hc	0.0232 ***	0.0297 ***	0.0346 ***	0.0449 ***
	（0.00679）	（0.00682）	（0.00779）	（0.00768）
sca	0.000465	0.00824 **	0.0113 ***	
	（0.00368）	（0.00394）	（0.00409）	
struc	0.680 ***	0.857 ***	0.700 ***	
	（0.0793）	（0.167）	（0.219）	
常数项	-0.927 ***	-1.009 ***	-0.897 ***	-0.353 ***
	（0.0745）	（0.138）	（0.177）	（0.0669）
样本数	217	217	217	217
R^2	0.726		0.625	0.584
省份数		31	31	31

注：括号内为 t 统计量，＊、＊＊、＊＊＊分为表示在 10%、5%、1%的水平下显著。下同。

根据面板回归结果可以看出，开放范围系数为正（0.00622），且统计量显著，说明开放范围指标每增加 1%，经济质量指数增加 0.00622%。更大范围的开放对经济高质量发展具有促进作用，理论假说 1 得到验证。开放领域对经济发展质量的影响在 10% 的水平显著为正，影响系数为 0.0225，说明服务业开放度的增加对经济发展具有较为积极的促进作用，理论假说 2 得到验证。开放层次指标变量营商环境对经济发展质量的影响在 1% 的水平显著，呈现正向影响关系，影响系数为 0.0160，理论假说 3 得到验证。

在控制变量中，知识产权保护水平对经济发展质量指数的影响较微弱，呈负向影响关系，且在混合 OLS 回归中呈现为显著的正向关系，可能与知识产权保护制度的加强会使欠发达区域被辐射到的技术溢出效应受到抑制。市场规模、人力资本和产业结构的系数均为正，且统计结果均在 1% 的水平显著，说明市场规模的提高会提高经济发展质量，这与中国当前倡导建立的双循环机制中内循环扩大内需，建立超大规模国内市场的要求相对应，能够有效促进经济高质量发展。人力资本对提高经济发展质量的系数为 0.0346，说明高质量的劳动力对提高经济发展质量有重要的积极作用。产业结构的系数为 0.700，说明提高要素禀赋的再分配过程，注重转变经济产业结构，经济发展质量随之显著增加。

五、稳健性检验

（一）经济发展质量分维度回归

在上一部分的实证分析中，我们发现更高水平开放有助于提高经济发展质量，但由于经济质量发展指数内部包含开放维度，考虑可能存在的内生性，对更高水平开放与经济发展质量指数中其他维度指标进行回归分析，仍然选用固定效应模型，分析结果如表 6-11 所示。

表 6-11　更高水平开放影响经济高质量发展分维度指标的模型估计结果

变量	(1) 综合 *develop*	(2) 创新 *inno*	(3) 协调 *coop*	(4) 绿色 *gree*	(5) 共享 *share*
scope	0.00622 *** (0.00154)	0.00325 *** (0.000819)	0.000860 *** (0.000210)	0.000904 *** (0.000260)	0.00141 *** (0.000320)
field	0.0225 * (0.0133)	0.0120 * (0.00705)	0.00282 (0.00180)	0.00275 (0.00224)	0.00469 * (0.00276)

续表

变量	（1）综合 develop	（2）创新 inno	（3）协调 coop	（4）绿色 gree	（5）共享 share
layer	0.0160 ***	0.00491 **	0.00259 ***	0.00217 ***	0.00352 ***
	（0.00409）	（0.00218）	（0.000557）	（0.000691）	（0.000852）
intellect	−0.00150 ***	−0.000903 ***	−0.000191 ***	−0.000157 ***	−0.000112 *
	（0.000322）	（0.000171）	（4.39e−05）	（6.44e−05）	（6.71e−05）
hc	0.0346 ***	0.0125 ***	0.00640 ***	0.00420 ***	0.0133 ***
	（0.00779）	（0.00414）	（0.00106）	（0.00131）	（0.00162）
sca	0.0113 ***	0.00333	0.00163 ***	0.00178 **	0.00161 *
	（0.00409）	（0.00217）	（0.00556）	（0.000689）	（0.000850）
struc	0.700 ***	0.200 *	0.148 ***	0.0617 *	0.219 ***
	（0.219）	（0.116）	（0.0298）	（0.0369）	（0.0455）
常数项	−0.897 ***	−0.273 ***	−0.182 ***	−0.0920 ***	−0.329 ***
	（0.177）	（0.0940）	（0.0241）	（0.0298）	（0.0368）
样本数	217	217	217	217	217
R^2	0.625	0.499	0.710	0.472	0.719
省份数	31	31	31	31	31

根据面板回归结果可以看出，分别分析更高水平开放对创新发展维度经济质量指数、协调发展维度经济质量指数、绿色发展维度经济质量指数和共享发展维度经济质量指数的影响，除部分维度的个别变量外，回归结果均较为显著，并与经济高质量发展综合指数的总体影响方向一致。

（二）更高水平开放分维度回归

更高水平开放影响经济高质量发展的机制分析从三个维度展开，分别是更大范围、更宽领域和更高层次。基于更大范围开放维度，高水平开放主要通过区域开放战略和政策开放区域作用于经济发展质量；基于更宽领域开放维度，高水平开放对于经济质量发展的主要作用路径是产业升级与服务业开放；基于更高层次开放维度，对于经济发展质量的影响主要集中于营商环境等制度型开放层面。为验证以上作用机理对经济高质量发展的存在性和独立的稳健性，在模型（1）的基础上，将核心解释变量分别替换为只考虑开放范围、开放领域和开放层次，从而构建相应的实证模型分别进行回归，结果如表 6-12 所示。

表 6-12　更高水平开放分维度影响经济高质量发展的模型估计结果

变量	(1) 更高水平 develop	(2) 更大范围 develop	(3) 更宽领域 develop	(4) 更高层次 develop
scope	0.00622 ***	0.00856 ***		
	(0.00154)	(0.00152)		
field	0.0225 *		0.0428 ***	
	(0.0133)		(0.0143)	
layer	0.0160 ***			0.0223 ***
	(0.00409)			(0.00407)
intellect	−0.00150 ***	−0.00164 ***	−0.00196 ***	−0.00171 ***
	(0.000322)	(0.000336)	(0.000350)	(0.000336)
hc	0.0346 ***	0.0421 ***	0.0459 ***	0.0345 ***
	(0.00779)	(0.00791)	(0.00834)	(0.00820)
sca	0.0113 ***	0.00941 **	0.00991 **	0.0129 ***
	(0.00409)	(0.00425)	(0.00449)	(0.00429)
struc	0.700 ***	0.874 ***	1.333 ***	0.938 ***
	(0.219)	(0.223)	(0.219)	(0.220)
常数项	−0.897 ***	−1.015 ***	−1.379 ***	−1.072 ***
	(0.177)	(0.181)	(0.179)	(0.178)
样本数	217	217	217	217
R^2	0.625	0.583	0.533	0.580
省份数	31	31	31	31

　　根据面板回归结果可以看出，分别考量开放范围、开放领域和开放层次对经济高质量发展的影响，三个维度的更高水平开放对经济发展质量的回归结果均较为显著，核心解释变量分别在各自模型中的 1% 水平显著，并与更高水平开放指数综合影响经济高质量发展的方向一致，结果保持了稳健性。

　　（三）替换相关变量

　　通过替换控制变量和部分核心解释变量的指标，检验更高水平开放对经济高质量发展影响模型设定的稳健性。将人力资本的指标替换为普通高等学校毕（结）业生数（万人），回归结果如模型（2）所示；将市场规模的指标替换为居民人均消费支出（元），回归结果如模型（3）所示；将产业结构的指标替换为第三产业产值与第二产业产值之比，回归结果如模型（4）所示；将市场化水平的指标替换为用非国有单位就业人数与地区就业总人数之比，回归结果如模型（5）所示。相关回归结果如表 6-13 所示。

表 6-13　替换变量回归结果

变量	（1）原模型 develop	（2）人力资本 develop	（3）市场规模 develop	（4）产业结构 develop	（5）市场化水平 develop
scope	0.00622 *** (0.00154)	0.00434 *** (0.00159)	0.00135 (0.00100)	0.00384 *** (0.00141)	0.00642 *** (0.00142)
field	0.0225 * (0.0133)	0.0102 (0.0134)	0.000798 (0.00837)	0.0112 (0.0119)	0.0219 * (0.0125)
layer	0.0160 *** (0.00409)	0.0167 *** (0.00404)	0.00282 (0.00262)	0.0152 *** (0.00360)	
intellect	−0.00150 *** (0.000322)	−0.00110 *** (0.000324)	−0.000619 *** (0.000207)	−0.000912 *** (0.000301)	−0.00132 *** (0.000307)
hc	0.0346 *** (0.00779)		−0.00767 (0.00546)	0.0241 *** (0.00704)	0.0278 *** (0.00748)
sca	0.0113 *** (0.00409)	0.0131 *** (0.00406)		0.00940 ** (0.00367)	0.00998 *** (0.00382)
struc	0.700 *** (0.219)	0.678 *** (0.219)	−0.0187 (0.143)		0.420 * (0.215)
hc_1		0.00423 *** (0.000918)			
sca_1			9.37e−06 *** (6.40e−07)		
struc_1				0.0705 *** (0.00933)	
market_1					0.181 *** (0.0290)

续表

变量	(1) 原模型 *develop*	(2) 人力资本 *develop*	(3) 市场规模 *develop*	(4) 产业结构 *develop*	(5) 市场化水平 *develop*
常数项	−0.897*** (0.177)	−0.668*** (0.184)	0.0997 (0.125)	−0.263*** (0.0591)	−0.578*** (0.179)
Observations	217	217	217	217	217
R^2	0.625	0.628	0.854	0.700	0.666
省份数	31	31	31	31	31

根据回归结果，开放水平相关的各核心解释变量的回归系数在符号上没有发生变化，仅是显著性水平和系数大小有所差别，由此可见基准回归结果是稳健的。

第六节 简要结论及启示

一、研究结论

本章对更高水平开放影响经济高质量发展的理论机制和作用机制进行梳理和阐述，通过测度 2011~2020 年中国省级层面经济发展质量指数，切实从区域特征、维度特征和分布特征角度对近年来各省份经济高质量发展情况的特征作相对立体全面的刻画，并针对 2013~2019 年中国省级层面更高水平开放对经济高质量发展的影响建立计量模型，得出以下结论：

（一）经济高质量发展水平稳中有升，区域水平由东向西递减

通过建立经济高质量发展指标，测度得出 2011~2020 年中国省级层面经济发展质量指数，中国经济高质量发展整体呈现出上升趋势，并且具有经济发展质量水平绝对差异增大、相对差异减小的特点。从空间分异特征分析，中国省级层面区域高质量发展水平由东向西递减。从维度偏重角度分析，创新维度与开放维度仍然是经济高质量发展最主要的拉动因素，且创新逐渐成为带动经济高质量发

展的主要动因，而开放则出现了阶段性波动，仍需要进一步的结构调整与动力激发。东部地区偏重于开放发展带动，中部地区偏重于创新发展带动，西部地区偏重于共享发展带动。从类型区分角度分析，东部地区是高质量发展省域较为集中的区域，中部地区主要省份经济发展水平一般，与二者相对应的西部地区则以中低质量发展分布类型居多。从时间轴来看，在全国总体增长的趋势下，中西部省域发展增速显著大于东部发达省份，呈现出较强的后发动力，相对差异逐渐缩小，结合未来新发展理念在"十四五"规划中的积极实践，中国省际高质量发展格局将会不断优化。

（二）更高水平开放综合作用于经济发展质量，总体呈现积极作用

本章梳理了更高水平开放影响经济高质量发展的作用机理，主要从更大范围、更宽领域和更高层次三个方面展开。更大范围开放主要通过中国区域开放优惠政策，激发创新内生动力，提升区域发展协调性，实现经济高质量发展，新时期的开放政策更加偏重于加快欠发达地区的开放，促进区域之间的协调发展。更宽领域开放主要通过产业升级，着力加快先进制造业的转型升级步伐，不断提升服务业的开放水平，从而实现经济高质量发展。更高层次开放在省级层面主要通过制度化措施实现营商环境的改善升级作用于经济发展质量，营商环境改善作为制度型开放的重点举措，不断提升市场化水平，能有效提高经济发展质量。

通过实证分析检验更高水平开放影响经济高质量的机制与效果，可以发现更大范围开放能显著提升经济发展质量，更宽领域开放对经济发展质量有显著的积极影响。更高层次开放通过优质的营商环境有效促进经济高质量发展。此外，人力资本、市场规模、产业结构均能显著促进地区经济发展质量水平的提升，知识产权保护水平因为对技术溢出的不利外部性，可能会抑制经济发展质量提升。

二、路径及对策建议

（一）促进区域差序发展现状转变，推进更大范围开放

差异化和渐进式开放政策的实施，一直是推进我国经济高速增长的重要动力，但也产生了区域发展不协调等诸多问题，经济特区、沿海沿边开放、区域大开发等改革开放政策的成果，为更高水平开放未来推进区域间经济协调和高质量发展有显著的启发。随着共建"一带一路"、京津冀协同、长江经济带等的提出，地区性的开放政策几乎覆盖了全国范围。要将经济开放范围的扩大与新时期

的开放政策和优惠措施紧密结合，发挥先富带动后富的理念在省域和区域层面的体现，加快落地东部发达地区的技术溢出和产业转移，妥善规划东部地区现有发展阶段有限的经济资源，高效益地投入到创新引领的科技尖端产业中去，有意识地引导欠发达地区人口回流，在缓解东部地区资源分配压力的同时，重塑并最大化中西部地区的资源优势，合理对接东部产业转移带来的经济质量提升，结合"飞地建设"，参考"雁阵式"区域发展格局（江小涓，2020），勾连形成有效同向的高质量发展经济区域带，扭转区域差序发展格局的同时，以范围开放带动经济高质量发展。

（二）助力服务业高水平开放，实行更宽领域开放

现代服务业的建设和产业升级作为中国未来整体产业结构升级的现实目标，可以通过重点推进服务贸易、在全行业层面开放中国服务业投资，从而实现服务业更高质量的发展，这也正是经济高质量发展在产业层面的内涵与目标范畴（迟福林，2021）。更宽领域的开放包括对于先进制造业和尖端行业的开放，而上述产业的开放又对中国服务业的建设提出了与相关制造业更加适配、更加国际化、更具创新要素的新要求。更加多元化的开放领域有助于改善产业生态结构，形成服务业跟先进制造业配套，尖端产业带动服务业升级的良性循环。而服务业的演进与提升，也能够补足并扩充国内经济循环，以更高的产业附加值带动经济高质量发展，满足国内构建规模优势的大市场下人民更加多样化的精神需求，实现中华传统文化价值的变现，并通过产业层面的资本积累和知识累进优势，提升中国在全球价值链和创新链的位置，更多地以链主的身份促成国际服务产业贸易投资合作，实现经济高质量发展的内外联动。总体而言，更宽领域开放能够从产业结构多元化角度为经济高质量发展做贡献。

（三）推动规则层面的制度型开放，布局更深层次开放

制度型开放相对于边境开放，长期以来属于中国布局较为缓慢的地带。制度型开放要更加结合中国区域发展实际，切实为优化市场经济和产业格局奠定有形和无形的政策基建基础。要更加有针对性地加快制度型开放步伐，打破区域乃至省域之间的要素流通和市场交易壁垒，畅通国内范围的生产消费链条，树立全国一盘棋的意识，营造更加自由的外商投资环境，重点扶持技术尖端和服务业发展，注重知识产权保护力度过大对部分欠发达地区可能造成的技术溢出阻碍，不断有序提高开放水平，优化制度对经济环节尤其是供给侧的改革作用（刘志彪，

2020）。通过与国际层面的贸易投资规则和国际经济治理层面的制度及时对接，形成纵深格局的有层次的高水平开放体系，搭建经济高质量发展的总体框架。

（四）贯彻新时代五大发展理念，加快促进经济高质量发展

新发展理念作为新时代经济高质量发展的指挥棒，要更加重视开放理念作为内生动力在提升自身发展水平的同时，对其他维度的辐射作用，注重新发展理念作为一个有机整体，在衡量经济高质量发展的成果水平之外，本身也存在着相互影响和作用机制。要更加注重除开放以外的多维度指标昭示的各维度理念在当前发展阶段存在的问题和动力不足的情况。要坚定不移地加大创新研发力度，把控更加合理的知识产权保护等制度化水平进步的节奏，解放发达省域可以用于创新攻坚的实体资源，着重培养新时代的高质量人才，提升人力资本在经济高质量发展中与创新的协同积极作用，将剩余的生产力与产出资源向欠发达地区倾斜，逐步形成承接发达地区的产业以及配套基础，实现从东部地区到中西部地区的产业技术转移。并且通过合理的区域协同，依托开放范围扩大的现实趋势下为欠发达区域带来的开放合作发展机会，挖掘中西部地区经济高质量发展的后劲，合理调度区域间资源要素分配，实现指数级倍增的发展质量提升。要坚决执行保护环境的基本国策，更加注重发展过程中制度层面对于资源使用和环境规制的管理作用，共抓大保护、不搞大开放，通过扶植培育旅游业、文化服务业等产业附加值和利润分配更高的产业发展，留住绿水青山的同时，跟进生态资源开发，达到并促成环境美丽的经济发展高质量模式（王宁等，2022）。要切实把握收入二次分配在经济高质量发展作用的尺度，从制度层面完善欠发达区域的要素分配机制，继续推进边境地区、革命老区、民族地区的区域间开放及双向开放，更加注重科学技术和人力资本对于共享发展的重要作用，让经济高质量发展的成果由全体人民共享。

第七章 共建"一带一路"下高水平开放与地区经济高质量发展

实现区域协调发展是我国迈入高质量发展新阶段、开启现代化新征程中，解决经济发展不平衡问题的重要任务之一。共建"一带一路"倡议作为我国开放模式转型、促进区域协调发展的一个重要尝试，已成为我国经济发展的主要动力。在当前我国区域经济发展不平衡的背景下，各地政府不应局限于经济总量的增长，更应该关注其质量和效率的提升。因此，本章首先对经济增长效率的内涵、共建"一带一路"影响经济增长效率的表现形式和作用机制进行了理论分析；其次分区域对共建"一带一路"倡议提出前后国内各地区经济指标进行特征事实分析；最后利用双重差分模型，以 2006～2019 年国内 30 个省份（除西藏）为研究对象，实证检验了共建"一带一路"倡议对沿线地区经济增长效率的影响，并采用中介效应模型探讨了产业集聚在其中可能发挥的作用。研究结果表明，第一，当前国内区域不平衡现象仍然严峻，东部地区经济总量和进出口贸易长期占据较大份额，但中西部地区所占比重逐年上升，在一定程度上改善了中国区域经济差异；共建"一带一路"倡议提出后，沿线各地产业结构出现了明显改善，中西部地区产业发展更加科学、合理；近年来，中西部地区产业集聚现象有所增强，而东部地区则略有下降。第二，双重差分检验结果显示，共建"一带一路"倡议实施显著提升了我国沿线中西部地区经济增长效率，但对东部地区则表现为抑制。第三，中介效应检验中，共建"一带一路"倡议有助于促进沿线产业集聚水平提升，但产业集聚在共建"一带一路"倡议促进沿线中西部地区经济增长效率提升时起到了中介作用，对东部地区则表现为遮掩其对经济增长效率的影响作用。基于上述结论，在提高经济增长效率方面，中西部地区从共建

"一带一路"倡议中更容易受益,从而在短期内更加有助于经济效率增长层面的区域协同发展,但长期来看,东部地区则表现出"效率受损"。最后,在上述研究的基础上,本章提出了相应的政策建议,以期为共建"一带一路"倡议在新发展阶段持续深入实施及国内区域协调发展提供依据。

第一节 研究方法、内容和创新

一、研究背景

改革开放后,我国对外开放、经济增长都取得了显著成效。但长期以来,由于我国东部地区率先受到改革开放的政策优惠,加之东中西部地区在地理区位、资源禀赋和发展基础等方面存在显著差异,导致我国逐渐形成东部领先、中西部相对落后的经济发展格局。随着时间的推移,我国不同区域经济发展不平衡现象仍未得到有效解决。这一方面说明以开放促发展主要发生在东部地区,中西部地区表现并不明显;另一方面也说明从区域格局看,改革开放之初提出的"先富带动后富"和"两个大局"的伟大构想还未实现,优化促进区域协调发展仍然任重道远。自 2013 年首次提出"一带一路"倡议开始,其内容不断被完善和扩展,并多次在各大国内和国际会议中被提及。2015 年 3 月,中国正式发布《推动共建丝绸之路经济带和 21 世纪海上丝绸之路的愿景与行动》(下文简称《愿景与行动》),意味着中国推动"一带一路"倡议的实践实现了进一步升级,沿线各国的经贸合作与往来都得到了极大的发展。2017 年党的十九大报告再次强调,推动共建"一带一路"是未来中国经济发展战略的重点。

提出共建"一带一路"倡议不仅加强了中国与他国互动和交流学习、对外和对内开放,是我国转变开放战略和模式的重大战略部署,也是促进国内区域协调发展的尝试。由于前期政策与经济基础原因,我国各地区在自然资源、基础设施、开放水平等方面均有一定的区别,目前来看,我国区域发展仍存在不平衡现象。依托共建"一带一路"倡议和双循环格局,有利于国内沿线地区统筹国际国内两个市场,通过加强区域交流和互动,充分释放区域经济发展活力,为全面开放和区域协调发展创造前提条件。实际上，针对区域发展不协调这一问题，党和国家颁布的政策曾多次聚焦中西部地区，着力推进其对外开放。2015 年国务院提出要推动东西双向开放，促进内陆经济贸易发展；2017 年发展改革委指出，我国西部地区经济后发优势正加速发展中；2018 年商务部指出，随着共建"一带一路"倡议在我国进一步落实，中西部地区开放环境和开放水平都在稳步提升，基础设施建设取得明显改善，对外贸易保持较快增长。在开放的环境中求发展，是我国几十年来在实践道路上探索出来的宝贵经验，因此，当前我国各地应主动放开经济和贸易上的交流互动，对沿海地区而言，必须加快将过度密集的生产要素向内陆地区转移，避免造成生产要素拥挤；对内陆地区而言，应主动承接沿海地区的要素转移，积极转变经济发展方式，用经济发展带动产业化、技术化和现代化协同发展，主动参与国际和国内互动，将本地要素融入国际和国内两个市场及当前经济发展新常态阶段。

二、研究意义

在当前国家大力推进经济高质量发展的关口，深入研究共建"一带一路"倡议与国内沿线地区经济增长效率的关系，对于厘清其内在作用机制、外在表现形式及产业集聚在其中的影响具有重要理论意义；对于中国在开放条件下进行合理分工和调整产业结构、优化区域开放布局进而实现区域协调发展，为中国打造新的整体竞争优势具有很强的现实意义。

（一）理论意义

世界各国的经济发展状况以及相关的影响因素和作用机制一直都是各国政府部门和国内外学者研究的重要方向。由于学者们在选取衡量经济增长和具体影响因素的指标以及研究方法上存在差异，所得出的结论也存在不同，因此在经济增长的影响因素方面仍有很大的研究空间。可以看到，在中国提出共建"一带一路"倡议后，沿线国家 GDP 总量从 2010 年的 14.08 万亿美元增加至 2017 年的20.42 万亿美元，这为研究共建"一带一路"倡议与当地经济增长之间的关系提供了良好的数据支持。在助推沿线国家对外开放和经济增长的同时，共建"一带一路"倡议也有助于国内沿线区域扩大开放和实现经济增长，共建"一带一路"倡议在多大程度上推动了国内经济增长以及如何促进国内经济增长逐渐成为学者关注的问题。本章从共建"一带一路"倡议与经济增长的实证分析出发，以国内沿线区域为研究对象，结合经济增长效率理论，以期拓展传统经济增长理论中关于经济增长效率提升的相关研究，以厘清共建"一带一路"倡议对经济增长效率的影响机制。

资源合理配置的一个重要前提就是要素可以跨区域流动，共建"一带一路"倡议提出正好为国际国内要素自由流动提供了开放的环境，同时，由于国际分工的形成使得国与国之间的产品能够在生产环节进行梯度转移，因此，沿线地区资源配置效率得到了明显提升，并为价值链分工、产业结构升级并形成产业集聚创造了条件（戴翔，2020）。共建"一带一路"倡议在倡导国际互动的同时也打开了我国沿线区域开放大门，国家间的产业梯度转移辐射到我国国内沿线地区后，能够在国内区域间形成类似的梯度转移。随着共建"一带一路"倡议持续推进，我国东部地区逐步向价值链高端环节攀升，加工贸易产业随之转移至中西部地区，从而推动了我国中西部地区产业结构优化和升级，有利于我国东、中、西部地区间形成合理的产业集聚和分工关系，带动中西部地区经济高质量发展。因此，本章将实证研究共建"一带一路"倡议与沿线地区经济增长效率之间的关系，并将产业集聚理论与经济增长理论结合起来，探究共建"一带一路"倡议下开放环境带来的产业集聚对沿线区域经济增长效率的中介效应，这将为不断推动中国共建"一带一路"沿线区域和国家之间的经贸与投资合作、为我国内外部双向开放、促进沿线地区实现资源整合配置与市场经济深度融合，让沿线各地共享经济发展成果奠定了理论依据。同时，产业集聚作为产业发展的高级阶段，将其与本章研究的主要内容相结合，也为中国进一步拓展产业发展理论奠定基础。

（二）现实意义

经过40余年的改革开放政策，我国外向型经济发展获得了明显进展，但距实现开放型经济发展目标尚有较大距离。共建"一带一路"倡议有利于国内沿线各区域发挥各自的比较优势，通过优势互补转化为发展动力，有效促进各地产能合作。在共建"一带一路"倡议背景下，为进一步便利各地区之间的优势资源互通，我国将逐步拓展内陆及沿边对外开放，积极整合并协调推进东、中、西部区域的经济开放，将中西部地区优势资源与东部地区市场需求相结合，逐步形成内陆与沿海联合开放、东部与中西部双向开放、各区域分工协作与互动发展的外向型经济发展新局面。同时，共建"一带一路"倡议带来的双向开放为产业转移提供了良好的条件，能够更有效地推动沿线要素流动并形成产业集聚。基于产业分工理论，产业集聚将更有利于重构我国产业链，提升产业生产效率，推动中国产业由低端环节向中高端环节延伸，为我国不断攀升全球价值链地位、推动中国产业结构调整具有重要的现实意义。

从中国经济发展阶段性特征来看，2020 年党的十九届五中全会提出，我国已进入经济高质量发展新阶段，但经济和社会发展不平衡不充分等问题仍然值得关注，并再次强调要"推动共建'一带一路'高质量发展"。无疑，共建"一带一路"倡议在我国东部地区产业升级换代和向内陆转移、中部地区优化产业结构和经济快速发展、推进西部地区开发与开放等方面起到了重要作用，给中国经济均衡发展提供了契机（张可云和蔡之兵，2015；朱天明，2017）。在新阶段继续深化和贯彻落实我国经济发展要"以推动高质量发展为主题"的重要战略部署，意味着不仅要继续关注经济增长总量，追求经济增长效率和质量提升理应成为新阶段促进国内区域协调发展的必由之路。因此，研究共建"一带一路"倡议推动国内区域开放对沿线地区经济增长效率的影响作用，对于今后国内沿线各地区利用共建"一带一路"倡议实现经济更高效增长和区域协调发展，为中国打造新的整体竞争优势具有很强的现实意义。

三、研究内容与方法

（一）研究方法

1. 文献分析法

在理论分析部分，收集和查阅了国内外学者对本章研究内容的相关文献，从而完善本章理论部分关于经济增长效率及其具体表现形式、产业集聚形成原因的论述；针对经济增长效率指标、单个产业集聚程度和产业协同集聚程度指标，借鉴国内外学者的相关研究进行测算，从而确保本章变量测算的可靠性。

2. 特征事实分析法

在特征事实分析部分，采用比较研究法，利用多种统计数据库对我国沿线地区经济总量、进出口贸易、产业结构及产业集聚水平等指标进行定量计算，并对比分析共建"一带一路"倡议实施前后我国东中西部地区在这些指标上的具体差距和变化情况，从而客观评价共建"一带一路"倡议提出前后我国区域发展趋势和地区差异。

3. 实证研究法

在实证检验部分,一方面采用双重差分模型检验共建"一带一路"倡议在国内沿线区域经济增长效率中发挥的作用,并运用多种方法检验结论的稳健性;另一方面使用中介效应模型检验产业集聚在其中发挥的中介作用,并得出相应结论。

(二) 研究内容

第一,介绍了研究的背景与意义,并对研究思路和方法进行了系统论述。在此基础上对国内外相关文献进行了梳理,包括共建"一带一路"倡议影响经济增长的理论作用机制及在其中可能发生的中介因素,还对经济增长效率的相关理论进行了梳理,为得出本章研究内容提供帮助。

第二,一方面对经济增长效率的相关概念和理论基础进行梳理,并构建了衡量经济增长效率的指标;另一方面研究了共建"一带一路"倡议对国内沿线地区经济增长效率的不同表现形式,分析共建"一带一路"倡议推动国内沿线区域形成产业集聚式发展的现象,并探讨产业集聚在经济增长效率提升中的作用。

第三,对共建"一带一路"倡议实施前后,我国东中西部地区经济总量、进出口贸易、产业结构及产业集聚水平进行对比分析,并在此基础上构建了产业集聚指标,以此验证我国三大区域在倡议提出前后的发展状况,以及共建"一带一路"倡议提出后这些经济发展指标的变化情况。

第四,利用双重差分模型实证检验共建"一带一路"倡议对国内沿线区域经济增长效率的影响,并对实证模型、数据、结果进行说明,针对检验结果,分别采用共同趋势检验、反事实检验和 PSM-DID 模型检验其稳健性,最后得出结论。

第五,对共建"一带一路"倡议促进沿线地区形成产业集聚的作用进行实证分析,并在此基础上进一步检验产业集聚在共建"一带一路"倡议与国内沿线地区经济增长效率之间产生的中介效应,并对实证结果进行系统论述。

第六,在上述理论分析、特征事实分析和实证研究的基础上,总结研究的主要结论,并提出具体的政策建议。

四、研究创新点与不足

（一）研究创新点

1. 研究视角的创新

研究经济发展不再局限于总量增长，而是研究经济增长的效率和质量，将共建"一带一路"倡议与经济增长效率结合起来，并研究共建"一带一路"倡议在促进我国区域协调发展方面的作用，这是以往学者较少涉及的。

2. 研究方法的创新

对共建"一带一路"倡议提出前后国内经济发展情况进行了对比分析，从而更清晰地看到共建"一带一路"倡议对区域经济发展的影响；同时进行了三大区域的划分，从而更能发现我国区域间发展的差距和共建"一带一路"倡议提出对我国区域发展不平衡状况的改善。

3. 研究内容的创新

共建"一带一路"倡议在促进中国向国际开放的同时也为国内各地区间的开放提供了条件，而开放的环境正是产业集聚形成的重要基础，因此创新性地引入了产业集聚这一中介因素，并研究其在共建"一带一路"倡议对沿线地区经济增长效率整体影响中发挥的中介作用。

（二）不足之处

首先，由于目前研究共建"一带一路"倡议对沿线地区经济增长效率的文献较少，本章选用全要素生产率（TFP）来构建经济增长效率指标，其中资本存量中折旧率是从相关文献中提取换算，无法避免存在一定的主观性。其次，在数据获取上，由于缺失西藏部分数据，导致无法对共建"一带一路"沿线18个省份进行评估，进而无法在整体层面上反映西部地区经济发展的主要指标；而辽宁省的统计年鉴更新较晚，本章所用指标产业协同集聚中缺少辽宁省2019年的数据。最后，在具体研究方面，产业集聚在共建"一带一路"倡议与东部地区经济增长效率之间存在"遮掩效应"，说明在共建"一带一路"倡议与地区经济增长效率之间还存在更大的影响机制未纳入研究视野，未来，关于共建"一带一路"倡议实施对国内沿线地区经济增长效率还有哪些重要影响机制、如何通过这些影响机制对我国沿线东中西部地区产生不同影响等与本章紧密相关的主题值得继续深入研究。

第二节　文献综述

一、共建"一带一路"倡议的相关研究

（一）共建"一带一路"倡议对经济增长的影响

由于共建"一带一路"倡议提出的时间还不长，且其在内容和具体落实上仍处于探索阶段，所以国外学者对于"一带一路"倡议这一主题的研究还较少。但值得注意的是，国内学者对共建"一带一路"倡议与经济增长之间关系的影响已作出了一定数量的研究，并涉及国际经济与国内经济两个方面。

对国际经济发展的影响方面，李丹和崔日明（2015）、王跃生和吕磊（2016）研究认为，中国提出的共建"一带一路"倡议是当前推动沿线各国在经济和政治上互相交流及互动合作、重新构建世界经济贸易格局的必要条件，有利于加速区域整体融合，是全球经济全面复苏的新引擎。从对区域经济的影响来看，共建"一带一路"倡议转变了东亚原有的经济增长机制，补齐了东亚经济的基础设施"短板"，将东亚逐步拓展至整个亚洲区域，为亚洲发展中国家经济增长提供了理论路径与经济环境（朴光姬，2015）。共建"一带一路"倡议虽然在规划区域和内容上与沿线国家和当地政策并非完全契合，对经济发展程度高和地理邻近的地区贡献率更高，但实际上满足了大部分国家利益，对各国包容性发展做出了巨大贡献（李健和朱雯雯，2020；王腊芳等，2020）。

对中国经济发展的影响方面，共建"一带一路"倡议与西部大开发战略一脉相承，并结合中国当前国情进一步创新，这一政策的提出不仅促进了世界各国的经贸往来，也为中国跨区域合作搭建了桥梁，为国内区域经济融入国际区域经济提供了路径，向世界展现出中国同世界经济共繁荣的美好愿景（杨恕，2013；丁江辉，2017）。具体而言，共建"一带一路"倡议可以通过中国经济改革、加强与沿线国家贸易合作、提供国际公共产品等方式促进中国经济转型，使中国更好更快地融入全球经济（张良悦和刘东，2015；黄河，2015）。对于国内沿线区域经济方面，马小南（2016）认为共建"一带一路"倡议对区域间的联系与融

合、互联互通等起到了促进作用，且在一定程度上调节了区域经济的差异性。在具体分区域研究过程中，郭爱君等（2019）认为，"一带一路"倡议有效持续地提升了各地经济开放度，提升效应从西南、西北到东北逐次递减。对东部而言，"一带一路"倡议通过工业化和产业结构优化促进了东部沿线五省市经济增长，但政府支出具有一定的阻碍作用（段秀芳和寇明龙，2019）。对中西部而言，"一带一路"倡议在当前中国开拓新型市场过程中将中西部作为关键一环，中部地区应发挥连接东西部的桥梁作用，提升交通枢纽战略地位；西部地区应加强与中亚国家的合作，从而带动西部地区经济增长（安树伟，2015）。

（二）共建"一带一路"与经济增长之间的作用机制

上述研究表明，共建"一带一路"倡议能有效促进国际和国内地区发展。那么共建"一带一路"倡议究竟是通过什么方式影响一国的发展的？学者对影响因素的研究主要有以下几个方面：

共建"一带一路"倡议实施的一个主要表现就是鼓励企业扩大对外直接投资，隋广军等（2017）实证研究发现，中国企业增加对沿线国家 FDI，能够显著促进沿线国家人均 GDP 增长，但促进作用随人均 GDP 水平提高而减弱，东道国技术水平可能对中国 FDI 产生替代作用成为经济增长的新动力（乔敏健，2019）；同时，在国外投资建设相关的产业园区也有利于促进中国对外直接投资（李金叶和沈晓敏，2019）。也有学者分析了 FDI 与经济增长之间的关系在长期和短期间的动态变化，霍忻等（2020）发现，从长远来看，我国向共建"一带一路"国家直接投资能显著促进其经济增长，但其拉动作用在短期内并不明显，因此需要不断调整企业投资布局从而最大程度发挥其推动经济增长的积极作用。

完善基础设施是实现一国或地区经济增长的根基。实际上，沿线国家经济增长在很大程度上是中国通过帮扶建设其基础设施实现的（隋广军等，2017）。而在基础设施建设过程中，交通设施建设与经济增长呈倒 U 型关系，即对本身交通基础设施质量较差的国家进行基础设施建设，对其经济增长的促进作用更好（张艳艳等，2018）；软硬件基础设施与经济增长方式转变正相关，但对"一带"和"一路"的作用效果呈现异质性，具体而言，硬件设施更有利于"一带"沿线经济增长，而软件设施给"一路"沿线带来积极的外溢效应（艾麦提江·阿布都哈力克等，2017）。

产业结构升级是一个地区产业稳定发展的重要前提，共建"一带一路"倡议在推动产业结构升级方面则有多种途径：其一，对外贸易，中国通过加强与共建"一带一路"国家的进口贸易，从而提升国内产业间和制造业内部的结构优化升级（徐承红等，2017）。其二，对外直接投资，中国增加对共建"一带一路"国家 OFDI，有利于通过产业转移、关联和竞争推动国内产业结构升级，并利用技术外溢效应推动中国经济增长（廖红伟和杨良平，2018）。其三，直接影响，共建"一带一路"倡议为地区产业稳定发展以及经济可持续增长提供了前提条件，能够直接提升沿线地区产业结构合理化程度（王巧和佘硕，2020）。

近年来，学术界越来越关注经济贸易开放水平对地区经济增长的影响，并对传统和新型贸易开放度指标均进行了检验，结果显示，无论是用贸易量还是贸易限制来度量贸易开放度，对外开放对经济增长的影响均表现为显著的促进作用（Yanikkaya，2003；Tahir & Azid，2015）。也有学者对国际贸易与经济增长之间的因果关系进行研究，发现对外开放对经济增长的作用不是单向的，而是相互影响的（Wong，2016），在长期贸易开放与国家收入水平存在正的双向关系，而在短期贸易开放的促进作用更明显（Daniel et al.，2015）。国内学者对此也有一定研究，从贸易流量变化来看，对外开放显著促进了省域经济增长（贾中华和梁柱，2014）；从经济开放度来看，对外开放扩大了我国进出口贸易规模，继而推动我国经济增长（李颖，2016）。

（三）共建"一带一路"倡议促进经济增长的中介因素

学者主要从国际贸易、FDI、产业间贸易等方面来研究共建"一带一路"倡议对沿线国家和国内沿线地区对外开放水平的影响，并在此基础上进一步分析其对地区经济增长的中介作用。

从动态视角切入，王美昌和徐康宁（2016）、黄旭东和石蓉蓉（2018）研究发现，中国与沿线国家的国际贸易和 FDI 冲击对本国经济增长是相互作用的，且在长期有共同发展的趋势，而这两个因素对非沿线地区则表现出抑制作用；对国内区域而言，国际投资、进出口贸易和对外开放之间是共同发展的，并且共建"一带一路"倡议有助于推动进出口平衡战略，降低中西部地区贸易成本，凸显中西部地区在对外贸易中的作用，进而扩大其对外开放水平（赵蓓文，2019；李小帆和蒋灵多，2020）；对中国整体发展而言，共建"一带一路"倡议则有利于整合内陆和沿海地区的贸易资源，实现我国东中西部地区对外开放的整体平衡（刘再起和张元，2017）。

实际上，开放水平提升对经济增长的影响还有一个重要因素，即开放会促进产业转移产生集聚，而产业的布局结构则影响着地区经济持续稳定发展。在贸易自由化背景下，对外开放水平提升能有效降低贸易成本，使国内企业受到冲击，而成本降低又为产业集聚创造了动力，从而促进企业向特定区域集聚形成（Ludema & Wooton，2000），具体而言，产业集聚将会发生在贸易集中和专业化中心区域（Hanson，1994；Eiichi，2003）。而关于产业集聚对经济增长的影响，国内外学者通过大量研究达成了比较一致的观点，产业集聚在一定程度上通过产品本地化生产，降低交易成本产生规模经济和范围经济效应，继而推动该地区全要素生产率提升（Philippe et al.，2001；范剑勇等，2014；卢飞等，2018）。另外，Fan 和 Scott（2003）运用了多种统计调查，研究证明中国的产业集聚水平与经济生产力同向增长。王丽丽（2012）对中国 28 个制造业实证研究发现，随着贸易开放水平的提高，产业集聚对增长效率的促进作用会增强。

二、经济增长效率相关研究

我国经济已转向高质量发展阶段，单纯研究共建"一带一路"倡议对区域经济增长的作用已不能满足当前对经济发展状况综合评价的需要。传统经济学理论中，投入生产要素和提高生产率是推动经济增长的两大动因，但由于要素投入不可能无限增加，因而无法给经济增长注入持久动力，经济可持续增长要通过提高生产率，即提高增长效率来实现。因此，本章选择对经济增长的效率进行研究。

近年来，随着我国经济增长方式转型，我国经济增长已取得了较大的成效，但我国人力资本和技术效率对经济增长的贡献率较低，导致经济增长平均技术效率仍然偏低，因此，中国未来经济增长方式亟待改变（朱承亮等，2009）。考虑到中国人口结构逐步转向老龄化、要素弹性有所逆转以及服务业在经济结构中的地位提升，未来中国经济发展重心要转到效率提高方向上来（中国经济增长前沿课题组等，2012；黄益平等，2022）。杨汝岱（2015）从制造业全要素生产率切入，发现我国经济增长已很难继续依靠投资和出口拉动，在未来只有通过改善资源配置效率、发挥市场的决定性作用、打通资源流通渠道，才能更好地推动经济增长效率的提升。

关于影响经济增长效率的因素，许和连等（2006）研究发现，对外贸易通过提升人力资本积累水平、对外开放度等对经济增长效率产生促进作用等，且在对外开放的促进作用中，国际贸易与FDI是可以相互替代的（李佳和汤毅，2019）。同时，产业结构、创新能力、就业结构等均对我国经济增长效率提升起到了促进作用（孙根紧和丁志帆，2015），而政策影响则具有负向影响，且具体作用在国内不同区域间存在较大区别（高伟等，2016）。冯俏彬（2018）探索了经济增长的推动要素，认为主要通过劳动力、资源、资本、科技和制度来推动，随着互联网时代到来，"数据"正成为新的推动要素。另外，产业转移和集聚也会影响经济增长效率，主要通过知识或技术溢出和创新成果扩散产生影响，对不同产业而言，人力资本、基础设施、FDI均有影响，且对不同地区、不同产业存在异质性（杨浩昌等，2018）。

三、现有研究的简要评价

关于共建"一带一路"倡议和经济增长效率这两个方向的研究，以往的学者大多从国家层面展开，并认为共建"一带一路"对其表现为促进作用。尽管学者们对这两者之间的关系已经做了大量研究，但目前来看，现有的研究中讨论国内沿线地区经济增长效率的文献还不够深入。

首先，由于经济高质量发展提出时间不长，因此以往学者大多关注经济增长问题，而对增长质量和效率的研究较少。目前中国已转向高质量发展阶段，意味着未来不仅要继续关注经济增长，追求经济增长效率和质量提升理应成为新阶段促进国内区域协调发展的必由之路。

其次，现有研究对共建"一带一路"倡议与相关影响因素大多用实证方法研究国家整体水平，而对国内沿线区域经济发展的具体表现形式、对比分析不同区域发展状况的较少，即使考虑到表现形式也侧重对沿线国家的研究。而共建"一带一路"倡议不仅打开了我国向沿线国家的大门，也有利于国内沿线地区的经济发展。当前我国区域发展不平衡现象仍然存在，因此对共建"一带一路"沿线地区的发展现状分区域进行研究，有利于探讨共建"一带一路"倡议提出后我国区域发展不协调现象是否有所改善。

最后，在作用机制上，现有研究主要集中于对外直接投资、基础设施建设、产业结构升级、对外开放等方面，但实际上，共建"一带一路"倡议在促进沿线地区开放，与国际社会接轨的同时，也将有利于该地区经济快速增长，吸引更多资本和劳动力投入形成产业集聚。以往学者在研究共建"一带一路"对经济增长的影响机制上，即使少数学者研究了产业结构调整对经济增长的影响，但却并未深入分析产业集聚。随着沿线地区开放水平进一步扩大，产业在地区间的转移更加频繁，而产业集聚能为经济增长效率带来资源、技术等方面的要素推动力，因而有必要在研究共建"一带一路"影响国内沿线地区经济增长效率的基础上进一步探究产业集聚的中介效应。

第三节　经济增长效率与"一带一路"的理论分析

一、经济增长效率相关理论

我国经济已转向高质量发展阶段，以往单纯对经济增长总量的研究已无法满足目前追求经济高质量发展的需要。要知道一国或地区的资源是有限的，政府不可能无止境地在其经济生产活动中投入资源要素，所以，要想保持经济长期稳定增长，就必须重视要素投入转化率的提高。而经济增长效率综合考虑了一个国家在经济生产活动中投入的要素数量与投入转化为产出的效率，从而能够有效地反映一国经济增长的质量，因此，本章选择使用经济增长效率来评价沿线地区经济发展。为进一步明确共建"一带一路"倡议对经济增长效率的影响作用，必须首先理解经济增长效率的概念及理论基础。

（一）经济增长效率的基本概念

经济增长效率是指一个国家在经济生产活动中投入的要素数量与投入转化为产出的效率，因此，一国或地区提高经济增长效率主要是从要素投入量和投入转化率两个方面展开。在要素投入数量方面，用边际效应理论解释为，一个地区经济发展初期，随着生产要素投入量增加，该地区生产活动边际效应递增，但由于存在边际递减效应，当该地区生产规模达到一定程度、经济发展达到一定水平后，即使持续投入生产要素，该地区生产活动的边际效应不增反降，反映到现实生活中则表现为限制了地区的经济增长，从而不利于该地区经济可持续发展。在投入转化率方面，由于资源具有稀缺性，因此，在经济生产活动中更需要对资源要素进行有效配置，以技术进步提高生产要素投入的转化率，从而提升一国经济增长的效率。

改革开放后，虽然中国经济增长取得了非常耀眼的成绩，但同时也应注意到，改革开放以来我国经济高速增长主要以资源消耗和牺牲环境为代价，生产要素的盲目投入和不合理分配导致其负面影响逐渐暴露：贫富差距加大、区域发展不协调、环境污染等。目前，我国已进入新发展阶段，在我国区域发展不平衡的宏观背景下，对经济发展的追求不再仅仅局限于经济总量的增长，而是应该更关注其质量和效率的提升。因此，未来在经济建设过程中，应更多考虑经济增长效率，深入实施区域协调发展战略，依托共建"一带一路"倡议畅通经济循环，实现各区域间经济结构优化、质量改善和效益提高。

（二）经济增长效率的理论基础

劳动生产率是反映某地区经济增长状况的重要指标。马克思指出，劳动生产率是由工人熟练程度、科学发展及应用程度、生产与社会结合程度、生产与自然资源的规模和效能多种因素决定的。亚当·斯密认为，一国财富的增加取决于该国的劳动生产率及劳动力人数，提高劳动生产率有利于促进经济增长。在当前各国科技实力飞速发展的时代，一个国家或地区科技发展水平及其在经济生产中的应用对其劳动生产率的影响正在逐渐被人们重视。

劳动生产率指一定时间内生产某种产品的效率，若一国增加要素投入或提高效率，提高单位时间生产的商品和劳务，那么就能够实现经济的增长。纵观我国经济发展历程，可以看到，我国经济持续高速发展，大多是粗放的数量型增长，主要得益于我国充足的廉价劳动力和生产资源，因此，以往我国经济增长大多是依靠劳动力投入和扩大生产规模推动的。短期内，要素大量投入确实会带来经济总量的增长，然而长远来看，由于社会发展导致的人口结构变化和资源过度消耗，目前我国不得不面临环境资源压力、劳动力供给区域不协调、生产要素成本提升、产业层次偏低等困境。世界各国经济史经验表明，单纯依靠增加要素投入扩大经济规模的粗放型发展方式难以维持一国经济未来持续健康发展，现阶段，为获得持续的经济增长，中国更需要的是主动转变经济发展方式，从数量型增长转向效率型增长，实现经济集约式发展，依托科技进步改善生产方式，提高资源利用率和劳动生产率，从而提升经济增长效率。

从我国面临的困境可以看到，资源有限与需求无限之间的这一固有矛盾，导致我国在生产过程中必须注重对资源的合理配置。由于资源具有排他性，投入某项产品生产的资源增加，将导致生产另一种产品时投入该资源的数量减少，且资源错配也会导致某种资源无法得到充分使用，因而在社会中经常出现资源不足与过剩并存的情况。由此可见，对有限的生产资源进行合理配置，使其在不同生产环节的使用效率达到最高，是提升生产效率的关键一环。优化资源配置对产业结构升级也有重要作用：一方面，推动产业经营方式变革，创新技术水平以提升产业竞争力，提高劳动生产率，带动社会经济发展；另一方面，及时调整产业生产数量和要素投入组合，以市场需求为导向，对接产能与市场需求，保证产业稳定运营。因此，不断优化资源在全社会的配置和流动，是提高我国经济效益、提升资源使用效率和产业生产效率、降低产业生产成本，推动经济不断向高质量发展阶段迈进的重要一步。

此外，亚当·斯密进一步指出，劳动生产率提高依靠合理分工和资本积累，因此，资本积累与经济发展状况之间也有很大联系。内生经济增长理论认为，知识、人力和技术资本是提升经济增长效率的内生动力。知识积累为技术创新提供理论支撑，技术创新则为资本积累提供生产动力，而人力资本积累是知识积累和技术进步的前提，因此，我国未来应重视人力资本的投入和积累，充分发挥人力资本对技术进步的溢出效应，加快产业结构优化调整，实现经济的持续健康增长（Lucas，1988）。近年来，社会资本对经济发展的作用逐渐被学者重视，早期社会资本主要用于探究社会群体内部的协调行动，随着对其研究的深入与推广，学者发现社会资本能对经济增长产生可持续性的影响，实现各地区经济长期稳定高效增长（张梁梁等，2017）。

（三）经济增长效率指标构造

上文分析发现，资源是稀缺的，而生产要素投入不可能无限增加，因此，提高资源运用效率和配置效率成为当前经济持续增长的一个重要途径。资源运用效率是指企业对自己可支配资源的使用效率，每个企业都希望自己的可用资源能够发挥最大效用；而资源配置效率则是指企业如何将有限的资源合理有效分配在不同生产部门，或地方政府将有限资源分配到不同产业，使得当地产业配置最优的能力。当前经济增长的方向应该向高效率增长演进。

学术界普遍采用全要素生产率（Total Factor Productivity，TFP）来衡量经济增长效率，即投入的生产要素能被充分利用的效率。在新古典经济学中，全要素生产率由索洛率先提出,而后,主张外生经济的学者们开始使用它来衡量技术在经济活动中的作用。而 Griliches 和 Mairesse(1991)提出的全要素生产率近似索洛余值法,可以综合反映一段时间内某地区的技术进步和效率,更适合测算各省份经济增长效率,故借鉴其方法,构建经济增长效率的衡量指标,如下:

$$TFP_t = \ln \frac{Y_t}{L_t} - s \times \ln \frac{K_t}{L_t} \qquad (7-1)$$

式中,Y_t 表示整体产出,使用国内生产总值(Gross Domestic Product,GDP)表示,并用每年相应的 GDP 增加指数对其进行了调整。L_t 表示劳动要素投入,在市场经济中,劳动要素投入的质量和使用效率与当地劳动者收入水平直接相关,而我国从计划经济向市场经济转变,市场对劳动者收入再分配的调节机制还没有健全,社会收入水平无法合理反映劳动力投入,因此,采用我国历年各省全社会实际就业人数来衡量。K_t 表示资本要素投入,指生产时投入的固定资产和流动资产,参考 Goldsmith 开创的永续盘存法(Perpetual Inventory Method,PIM),用各地区资本存量来衡量,其公式如下:

$$K_t = I_t + (1-\delta) K_{t-1} \qquad (7-2)$$

式中,K_t 表示资本存量;I_t 表示资本投入(固定资产投资额);δ 表示折旧率。

借鉴孙晓华和郭玉娇(2013)的处理方式,以 2006 年为基期,将各省份 2006 年的固定资产投入额除以 10% 作为初始资本存量,并把折旧率设为 9.6%。s 表示资本产出弹性,指产量变化率对资本变化率的反应程度,若 $s=0$,则 TFP 表示劳动生产率;若 $s=1$,则为资本生产率。参考张军等(2004)的研究,在计算地区经济增长效率时取 $s=\frac{1}{3}$。

二、"一带一路"影响经济增长效率的表现形式

共建"一带一路"倡议连接亚非欧三个大陆,不仅对周边国家也对国内沿线地区合作发展具有相当大的政策优势。从提出改革开放起,我国对外开放的整体发展进程由点到面、由浅入深,并一步步由沿海地区向内陆纵深推进。目前,我国正在积极探索展开新一轮对外开放,共建"一带一路"倡议的提出契合了以往的开放战略,并对其进行了延伸,能够在新时代背景下给中西部地区带来更

大的开放和发展，协调各地区经济合作走向新阶段，实现国内全域经济高质量发展。以往衡量经济发展大多用经济总量和人均GDP，但也应该看到，经济高质量发展是一个综合的概念，同时也是体现一个地区经济综合发展水平的重要指标，包含经济增长、对外开放、经济结构、区域协调等方面（魏敏和李书昊，2018）。2015年《愿景与行动》出台，圈定共建"一带一路"沿线18个省份，由于西藏地区数据缺失严重，将其剔除后，重点研究共建"一带一路"倡议影响沿线剩余17个省份经济发展水平的上述几个具体表现形式，以期为我国区域协调发展注入动力。

（一）促进经济增长

从理论上看，区域经济增长取决于区域内生产要素拥有量和区域对这些生产要素的配置效率，在这二者因素中，资源配置效率更重要。资源配置效率主要指一个地区对资源的吸收能力和利用能力，资源配置效率高意味着能吸收和利用更多该地区拥有的生产要素，从而推动该地区经济发展，因此，一个地区在资源配置效率方面的能力将会影响其经济增长的规模和效率。我国中西部地区自然资源丰富，第二产业占比较高，主要表现为资源导向型经济模式。随着经济发展，资源导向型经济带来的环境污染、产业发展滞后等问题逐渐暴露，同时，中西部地区资源配置效率不高，自身拥有的自然资源容易被资源配置效率更高的东部地区吸收利用，最终造成中西部整体经济水平落后于东部发达地区。另外，由于中西部地区处于我国改革开放末梢、缺乏区位优势，已成为制约中国经济发展的短板。

此时，国家提出共建"一带一路"倡议，放松了对区域间资源开发和跨区域流动的限制，有利于充分发挥各区域资源要素的比较优势，其中贸易便利化、投资自由化等政策更是为扩大我国中西部地区经济开放、打通与周边地区经贸合作渠道提供了政策支持，极大地提升了我国中西部地区以开放促发展的动力。随着中西部丰富资源得到有效开发和向东部地区输入，东部地区的新技术、新劳动力、新产业向中西部输出，东中西部地区间的区域合作将向着更深层次、更高效发展，为中西部地区经济开放和高效发展创造了新机遇。共建"一带一路"倡议将中国自身资源优势、技术与产能优势以及以往经济发展的经验与模式转化为国际市场与互动合作的优势，进一步发挥沿线沿边地区作为对外开放的窗口作用，深化与世界和周边地区的经济交流，推进基础设施建设，打造区域经济合作新高地，加快自身和周边地区开放发展，夯实经济长期稳定基础。

如图 7-1 所示，2006～2019 年，我国共建"一带一路"沿线地区及全国的 GDP 总量均逐年上升，但沿线地区 GDP 的增长幅度低于全国水平，到 2019 年末，沿线地区 GDP 达 446233 亿元，相比于 2006 年的 109012 亿元翻了约两番。虽然在 2007～2017 年，共建"一带一路"沿线地区国内生产总值占全国的比重逐年下降，但总体而言其比重仍在 45%～50%，几乎占到全国 GDP 的一半左右，且在 2018 年后逐年回升。由此可见，我国共建"一带一路"沿线地区经济增长对全国经济总量增长和扩大规模有着重要的影响作用。

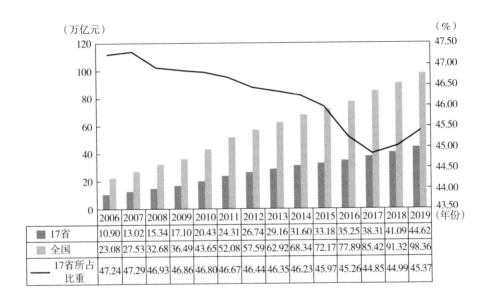

	2006	2007	2008	2009	2010	2011	2012	2013	2014	2015	2016	2017	2018	2019
17省	10.90	13.02	15.34	17.10	20.43	24.31	26.74	29.16	31.60	33.18	35.25	38.31	41.09	44.62
全国	23.08	27.53	32.68	36.49	43.65	52.08	57.59	62.92	68.34	72.17	77.89	85.42	91.32	98.36
17省所占比重	47.24	47.29	46.93	46.86	46.80	46.67	46.44	46.35	46.23	45.97	45.26	44.85	44.99	45.37

图 7-1　"一带一路"沿线省份与全国 GDP 总量及占比情况

资料来源：国家统计局。

从图 7-2 可见，我国沿线 17 个省及全国人均 GDP 均逐年上升，且增长幅度大致相同。15 年间，我国共建"一带一路"沿线地区人均 GDP 从 20529 元增长至 75738 元，增长约 2.6 倍；全国人均 GDP 从 16738 元增长至 70078 元，约翻了两番。同时，沿线地区人均 GDP 均在全国平均水平之上，说明共建"一带一路"沿线经济水平处于全国领先地位，其经济健康发展对全国经济高效率增长起到了重要作用。

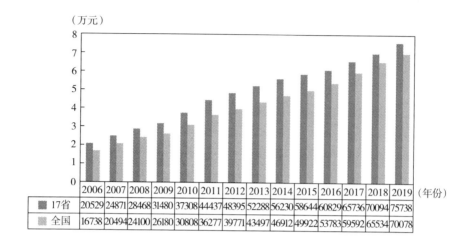

（万元）	2006	2007	2008	2009	2010	2011	2012	2013	2014	2015	2016	2017	2018	2019 （年份）
■ 17省	20529	24871	28468	31480	37308	44437	48395	52288	56230	58644	60829	65736	70094	75738
■ 全国	16738	20494	24100	26180	30808	36277	39771	43497	46912	49922	53783	59592	65534	70078

图 7-2　共建"一带一路"沿线省市与全国人均 GDP 对比

资料来源：国家统计局。

（二）优化产业结构和内部分工

产业结构是指当地各种产业所占的比重以及各产业间的联系。随着经济社会发展，产业间和产业内分工越来越细，继而产生了不同的生产部门，而这些不同生产部门受生产要素、劳动力质量等因素影响，对经济增长的推动作用表现出巨大差异。因此，优化产业结构就是要优化各生产部门在产业内和产业间的比例关系，提高产业经济资源配置效率，最大程度发挥当地产业的整体功能，从而增加其对经济增长的推动和贡献作用，以提升经济增长效率，促进目标的达成。

当前，中国传统产业正面临同质化严重、过度依赖资源密集型产业、产能过剩等问题，因此，突破生产要素限制、积极寻求产业创新正成为中国调整产业规模和产业布局的主要动力，而这正是促进产业结构优化的核心目标，并且对于整个社会经济增长效率提升具有十分重要的意义。此时，在共建"一带一路"倡议实施的背景下，以产业结构优化为依托培育新兴支柱产业并发展成为当前经济的新增长点是我国实现经济高效率增长的必由之路。

从图 7-3 可以看到，在 2012 年之前我国第二产业占比最高，产业发展主要以工业和制造业为主体；共建"一带一路"倡议提出后，我国第三产业占比稳步增长，截至 2019 年，我国第三产业占 GDP 比重已达 54%，说明我国越来越重视新兴产业及生产性服务业在产业发展中的作用，共建"一带一路"倡议有利于我国产业结构优化和调整。

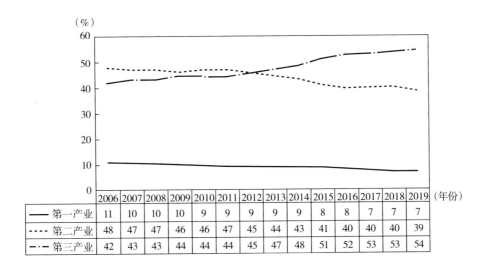

（%）	2006	2007	2008	2009	2010	2011	2012	2013	2014	2015	2016	2017	2018	2019 （年份）
—— 第一产业	11	10	10	10	9	9	9	9	9	8	8	7	7	7
---- 第二产业	48	47	47	46	46	47	45	44	43	41	40	40	40	39
-·- 第三产业	42	43	43	44	44	44	45	47	48	51	52	53	53	54

图 7-3　2006~2019 年我国一二三产业占 GDP 比重

资料来源：EPS 数据库。

从国内产业分工角度看，"一带一路"倡议加速了沿线以及全国各区域间要素自由流动，东部地区的高质量人才、技术、货物等资源借助共建"一带一路"政策优势顺利进入中西部地区，加快中西部地区生产技术水平提高；中西部地区也可以利用丰富的资源和劳动力要素向东部地区产业投资，降低东部地区生产成本，最终实现各地优势资源共享。资源配置更高效发展、东中西部市场更深度融合，这都将有利于我国国内区域开展更高水平、更大范围、更深层次的区域合作，实现我国内部区域协调发展。

（三）提升对外开放水平

经验表明，开放才能促发展。我国提出改革开放的一个重要目标就是为了解放和发展生产力，通过"引进来"战略，中国主动吸收世界发达国家高水平的人才、学习成熟的管理经验，同时注重与国内长期拥有的资源与劳动力优势结合，吸引外商投资来加快本国经济实力的发展（夏永祥和张雯，2019）。但由于改革开放政策在东部沿海地区试点开放的城市较多，政策力度更大，导致东部地区在改革前期得到了较为快速的发展，而内陆地区因地理劣势和前期开放政策的倾斜程度小，与东部地区综合发展状况之间的差距越来越大。此时，共建"一带一路"倡议提出，兼顾了国内区域发展不平衡的现状，重点关注和建设内陆地区开放高地，同时，长江沿线的中部地区与中原地区等都积极融入共建"一带一路"之中，成为对接东西部地区的重要枢纽，进一步加快我国各地区间开放的步伐。

对外贸易依存度是衡量一个国家对外开放水平的重要指标①。对外贸易依存度越高说明该国经济开放度越高，其开放环境更具优势。从上文分析发现，我国自改革开放后不断推动开放政策惠及全国，共建"一带一路"倡议提出后，我国开放环境上升了一个台阶，进出口贸易总额不断提高。

图7-4是从1978年开始实行改革开放至2020年，我国对外贸易依存度的变化情况。从中可以看到，改革开放前期（1978~1990年），我国对外贸易的发展较为缓慢，改革开放提出时我国对外贸易依存度仅为9.65%，直到1990年我国仍未达到中等贸易依存度国家标准②。1991~2000年，随着我国企业"走出去"步伐加快，我国开始大规模向国外出口，对外贸易飞速增长，1991年我国对外贸易依存度首次突破30%大关，随后几年增长迅速，1994年甚至超过40%，到达一个新高峰。2001年我国加入WTO，表明中国在真正意义上进入了世界贸易市场，便利了我国与世界的经贸往来，国际贸易进一步发展，对外贸易依存度逐年上升。受2008年金融危机影响，世界经济整体发展减速，全球贸易需求减少，导致我国对外贸易依存度也有一定程度回落，但在金融危机过后，我国对外贸易仍有小幅回升，基本稳定在40%以上。2014年之后，我国经济进入新常态，经济增长的主要动力由出口和对外投资转为国内消费市场需求，因此我国对外贸易依存度有所回落，并逐渐稳定在中等贸易依存度国家范畴。

通过分析我国对外贸易依存度数据可以发现，我国对外开放水平不断提高，意味着我国开放环境正在不断向好发展。基于上述分析，本章提出第一个假设：

假设1：共建"一带一路"倡议对我国沿线地区经济增长效率存在影响。

---

① 指一国进出口总额占该国国民生产总值的比重。公式为 $Z=(X+M)/GDP \times 100\%$，式中，Z 为对外贸易依存度，X 为出口总额，M 为进口总额。

② 中等贸易依存度国家指对外贸易依存度集中在30%~100%。

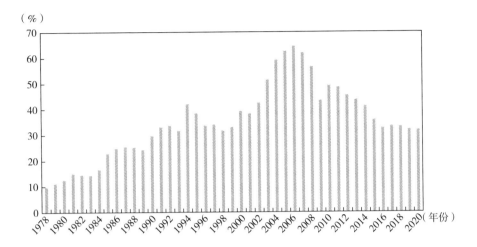

图 7-4　1978~2020 年我国对外贸易依存度变化

资料来源：国家统计局。

三、中介因素：产业集聚式发展

对外开放是一个国家融入世界经济、增强综合实力的重要途径，也是我国一直在坚持的国家战略。几十年来，无论是开放环境还是经济发展，我国都取得了巨大进步，而共建"一带一路"倡议更是表明我国接下来要进一步深化对外开放、提升综合国力的决心。近年来，随着沿线地区之间的产品和贸易往来逐渐密切，一些产业逐步从东部发达地区转移至中西部地区，充分利用西部廉价的劳动力土地，辅之以国家对中西部地区产业的优惠政策，吸引产业向中西部地区集聚。由此共建"一带一路"倡议在推动产业集聚式发展上扮演了一个重要的角色，同时，产业集聚发展对经济高效率增长的推动作用也不能忽视。

（一）开放环境促进产业集聚形成

在全球价值链体系中，由于我国土地辽阔、人口众多，丰富的自然和劳动力资源导致以往产业重心大多放在加工制造业和劳动密集型产业上，造成我国产业发展长期处于全球价值链低端环节，这种单纯依靠自然资源和人口优势的竞争模式使得我国产业发展面临收益少、风险大、成本高的困境。随着我国经济进入新发展阶段，东部地区因自然资源不断被消耗、劳动力过度密集呈现出就业难问题，中西部地区则呈现资源过剩和高层次人才不足并存困境，为摆脱"丰收贫困"陷阱，我国各地产业转型发展势在必行。共建"一带一路"倡议将周边发达国家和非发达国家都涵盖在内，我国既可以通过与发达国家合作，吸收学习其先进技术和创新思维，逐步提高我国产业的科研能力；也可以通过将产业所需的相关资源和劳动力转移至发展相对滞后的国家，使我国不断攀升在全球价值链和国际分工中所处的位置。因此，在全球互融带来的开放环境中，我国必须创造可持续发展的经济动力，推动产业向价值链中上游环节升级，而共建"一带一路"倡议则为我国产业转型提供了开放的宏观环境。

马歇尔、张伯伦等提出了规模经济理论，认为众多企业在地区范围内形成集聚能通过共用基础设施、土地和劳动力资源降低生产成本，有利于产生聚集经济进而形成规模经济。生产规模与市场需求密切相关，当需求不足时有可能会限制规模经济产生，要想获得更大的市场需求就需要在开放的环境下继续开拓国内外市场。市场需求增加意味着产业重视形成规模经济，而产业的专业化集聚是规模经济产生的重要源泉，产业在空间上邻近有利于发挥规模经济效应。因此，为了追求规模经济，产业倾向于选择在空间上形成集聚，而国内外开放的环境则为此提供了良好的沟通和贸易条件。

劳动分工理论认为，专业化分工能有效提高劳动生产率。当前国内外开放的环境使得产业市场面向全球，多样化的需求意味着产业分工需要从部门之间过渡到各国之间，因此，开放的国内国际环境成为促进产业间专业化分工的有力渠道。全球价值链分工的一个重要内在原因就是为了发挥全球各区域的比较优势，而产业集聚式发展正是综合了一个地区各种产业的比较优势，并在集聚过程中找到一个最合理的配置比例将该产业整体效应最大程度发挥出来，从而提升本地产业在国际上的竞争力。因此，各地通过汇集优势要素、企业、产业等形成集群，发挥其在价值链分工中某一环节的比较优势，能够有效提高该地区的劳动生产率，进而提升经济增长效率。

（二）产业集聚影响经济增长效率

国家产业政策无疑会对企业经营活动产生影响，具体而言，一个地区政策环境改变，其整体外部环境都会相应发生变化，如政府可以使用人才引进、住房补贴、减税降费等措施吸引人才和资源流入，改变当地要素禀赋，最终形成产业集聚（曹平和王智林，2020）。因此，共建"一带一路"倡议作为国家政策，为企业转移并形成集聚提供了良好的政策条件，能够更有效地推动沿线要素流动并形成产业集聚。

产业集聚作为一个地区产业发展的高级阶段,意味着该地区该产业已发展到一定规模,其形成的向心力会吸引生产要素集聚,从而有助于该地区经济增长效率提升。主要体现在以下三个方面:一是人力资源共享。能形成产业集聚的地区一般产业规模都较大,劳动力教育水平普遍较高,有利于带动和提高该地区周边范围内的人力资本水平,同时,产业集聚也为劳动力市场共享提供了很好的平台,促进各企业间人才流动和知识互通,有利于产业内技术创新进而推动产业转型升级。二是技术创新外溢。产业集聚达到一定规模后能够降低单个企业在生产技术方面的投入成本,使企业能够将更多资金用于科研创新活动;另外,产业集聚也给企业带来了新产品、新技术、新理念和新需求(杨仁发和刘勤伟,2019),为技术外溢提供了渠道,因此还可以惠及相邻地区的其他产业,从而在更大区域上实现经济效率提升。三是协同集聚效应。产业集聚并不是同一产业的单一集聚,而是汇集了多种相似产业的集聚,是一种多样化的集聚;多样化集聚带来的各产业间健康、良性的竞争为该地区共享生产要素、形成良好的竞争优势、提升该地区产业链整体质量都起到了举足轻重的作用,有助于提升该地区的整体经济发展水平。

然而,产业集聚产生规模和经济效应的前提是该地区产业集聚所带来的要素优势与本地市场需求相匹配,要素与需求错配则反而会导致该地区经济效率低下(黄永春等,2013),当城市规模超过一定限制时,产业集聚反而会对地区经济增长产生"拥挤效应",阻碍该地区经济的发展(Henderson,1974)。随着经济规模持续扩大,自然资源等生产要素逐渐稀缺与资本持续投入所产生的矛盾就越来越突出,产业过度密集使得当地已经形成的规模效应无法继续释放其外溢作用,这样导致的产业集聚非经济性反而会对区域经济增长产生负面影响(周圣强和朱卫平,2013)。企业为了在未来能够获得更多经济利益,往往通过实施区域转移来规避这些负面影响,政府则会推动产业转移来降低经济增长风险。基于上述分析,本章提出第二个假设:

假设2:产业集聚是共建"一带一路"倡议影响沿线地区经济增长效率的重要因素。

第四节 共建"一带一路"提出前后
三大区域特征实证分析

通过上文理论分析发现，共建"一带一路"倡议作为我国开放发展战略的重要一环，对我国国内区域互动交流提供了良好的政策平台，同时，共建"一带一路"倡议主要是通过东部发达地区带动中西部经济发展，进而实现国内区域的整体协调发展。为进一步分析共建"一带一路"倡议提出后，我国东中西部地区经济总量、进出口贸易、产业结构出现了什么样的变化，本部分对共建"一带一路"沿线地区的发展现状分区域进行研究，探讨共建"一带一路"倡议提出对我国区域发展不平衡现象是否有所改善①。

一、经济总量变化情况

受改革开放区域规划的影响，我国东部地区受益于早期政策优惠，基础设施建设完善，交通运输发达，在改革开放初期积累了大量高质量的经济、贸易、产业资源；加之其位于沿海地区，地理位置得天独厚，已经形成了较高水平的对外开放，经济总量居全国前列。而中西部地区在改革开放进程中起步较晚，逐步与东部地区拉开差距。随着共建"一带一路"倡议的提出，国家加大对中西部地区的开发和建设力度，注重扶持中西部产业发展，打破了以往东部地区经济领跑的惯例，使中西部地区由开放末梢转为开放前沿阵地，各区域间的经济总量差距在逐渐缩小。

从图7-5可以清晰看到，20世纪初，中西部两大地区GDP总和占全国的比重仅为40.3%，东部地区GDP总量超过中西部两地之和，说明我国东中西部之间发展并不平衡。"西部大开发"战略提出之后几年中西部地区占比虽有所下降，但自2006年起，我国中西部地区GDP总量占比开始呈现稳步上升趋势，整

---

① 按照"七五"计划和全国人大八届五次会议分类标准划分，东部地区：北京、天津、河北、辽宁、上海、江苏、浙江、福建、山东、广东和海南；中部地区：内蒙古、吉林、黑龙江、安徽、江西、河南、湖北、湖南和广西；西部地区：四川、贵州、重庆、云南、陕西、甘肃、青海、宁夏和新疆。

体而言，较 20 世纪初已有了明显提高，说明中西部地区在国民经济发展过程中占据着越来越重要的位置。另外，2001~2019 年我国三大地区经济总量均呈现稳步上升趋势，其中西部地区经济总量由 1.5 万亿元增长至 2019 年的 16.5 万亿元，增长了近 10 倍，增速明显快于东部地区，我国各地区间经济总量差距进一步缩小。由此可见，自共建"一带一路"倡议提出，伴随着各项区域发展战略不断向纵深推进，近 10 年来我国区域经济的差异性有了很大程度的改善。

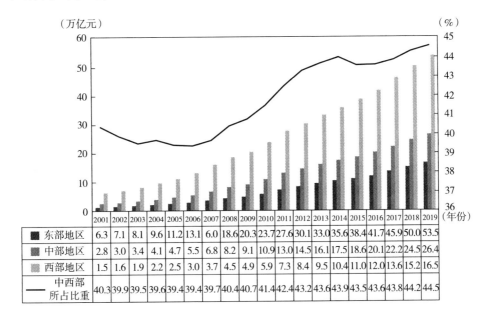

（万亿元）	2001	2002	2003	2004	2005	2006	2007	2008	2009	2010	2011	2012	2013	2014	2015	2016	2017	2018	2019
■ 东部地区	6.3	7.1	8.1	9.6	11.2	13.1	6.0	18.6	20.3	23.7	27.6	30.1	33.0	35.6	38.4	41.7	45.9	50.0	53.5
■ 中部地区	2.8	3.0	3.4	4.1	4.7	5.5	6.8	8.2	9.1	10.9	13.0	14.5	16.1	17.5	18.6	20.1	22.2	24.5	26.4
▦ 西部地区	1.5	1.6	1.9	2.2	2.5	3.0	3.7	4.5	4.9	5.9	7.3	8.4	9.5	10.4	11.0	12.0	13.6	15.2	16.5
— 中西部所占比重	40.3	39.9	39.5	39.6	39.4	39.4	39.7	40.4	40.7	41.4	42.4	43.2	43.6	43.9	43.5	43.6	43.8	44.2	44.5

图 7-5　2001~2019 年我国东中西部地区生产总值情况

资料来源：国家统计局。

二、进出口贸易变化情况

以往我国对外开放的路径主要是以"点"展开的，如设立经济特区和经济技术开发区，随后，逐渐扩大开放区域，形成长江三角洲、半岛等经济开放区。共建"一带一路"倡议提出则将我国开放格局一步步由"点"向"面"升级。其中，21 世纪海上丝绸之路巩固了以东部沿海地区为代表的领先开放地区，充分利用长江三角洲、半岛等经济开放成熟区域逐步辐射至内陆地区，并将我国与周边国家组成的各大经济板块有机串联起来。丝绸之路经济带则强调我国要进一步加快西部地区开发和开放步伐，同时注重发挥中西部节点省份的衔接作用，重点深化我国中西部边境省份与相邻和周边国家在经济、文化上的对话与交流，真正让我国与他国实现不只是经济贸易上的发展，更是文化上的全方位互利共赢、开放发展。可见，共建"一带一路"倡议将沿海地区率先开放与西部大开发融合，并由此形成了全国联动的对外开放格局。

但必须要承认的是，由于中央政府对我国不同区域的政策倾斜程度不同，以及各地区在实行共建"一带一路"倡议时产生的区域效应不同，导致我国各地发展存在不对称性，并进一步导致了我国区域发展不平衡问题。

表 7-1 是我国 2001~2020 年三大地区进出口贸易具体占比情况，可以看到，20 年来我国东部地区出口和进口占全国的比重均在 80% 以上，说明东部地区长期占据我国对外贸易的绝对优势，其发展速度显著快于中西部地区，这是我国区域发展不平衡的一个表现。但从其变化趋势能够发现，从 10 年前中西部地区进出口贸易占比不到 10%，到 2020 年接近 20%，中西部地区进出口贸易占比逐渐增大，说明我国三大区域间对外贸易的差距在逐步减小。东部地区地处沿海，地理位置优越，能够吸引更多外资投入并形成产业集聚，当一个产业形成集聚后，由于产业间的联动作用节省了各产业间的运输成本，又会吸引其他相关产业进入，从而带来了较高的对外贸易额。而中西部地区则位于我国内陆，由于山区较多导致其道路修建困难、交通不便，同时，工业发展程度不高，导致其对外资的吸引力不强，因此，我国中西部地区的进出口贸易总额在全国范围内不占优势。共建"一带一路"倡议打开了我国中西部地区对外贸易的大门，积极推动和疏通中西部地区与周边国家的贸易往来。近年来，我国中西部地区进出口占全国总进出口比重逐年上升，进一步反映了我国对外开放政策落到了实处，我国区域平衡发展得到了进一步提升。

表 7-1　2001~2020 年我国三大地区进出口贸易比重　　　　单位:%

年份	东部地区			中部地区			西部地区		
	出口占比	进出口占比	进口占比	出口占比	进出口占比	进口占比	出口占比	进出口占比	进口占比
2001	92	92	93	5	4	4	3	4	3
2002	92	92	93	5	4	4	4	4	3

续表

年份	东部地区			中部地区			西部地区		
	出口占比	进出口占比	进口占比	出口占比	进出口占比	进口占比	出口占比	进出口占比	进口占比
2003	92	92	93	4	4	4	4	4	3
2004	92	93	93	4	4	4	3	4	3
2005	92	93	93	4	4	4	3	4	3
2006	92	92	93	5	4	4	4	4	3
2007	91	92	92	5	5	4	4	5	3
2008	90	91	92	6	5	5	5	5	4
2009	91	91	91	5	5	5	4	5	4
2010	90	90	91	5	5	5	5	5	4
2011	88	89	89	6	6	6	6	6	4
2012	86	87	89	7	7	6	7	7	5
2013	85	86	89	7	7	6	8	7	5
2014	83	85	87	8	7	7	9	7	6
2015	84	85	87	8	7	7	8	7	6
2016	85	86	87	8	7	7	7	7	7
2017	84	85	86	8	8	7	8	8	7
2018	83	84	86	8	8	7	9	8	7
2019	82	83	84	9	9	8	9	9	8
2020	81	82	83	10	9	8	10	9	9

资料来源:国家统计局相关数据计算。

三、产业结构变化情况

从图 7-6~图 7-8 可以看到,在 2014 年之前我国各地区产业结构基本呈现"二三一"的状态,表明这时第二产业增加值占当地 GDP 比重较高,各地产业发展主要以工业和制造业为主;而 2015 年后,各地区产业结构均转化为以第三产业为主的"三二一"布局,服务业比重逐年提升,说明各地开始重视生产性服务业在当地产业发展中的作用,此时各地区产业布局趋于合理和科学。服务业在经济发展中的地位提升,与制造业和传统农业的融合程度加深,对增强产业竞争力、提升人民生活舒适度均有重要意义，更有利于区域经济高效发展。分区域来看，东部地区第三产业占比更高，说明在东部地区，发展服务业具有更大优势，这与东部地区沿海和交通发达的特点相契合，更有利于吸引游客并发展第三产业；而中西部地区制造业和传统农业的优势高，说明我国中西部地区地广人稀的特点更适合占地需求高的制造业和农业发展。

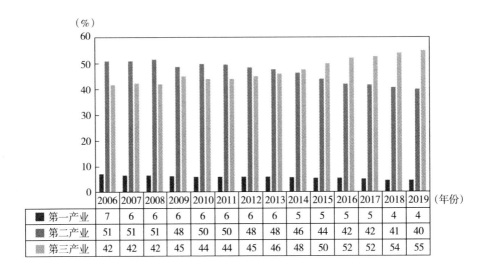

图 7-6　东部地区一二三产业占 GDP 比重

资料来源：国家统计局。

由此可见，共建"一带一路"倡议畅通了生产要素跨区域流动渠道，使得东部地区能够通过服务业优势带动弱势地区发展，从而优化中西部地区的产业结构；2015 年《愿景与行动》出台，圈定共建"一带一路"沿线省份后对各地区产业结构优化有了明显改善，我国沿线地区进入产业结构服务化阶段。从三大地区三大产业占比变化可以看到，各地产业结构都得到了一定程度的改善，共建"一带一路"倡议也为东部地区利用产业优势带动中西部地区产业结构优化提供了政策优势，加强各区域间产业交流，有利于中西部地区产业朝着更合理更科学的方向发展，区域间产业发展不协调现象得到了一定程度的缓解。

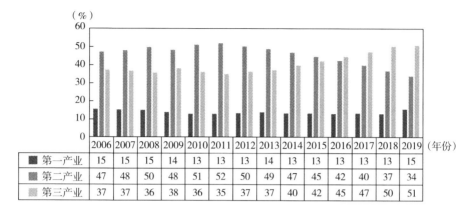

（%）	2006	2007	2008	2009	2010	2011	2012	2013	2014	2015	2016	2017	2018	2019
■ 第一产业	15	15	15	14	13	13	13	14	13	13	13	13	13	15
▨ 第二产业	47	48	50	48	51	52	50	49	47	45	42	40	37	34
▩ 第三产业	37	37	36	38	36	35	37	37	40	42	45	47	50	51

图 7-7　中部地区一二三产业占 GDP 比重

资料来源：国家统计局。

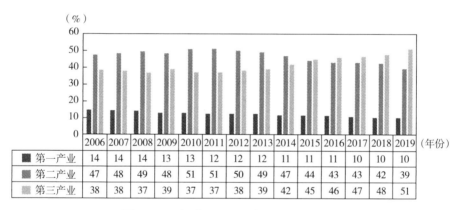

（%）	2006	2007	2008	2009	2010	2011	2012	2013	2014	2015	2016	2017	2018	2019
■ 第一产业	14	14	14	13	13	12	12	12	11	11	11	10	10	10
▨ 第二产业	47	48	49	48	51	51	50	49	47	44	43	43	42	39
▩ 第三产业	38	38	37	39	37	37	38	39	42	45	46	47	48	51

图 7-8　西部地区一二三产业占 GDP 比重

资料来源：国家统计局。

　　基于上述分析，在经济总量和进出口贸易上，共建"一带一路"倡议提出后各区域的变化情况不同，中西部地区提升较多，相对而言，东部地区则增长缓慢。基于上述分析，本章提出第三个假设：

　　假设 3：共建"一带一路"倡议对我国沿线地区经济增长效率的影响在东中西部地区之间存在显著的差异性。

　　四、产业集聚水平变化情况

　　（一）产业集聚指标构造

　　由于第一产业受地理和自然因素约束较大，国家政策难以对其聚集情况进行干预，故本章仅研究第二产业和第三产业集聚水平变化。国内外衡量产业集聚度的指标主要有赫芬达尔指数、区位熵指数、行业集中度等，本章借鉴 Keeble 和 Wood（1991）、程大中和陈炯福（2005）的做法，采用能够有效消除地区规模差异误差，反映某产业专业化程度和此要素在区域中分布特征的区位熵指数对我国各省份的产业集聚水平进行测算。具体计算公式如下：

$$MLQ_{it} = \frac{\dfrac{Mq_{it}}{Mq_i}}{\dfrac{MQ_t}{MQ}} \tag{7-3}$$

$$SLQ_{it} = \frac{\dfrac{Sq_{it}}{Sq_i}}{\dfrac{SQ_t}{SQ}} \tag{7-4}$$

式中，MLQ_{it} 和 SLQ_{it} 分别表示 i 地区 t 年的第二、第三产业集聚水平；Mq_{it} 和 Sq_{it} 分别表示 i 地区 t 年第二、第三产业就业人数；Mq_i 和 Sq_i 分别表示 i 地区 t 年全社会就业人数；MQ_t 和 SQ_t 分别表示 t 年全国第二、第三产业就业人数；MQ 和 SQ 分别表示 t 年全国总就业人数。LQ 指数越大，说明该地区相应产业的集聚水平越高。

（二）东中西部地区产业集聚变化情况

在上文的理论分析中，产业集聚有利于降低产业生产成本与产业内技术创新和升级，通过规模和外溢效应能够在更大范围内实现经济效率提升；然而产业集聚下资本密集与资源稀缺这一矛盾，也可能引起地区非经济性从而不利于区域经济增长（张云飞，2014）。

如表 7-2 所示，我国东部地区产业集聚领先于中西部地区，因此我国东部地区在产业发展较快的前提下，资本要素过度集中而土地、劳动力要素相对稀缺，可能会产生"拥挤效应"降低其生产效率，表现为产业集聚抑制了东部地区经济增长效率的提升。而我国中西部地区发展相对滞后，土地和劳动力等要素充裕，共建"一带一路"倡议实施后，国家和企业对内陆地区产业的投资日益增加，资本要素投入与其他生产要素趋于合理的比例，此时积极吸收东部地区产业转移并形成集聚将有利于中西部地区经济增长效率的提升。

表7-2 主要年份我国三大地区部分省份二、三产业集聚水平

指标	年份	东部地区			中部地区			西部地区		
		江苏	浙江	广东	河南	湖北	湖南	云南	陕西	甘肃
第二产业聚集程度	2006	1.52	1.82	1.55	0.94	0.82	0.86	0.42	0.75	0.59
	2013	1.43	1.66	1.37	1.06	0.71	0.79	0.44	0.52	0.53
	2019	1.54	1.66	1.26	1.06	0.86	0.80	0.52	0.58	0.55
第三产业聚集程度	2006	1.02	0.98	0.96	0.72	0.99	0.99	0.69	1.02	0.68
	2013	0.96	0.94	0.97	0.73	0.93	0.91	0.81	0.60	0.64
	2019	0.89	0.93	1.00	0.76	0.92	0.83	0.82	0.97	0.67

资料来源：历年各省统计年鉴，并根据式（7-3）、式（7-4）计算得到，与图7-9相同。

图7-9描绘了我国2006~2019年30个省份的第二、第三产业集聚指数变化趋势（由于辽宁省2019年第二、第三产业就业数据未披露，故将其略去）。对比我国各地产业集聚水平的变化趋势可以看到，我国大部分地区第二产业变化较大，且不同地区间有明显区别；第三产业变化较为平缓，且各省份间差距相比第二产业更小。

结合具体数据来看：①在京津冀地区中，北京和天津的第二产业集聚指数呈逐年下降趋势，分别从2006年的0.97和1.66下降至2019年的0.49和1.11，而河北第二产业集聚指数平稳，基本在1.12~1.20水平波动。北京第三产业集聚指数也呈现下降趋势，而天津和河北变化幅度较小，分别在1.35和0.8上下波动。②东北地区中，辽宁和黑龙江的第二产业集聚指数下降明显，吉林的第二产业集聚指数较为平稳，维持在0.6~0.8。黑龙江第三产业集聚指数在小幅上升后略有下降，而吉林和辽宁的第三产业整体变化趋势与第二产业相似，但具体数值比第二产业略高。③东部地区中，上海的第二和第三产业集聚程度均在2007年和2013年有两次明显波动，其余年份呈逐年下降趋势。江苏和山东的第二、第三产业集聚指数存在此消彼长规律；浙江、福建、广东第二、第三产业集聚指数波动下降，整体变化不大。海南第二产业集聚指数变化不明显，第三产业集聚指数整体上升。④中部地区中，内蒙古第二产业集聚指数逐年下降，第三产业集聚指数则相反。安徽、江西、河南和广西的第二产业集聚度变化趋势相似，长期来看呈上升趋势；而河南第三产业集聚指数则比较平稳，基本处于0.7~0.77，其余三省均有所下降。湖南第二产业集聚指数则变化平稳，第三产业集聚指数则略有降低；湖北与湖南变化趋势相反。⑤西部地区中，重庆、四川和青海

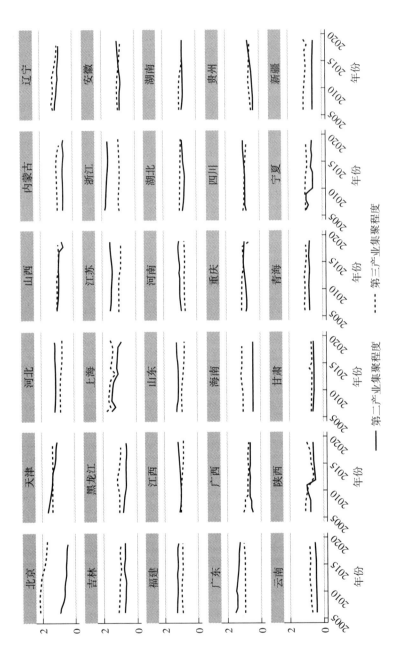

图7-9 2006～2019年我国30个省份第二、第三产业集聚指数变化趋势

第二、第三产业集聚指数此消彼长，第二产业集聚指数上升明显，而第三产业集聚指数下降。贵州和云南的第二、第三产业的集聚指数从长期来看均呈现上升趋势。陕西第二、第三产业集聚度均在 2012 年出现了较大幅度的下降，降幅达0.49 和 0.27，在随后几年缓慢上升但仍低于 2006 年的水平。宁夏第二产业集聚指数波动较大，且呈下降趋势，其余省份产业指数均在区间内波动。基于上述分析，本章提出第四个假设：

假设 4：产业集聚在共建"一带一路"倡议对沿线地区经济增长效率发挥中介作用时，对产业密集度更高的东部地区可能表现为抑制其经济增长；对产业集聚度不高的中西部地区可能表现为促进作用。

第五节　共建"一带一路"与经济增长效率的实证检验

根据前文的理论和特征事实分析，本节通过构建模型实证检验共建"一带一路"倡议与国内沿线不同地区经济增长效率之间的关系，以及产业集聚在其中的具体作用，以进一步验证理论分析的正确性。

一、双重差分模型的构建

双重差分模型（Difference-in-Difference，DID）是指通过对比是否受到政策实施的几个不同地区相应指标的差异，从而客观评估政策实施的效果，深化对该项政策的认识和理解，已在国内外研究中被广泛使用。以往用来评估政策效果的方式主要是设置一个政策是否实施的虚拟变量并作一次回归，但由于本章选择的样本是我国不同省份，其在政策实施前后的经济发展状况并不同，仅凭一次差分结果来评估共建"一带一路"倡议的作用并不严谨。相比较而言，双重差分模型对样本数据进行了二次差分，因此能够更有效地反映政策实施的净效应。同时，由于共建"一带一路"倡议提出对于各省份来说是外生的，因此不存在逆向因果问题。另外，本节还在双重差分模型的基础上加入了控制变量以及省份和年份固定效应，构建了双向固定效应模型（Two-way Fixed Effects），在一定程度上缓解了遗漏变量偏误问题。

构建双重差分模型的前提是明确区分对照组和实验组，因此选择共建"一带一路"倡议在国内圈定的 17 个重点省份（西藏地区部分数据缺失故将其剔除），并按地理区位划分为三个实验组①，并将其余非共建"一带一路"沿线省份作为对照组（段秀芳和寇明龙，2019），基准回归模型设定如下：

$$TFP_{it}=\beta_0+\beta_1 du_i+\beta_2 dt_t+\beta_3 du_i\times dt_t+\gamma X_{it}+\mu_i+\lambda_t+\varepsilon_{it} \tag{7-5}$$

式中，i、t 分别为第 i 个省份和第 t 年；TFP 为全要素生产率，用于衡量共建"一带一路"沿线各省份经济增长效率；du_i 和 dt_t 分别为政策和时间虚拟变量；β_0 为常数项；λ_t 和 μ_i 分别为年份和省份固定效应；X_{it} 为各控制变量；ε_{it} 为随机扰动项。

双重差分模型政策含义如表 7-3 所示。依据 DID 模型的原理，共建"一带一路"倡议提出前后实验组（即沿线省份）经济增长效率的变化为 $\Delta TFP_t=\beta_2+\beta_3$，对照组（非沿线省份）的变化为 $\Delta TFP_0=\beta_2$，两者作差得到 $\Delta\Delta TFP$，即交互项 $du\times dt$ 前的系数 β_3 代表着共建"一带一路"倡议对国内沿线区域经济增长效率的政策净效应，如果 β_3 为正，则说明共建"一带一路"倡议确实对我国国内沿线地区经济增长效率提升有推动作用。

表 7-3　DID 模型政策含义

项目	政策实施前（$dt=0$）	政策实施后（$dt=1$）	差异
实验组	$\beta_0+\beta_1$	$\beta_0+\beta_1+\beta_2+\beta_3$	$\Delta TFP_t=\beta_2+\beta_3$
对照组	β_0	$\beta_0+\beta_2$	$\Delta TFP_0=\beta_2$
差异	β_1	$\beta_1+\beta_3$	$\Delta\Delta TFP=\beta_3$

二、变量设置与数据来源

（一）变量设置

根据所要研究的内容，一共设置了如下四种类型的变量。

---

① 按照"七五"计划和全国人大八届五次会议分类标准划分，东部地区：北京、天津、河北、辽宁、上海、江苏、浙江、福建、山东、广东和海南；中部地区：内蒙古、吉林、黑龙江、安徽、江西、河南、湖北、湖南和广西；西部地区：四川、贵州、重庆、云南、陕西、甘肃、青海、宁夏和新疆。

1. 被解释变量

使用指标全要素生产率（TFP）来评价共建"一带一路"沿线省份的经济增长效率，其中，各省份 GDP 和固定资本存量均以 2006 年为基期，采用每年相应的 GDP 增加指数和固定资产指数进行了调整。

2. 核心解释变量

按照双重差分模型的要求，将共建"一带一路"倡议设为政策虚拟变量（du），其中，共建"一带一路"倡议圈定的沿线省份为实验组，$du=1$，其余省份为对照组，$du=0$；dt 为时间虚拟变量，以共建"一带一路"起始年 2013 年作为政策冲击年份，2006~2012 年取值为 0，2013~2017 年取值为 1。

3. 控制变量

考虑到影响经济增长效率的变量较多，为减少实证结果的误差，更准确地评估共建"一带一路"倡议在提升沿线地区经济增长效率方面的作用，引入政府（政府行为）、社会（人力资本、城镇化水平）、经济（对外开放度）和产业（第二产业发展状况）四个层面的控制变量如下：①政府行为（Gov）：政府颁布的政策和财政投入会对某地区经济系统的资源配置状况产生影响，采用地方财政支出占全国 GDP 的比重来衡量该地区政府支出水平。②人力资本（$Human$）：兼具知识和技术的高素质人才显然是促进地区经济质量提升的强大驱动力，通过计算高等学校在校人数与总人口比值来表示人力资本水平。③城镇化水平（$Urban$）：城市经济的发展往往与该地区城镇化进程密切相关，一般认为，一个地区城市化水平越高，该地区经济增长效率也越高，通过城镇人口占总人口的比重来表示。④对外开放度（$Open$）：开放才能促发展，一个地区开放环境越好，其区域经济发展的活力也越高，通过计算各地进出口总额与该地区实际 GDP 的比重来控制地区对外开放程度对经济增长效率的影响。⑤第二产业发展状况（$Industry$）：工业是现代经济发展的基石，工业发展水平在一定程度上决定了一个地区经济发展的上限，所以选用第二产业增加值占实际 GDP 的比重来表示该地区第二产业发展状况，以此控制工业对经济增长效率的影响。

4. 中介变量

产业协同集聚（Coa）。由于第一产业受地理和自然因素的约束较大，国家政策难以对其聚集情况进行干预，因此仅考虑第二产业和第三产业集聚对地区经济增长的影响。为综合考虑第二产业和第三产业集聚的影响，参考王立平和李缓

（2021）的做法，利用经济活动集聚指标的差异性刻画第二产业和第三产业的协同集聚水平，公式如下：

$$Coa_{it} = 1 - \frac{| MLQ_{it} - SLQ_{it} |}{(MLQ_{it} + SLQ_{it})} + (MLQ_{it} + SLQ_{it}) \qquad (7-6)$$

式中，Coa_{it} 表示 i 地区 t 年产业协同集聚，Coa 值越大，说明该地区第二产业和第三产业协同集聚水平就越高；MLQ_{it} 和 SLQ_{it} 分别表示第二产业和第三产业集聚程度，具体计算方法见式（7-3）和式（7-4）。

（二）数据来源

本章数据主要来源于国家统计局网站、历年《中国统计年鉴》、EPS 数据库以及各省统计年鉴。基于数据的完整性和可获得性，剔除部分数据缺失的西藏，最终选取 2006~2019 年中国 30 个省份的面板数据作为总体样本来估计共建"一带一路"倡议对我国沿线地区经济增长效率的影响，其中，将《愿景与行动》中共建"一带一路"倡议圈定的我国沿线剩余 17 个省份作为共建"一带一路"倡议的国内实验省份。在数据处理过程中对采用美元计值的数据均使用当年美元对人民币平均汇率进行换算，由于辽宁省 2019 年第二、第三产业就业数据未披露，因此在计算单产业集聚和产业协同集聚变量中剔除辽宁省 2019 年的数据。各变量描述性统计如表 7-4 所示。

表 7-4　变量描述性统计

变量	Obs	Mean	Std. Dev.	Min	Max
TFP	420	0.6874	0.4471	−0.4567	1.8679
Gov	420	0.3082	0.1589	0.0948	1.0028
Human	420	1.8244	0.5767	0.6004	3.8943
Urban	420	0.5466	0.1357	0.2746	0.896
Open	420	0.3706	0.4053	0.0196	1.8334
Industry	420	0.5364	0.1129	0.2379	0.9085
Coa	419	2.7212	0.4740	1.6583	4.1296

三、基准模型检验结果

由于《愿景与行动》圈定的共建"一带一路"沿线省份并没有覆盖全国所有地区，因此共建"一带一路"倡议这一政策在全国各省份间表现出差异化特征，这是本章采用双重差分模型的前提。同时，使用双重差分模型还有一个前提是选取的对照组和实验组在政策提出前需要有相同或相似的增长趋势，因此，绘制了对照组和实验组在政策实施前后经济增长效率的平均增长变化趋势，以此判断共建"一带一路"倡议提出前沿线地区经济增长效率的变动趋势是否具有一致性，具体如图 7-10 所示。

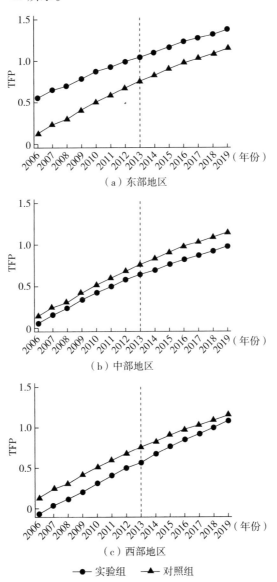

图 7-10 共建"一带一路"沿线与非沿线地区平行 TFP 趋势

从图 7-10 中可以看到，在共建"一带一路"倡议提出前，沿线地区和非沿线地区经济增长效率均有着相似的发展趋势，因此满足本章采用双重差分模型的前提。另外，共建"一带一路"东部沿线地区经济增长效率显著高于非沿线地区，而中西部沿线地区经济增长效率则低于非沿线地区，说明我国长期以来存在区域发展不平衡问题，从而能够更进一步理解国家提出共建"一带一路"倡议是为了依靠东部地区带动中西部地区发展，并在实施过程中进一步开发与开放中西部地区这一目的。

下面对共建"一带一路"倡议对我国沿线地区经济增长效率的影响作用进行实证检验，具体回归结果如表 7-5 所示，其中列（1）、列（3）、列（5）是没有其他变量的结果，其余列是加入控制变量后的结果。

表 7-5　基本回归结果

变量	TFP					
	东部地区		中部地区		西部地区	
	（1）	（2）	（3）	（4）	（5）	（6）
du	0.529*** (20.82)	0.073 (1.31)	0.152*** (5.77)	0.094** (2.35)	0.071*** (2.67)	0.045* (1.95)
dt	0.988*** (46.49)	0.752*** (19.60)	1.008*** (44.50)	0.682*** (15.22)	1.008*** (46.14)	0.641*** (14.00)
$du \times dt$	−0.119*** (−7.09)	−0.057*** (−4.53)	−0.065 (−3.30)	0.015** (0.88)	0.023 (1.40)	0.009*** (0.72)
Gov		−0.200* (−2.02)		0.029 (0.22)		−0.163*** (−2.57)
$Human$		0.003 (0.11)		0.014*** (0.57)		0.017 (0.65)
$Urban$		1.468*** (6.45)		1.898*** (8.14)		2.226*** (7.58)
$Open$		0.009 (0.29)		0.008 (0.22)		0.028 (0.75)
$Industry$		0.619*** (9.50)		0.432*** (6.89)		0.519*** (7.59)

续表

变量	TFP					
	东部地区		中部地区		西部地区	
	(1)	(2)	(3)	(4)	(5)	(6)
_cons	-0.282***	-0.936***	0.135***	-0.924***	0.134***	-1.107***
	(-12.74)	(-13.58)	(5.84)	(-10.70)	(5.81)	(-10.39)
省份固定效应	Yes	Yes	Yes	Yes	Yes	Yes
年份固定效应	Yes	Yes	Yes	Yes	Yes	Yes
N	266	266	238	238	280	280
R^2	0.9619	0.9841	0.9637	0.9831	0.9638	0.9827

注：括号内为 z 统计值，*、**、*** 分别表示在 10%、5%、1% 的水平下显著。下同。

从表 7-5 汇报的结果看，纳入控制变量前，共建"一带一路"倡议对我国东部沿线地区经济增长效率的净效应为负，且在 1% 的显著性水平通过了检验；对中部沿线地区经济增长效率的净效应为负、对西部沿线地区经济增长效率的净效应为正，未通过显著性检验，初步说明共建"一带一路"倡议确实对我国沿线地区经济增长效率产生影响，初步验证了假设 1。纳入控制变量后，东部地区 $du \times dt$ 的待估系数数值有微弱变化，但实际作用方向和显著性水平均无实质性改变，而中部地区和西部地区 $du \times dt$ 的待估系数在纳入控制变量后均显著为正，说明共建"一带一路"倡议能够有效促进我国中西部沿线地区经济效率增长，但却显著抑制了我国沿线东部地区经济增长效率提升，说明共建"一带一路"倡议对我国沿线不同地区经济增长效率的作用效果存在异质性，从而假设 3 得到了验证。

检验结果中，共建"一带一路"倡议抑制了东部沿线地区经济增长效率提升，前文理论分析发现，共建"一带一路"在很大程度上是利用东部发达地区优势资源来带动中西部地区经济发展，而东部地区在前期改革开放过程中已得到了较高效的发展，共建"一带一路"倡议在提升其经济增长效率方面已难以表现出明显的提升作用，甚至出现抑制效果。而中西部地区在共建"一带一路"政策优惠下，积极吸收国内外优势资源，表现出明显的政策净效应。当然，共建"一带一路"倡议对不同地区经济增长效率的异质性并不意味着东部地区不该参与到共建"一带一路"倡议中，而正是由于东部地区对中西部地区的拉动作用，东部地区才必须参与到共建"一带一路"倡议中，从而实现沿线区域的协调发展。

至于控制变量对我国沿线地区经济增长效率的影响则表现为：①政府支出对地区经济增长有负向影响。政府支出对经济增长是一种长期性的经济效果，短期内效果可能不显著；另外，随着我国经济快速发展，政府对经济的作用逐渐被"看不见的手"代替，政府过度干预经济反而不利于经济高效增长。②丰富的人力资源利于地区经济增长。高技术产业和产业的更新换代是一个地区经济增长的重要部分，而这两者都离不开高素质人才，劳动者质量的提高以及高质量人才的持续投入能对经济发展产生持久动力。③城镇化水平和第二产业发展水平对地区经济增长的影响均在1%水平显著为正。城镇化水平提升意味着该地区吸收了更多当地农村的剩余劳动力，通过人力水平、资源配置、科技进步等推动社会整体经济朝更高效的方向发展。而第二产业发展程度高则意味着该地区工业较为发达，工业发展程度高说明工业产业将持续释放对当地经济增长的支柱性作用。④对外开放有助于地区经济增长，但作用效果不显著。对外开放能够通过国内外贸易带来产业技术溢出促进本土企业技术升级，从而促进该地区经济增长。

四、稳健性检验

（一）共同趋势检验

在基准回归前，本章对实验组和对照组间均值变化趋势进行了初步分析，为进一步验证所选取的共建"一带一路"倡议沿线与非沿线地区不存在系统差异，满足共同趋势假设，参照戴翔和王如雪（2011）的做法，构建如下方程进行共同趋势检验：

$$TFP_{it} = \beta_k \sum_{k=-3}^{3} treated_i \times time_t + \gamma' X_{it} + \mu_i + \lambda_t + \varepsilon_{it} \qquad (7-7)$$

式中，$treated$ 与上文 du 含义一致；$time$ 为时间虚拟变量，如果处于当年则取值为1，其余为0。以共建"一带一路"起始年2013年为标准，选取政策实施前后三年的时间虚拟变量，分别与 $treated$ 生成交互项 Before3、Before2、Before1、Current、After1、After2、After3，结果如表7-6所示。

从表中可以看到，加入政策作用当年及先后3年的虚拟变量后，政策提出当年东中西部沿线地区的系数与上述基准回归结果方向一致，且政策提出前3年，我国沿线各区域的交互项 $du×dt$ 系数均未通过显著性检验,说明在共建"一带一路"倡议提出前,各地区选取的对照组和实验组有相似的发展趋势,进一步说明基准模型检验结果的有效性。在政策提出当年及提出后 1 年,东部沿线地区交互项系数显著,说明共建"一带一路"在东部沿线地区的政策效应得到了较快的体现;而中西部沿线地区则是在政策提出后 1~3 年交互项显著,说明共建"一带一路"政策效果在中西部沿线地区具有一定的滞后性。

表 7-6　共同趋势检验结果

变量	TFP		
	东部	中部	西部
Before3	0.006 (0.44)	−0.008 (−0.17)	−0.003 (−0.11)
Before2	−0.008 (−0.57)	0.013 (0.27)	−0.010 (−0.38)
Before1	−0.009 (−0.63)	0.047 (1.02)	−0.0003 (−0.01)
Current	−0.026* (−1.86)	0.062 (1.37)	0.037 (1.38)
After1	−0.029** (−2.02)	0.072 (1.58)	0.048* (1.80)
After2	−0.007 (−0.48)	0.098** (2.16)	0.066** (2.45)
After3	0.005 (0.37)	0.112** (2.45)	0.057** (2.19)
Gov	−0.271*** (−3.70)	1.413*** (9.80)	0.106 (1.33)
Human	−1.102*** (6.30)	0.071* (1.78)	−0.120*** (−3.70)
Urban	0.906*** (5.25)	5.331*** (25.24)	5.884*** (32.03)
Open	−0.001 (−0.04)	−0.386*** (−6.77)	−0.250*** (−5.79)

续表

变量	TFP		
	东部	中部	西部
Industry	−0.019	0.292***	0.419***
	(0.48)	(3.14)	(5.64)
_cons	−8.297***	−2.390***	−2.397***
	(−38.21)	(−32.42)	(−44.02)
省份固定效应	Yes	Yes	Yes
年份固定效应	Yes	Yes	Yes
N	266	238	280
R^2	0.9804	0.9367	0.9676

（二）反事实检验

为进一步排除对照组和实验组在共建"一带一路"倡议提出前是否受到了其他政策或随机因素的影响，参考陈胜蓝和刘晓玲（2018）的做法，改变政策提出年份对样本进行反事实检验。即将各地受到政策冲击的年份统一提前 2 年或 3 年，使用虚构的政策变量再次进行回归，如果得到与基准回归一致的结果，则说明可能存在其他因素导致各区域经济增长效率提升，而不单纯是共建"一带一路"倡议的政策效果；如果 $du×dt$ 回归系数不显著，则说明不存在其他影响因素，结果符合稳健性。

反事实检验结果如表 7-7 所示，无论共建"一带一路"倡议提出时间提前 2 年或 3 年，东部和西部地区的交互项 $du×dt$ 均不显著。中部地区的显著性水平也有明显降低。由此可见，政策提前 2 年或 3 年得到的检验结果并不可靠，因此可以认为，各区域经济增长效率的变化主要是由共建"一带一路"倡议的政策冲击造成的，进一步说明基准回归结果是可靠的。

表 7-7　反事实检验结果

变量	政策提前 2 年			政策提前 3 年		
	东部	中部	西部	东部	中部	西部
$du×dt$	−0.052	0.031*	0.021	−0.046	0.039*	0.022
	(−3.92)	(1.75)	(1.47)	(−3.33)	(2.09)	(1.36)

续表

变量	政策提前 2 年			政策提前 3 年		
	东部	中部	西部	东部	中部	西部
Gov	-0.200*	0.008	-0.197***	-0.191*	-0.004	-0.198***
	(-1.99)	(0.06)	(-2.88)	(-1.88)	(-0.03)	(-2.83)
Human	0.002	-0.022	-0.023	-0.003	-0.025	-0.023
	(0.09)	(-0.88)	(-0.88)	(-0.11)	(-1.00)	(-0.86)
Urban	1.545***	1.989***	2.262***	1.635***	2.014***	2.257***
	(1.545)	(8.79)	(7.71)	(7.24)	(9.07)	(7.69)
Open	0.011	0.003	0.026	0.010	0.002	0.027
	(0.37)	(0.07)	(0.71)	(0.31)	(0.05)	(0.75)
Industry	0.587***	0.442***	0.519***	0.577***	0.447***	0.520***
	(8.98)	(7.05)	(7.61)	(8.75)	(7.13)	(7.63)
_cons	-0.945***	-0.954***	-1.110***	-0.967***	-0.961***	-1.109***
	(-13.48)	(-11.33)	(-10.45)	(-13.82)	(-11.61)	(-10.44)
省份固定效应	Yes	Yes	Yes	Yes	Yes	Yes
年份固定效应	Yes	Yes	Yes	Yes	Yes	Yes
N	266	238	280	266	238	280
R^2	0.9837	0.9833	0.9828	0.9835	0.9834	0.9828

（三）基于 PSM-DID 的检验

本章选取对照组和实验组涵盖了中国 30 个省份，但由于各地区在经济发展过程中存在明显不同，为避免样本选择性偏误导致的系统性误差，采用倾向得分匹配法（PSM）从对照组中找出与实验组相匹配的样本，使得对照组与实验组具有可比性。在匹配过程中将是否为共建"一带一路"沿线地区的虚拟变量对所有控制变量进行 Logit 回归，计算各省份成为共建"一带一路"沿线地区的概率，得到相应的倾向得分值，从中选取与实验组各项特征最为接近的样本并进行匹配，从而降低不同地区经济发展差异导致的误差。

表 7-8 分别汇报了东、中、西部地区 PSM-DID 模型的共同支撑检验结果，可以看到，匹配前存在显著差异的控制变量在经过近邻匹配后，p 值均在 1% 水平无明显差异。表明在经过近邻匹配后，各项控制变量在处理组和对照组之间分布变得均衡，说明本章选取的控制变量和检验方法是合适的。各项变量的标准偏

误绝对值大多减少了50%以上，表明经过近邻匹配后，各样本间的选择性偏误已大幅减小，对照组和实验组在匹配后变得更加平稳，基准回归结果的平衡性得到满足。

表7-8　PSM-DID方法的共同支撑检验

变量	样本	均值		标准偏误（%）	标准偏误绝对值减少（%）	t值	p>|t|
		实验组	对照组				
东部地区							
Gov	匹配前	0.225	0.259	-32.6	-31.5	-2.47	0.014
	匹配后	0.249	0.294	-42.9		-2.03	0.045
Human	匹配前	1.837	1.975	-27.5	73.1	-1.88	0.061
	匹配后	1.867	1.830	7.4		0.36	0.719
Urban	匹配前	0.659	0.540	88.5	87.6	6.45	0.000
	匹配后	0.593	0.578	10.9		0.51	0.613
Open	匹配前	0.762	0.367	92.0	91.7	7.02	0.000
	匹配后	0.474	0.441	7.6		0.45	0.657
Industry	匹配前	0.504	0.561	-48.7	36.0	-3.69	0.000
	匹配后	0.509	0.472	31.1		1.35	0.181
中部地区							
Gov	匹配前	0.332	0.259	80.1	43.5	4.85	0.000
	匹配后	0.337	0.275	69.3		2.97	0.034
Human	匹配前	1.754	1.976	-41.0	99.2	-2.44	0.015
	匹配后	1.789	1.791	-0.3		-0.01	0.988
Urban	匹配前	0.532	0.540	-7.0	-143.8	-0.39	0.694
	匹配后	0.507	0.527	-17.0		-0.64	0.524
Open	匹配前	0.174	0.367	-63.7	78.0	-3.40	0.001
	匹配后	0.218	0.260	-14.0		-0.79	0.433
Industry	匹配前	0.468	0.561	-93.4	67.6	-5.55	0.000
	匹配后	0.504	0.474	30.3		1.42	0.159
西部地区							
Gov	匹配前	0.457	0.259	120.7	80.5	10.65	0.000
	匹配后	0.400	0.362	23.5		2.04	0.043
Human	匹配前	1.574	1.976	-64.1	54.1	-5.09	0.000
	匹配后	1.632	1.447	29.4		1.75	0.082

续表

变量	样本	均值		标准偏误（%）	标准偏误绝对值减少（%）	t 值	p>｜t｜
		实验组	对照组				
Urban	匹配前	0.471	0.540	−57.5	38.9	−4.26	0.000
	匹配后	0.472	0.423	40.9		2.73	0.027
Open	匹配前	0.153	0.367	−70.2	79.7	−4.96	0.000
	匹配后	0.172	0.128	14.2		2.14	0.034
Industry	匹配前	0.559	0.561	−1.8	−145.8	−0.14	0.887
	匹配后	0.572	0.541	28.4		2.10	0.037

　　根据上述倾向匹配得分结果，在剔除有显著差异的样本后对剩下的样本再次进行回归，结果如表7-9所示。共建"一带一路"倡议抑制了东部沿线地区经济增长效率的提高，但对中西部沿线地区经济增长效率均产生了显著的提升作用，这与前文基本回归结果一致，进一步支撑了前文的分析。另外，相比于匹配前的系数，匹配后交互项数值较前文结果均有一定程度降低，但方向和显著性水平与基准回归一致，说明上文单纯的双重差分模型高估了共建"一带一路"倡议对沿线地区经济增长效率的效应。

表7-9　PSM-DID 检验结果

变量	TFP		
	东部	中部	西部
du×dt	−0.071***	0.009**	0.005***
	（−3.56）	（0.31）	（0.02）
Gov	−0.214	−0.043	−0.324***
	（−1.48）	（−0.23）	（−3.18）
Human	0.132*	−0.031	0.027
	（1.95）	（−0.67）	（0.80）
Urban	0.919*	2.141***	2.465***
	（1.83）	（5.41）	（7.18）
Open	0.060	0.247*	0.340***
	（0.83）	（1.93）	（4.33）

续表

变量	TFP		
	东部	中部	西部
Industry	0.671 *** (6.65)	0.614 *** (5.02)	0.614 *** (6.59)
_cons	−0.879 *** (−6.95)	−1.132 *** (−7.01)	−1.341 *** (−8.33)
省份固定效应	Yes	Yes	Yes
年份固定效应	Yes	Yes	Yes
N	145	127	211
R^2	0.9780	0.9869	0.9850

五、进一步分析：基于产业集聚的中介效应

通过上文分析发现，共建"一带一路"倡议实施显著提升了我国中西部沿线地区经济增长的效率，但却抑制了东部沿线地区经济增长效率进一步提高。而产业集聚可能在其中起到了中介作用。为研究共建"一带一路"倡议是否通过地区产业集聚这个中介变量影响我国沿线地区经济增长效率，并导致东中西部地区在经济增长效率方面出现上述差异，下面拟通过构建中介效应模型来检验其中可能的影响机制。

（一）中介效应模型的构建

学术界在检验中介效应时，比较普遍使用的方法是逐步检验回归系数（温忠麟等，2014），包括以下三个步骤：

$$Y = cX + e_1 \tag{7-8}$$

$$M = aX + e_2 \tag{7-9}$$

$$Y = c'X + bM + e_3 \tag{7-10}$$

首先依次对式（7-8）和式（7-9）进行回归，若 a 显著，则说明自变量 X 对中介变量 M 的直接影响显著；其次对式（7-10）进行回归，若 a 和 b 均显著，说明中介变量 M 在自变量 X 影响因变量 Y 中具有中介效应。在此基础上，若 c' 不显著，表现为完全中介效应；若 c' 显著，则发挥部分中介效应。最后关注 $a×b$ 与 c' 的符号，若同号，说明中介变量 M 在其中发挥了中介效应；异号，则表现为

遮掩效应。其中，c 表示 X 对 Y 的总效应，c' 表示控制了 M 后 X 对 Y 的直接效应，$a×b$ 表示经过 M 调节后的中介效应，本章重点关注中介效应在总效应中的比重。

为进一步研究产业集聚是否为共建"一带一路"倡议影响我国沿线地区经济增长效率的中介变量，将产业协同集聚设为中介变量 M，被解释变量和解释变量与前文一致，在式（7-5）的基础上设立如下递归方程进行检验：

$$TFP_{it} = \beta_0 + \beta_1 du_i × dt_t + \beta_2 X_{it} + \varepsilon_{it} \tag{7-11}$$

$$Coa_{it} = \eta_0 + \eta_1 du_i × dt_t + \eta_2 X_{it} + \varepsilon_{it} \tag{7-12}$$

$$TFP_{it} = \gamma_0 + \gamma_1 du_i × dt_t + \gamma_2 Coa_{it} + \gamma_3 X_{it} + \varepsilon_{it} \tag{7-13}$$

式中，η_1 表示共建"一带一路"倡议对产业集聚的作用效果；γ_1 表示控制产业集聚后共建"一带一路"倡议对沿线地区经济增长效率的影响；γ_2 表示产业集聚对我国沿线地区经济增长的作用效果。本章重点关注 $\eta_1 × \gamma_2$ 占 β_1 的比重，以此衡量中介效应的相对大小。

（二）中介效应检验结果

表7-10 给出了中介效应的检验结果。其中，列（1）、列（3）、列（5）是以式（7-12）为基础，分区域对样本进行回归的结果；列（2）、列（4）、列（6）是加入产业协同集聚变量后对经济增长效率的双重差分模型回归结果。

表 7-10 中介效应检验结果

变量	东部地区		中部地区		西部地区	
	Coa	TFP	Coa	TFP	Coa	TFP
	(1)	(2)	(3)	(4)	(5)	(6)
du×dt	0.053** (2.21)	−0.065** (−5.32)	0.111*** (4.20)	0.007** (0.43)	0.067** (1.97)	0.016** (1.25)
Coa		0.152*** (4.51)		0.200*** (4.65)		0.098*** (4.10)
Gov	0.729*** (3.86)	−0.309*** (−3.12)	0.775*** (3.73)	−0.126 (−0.96)	0.337** (2.03)	−0.196*** (−3.17)
Human	0.230*** (5.40)	−0.033 (−1.43)	0.250*** (6.36)	−0.065** (−2.45)	0.154** (2.23)	−0.032 (−1.24)

续表

变量	东部地区		中部地区		西部地区	
	Coa	*TFP*	*Coa*	*TFP*	*Coa*	*TFP*
	(1)	(2)	(3)	(4)	(5)	(6)
Urban	2.533*** (5.82)	1.089*** (4.59)	2.485*** (6.86)	1.400*** (5.68)	3.142*** (4.09)	1.919*** (6.53)
Open	0.017 (0.30)	0.006 (0.19)	0.077 (1.35)	−0.007 (−0.21)	0.192** (1.96)	0.009 (0.26)
Industry	0.620*** (5.03)	0.524*** (7.94)	0.517*** (5.30)	0.329*** (7.15)	0.039 (0.22)	0.515*** (7.78)
_cons	0.507*** (3.83)	−1.015*** (−14.63)	1.195*** (8.90)	1.164*** (11.99)	1.261*** (1.26)	1.231*** (11.45)
省份固定效应	Yes	Yes	Yes	Yes	Yes	Yes
年份固定效应	Yes	Yes	Yes	Yes	Yes	Yes
N	265	265	238	238	280	280
R^2	0.7327	0.9853	0.7430	0.9847	0.7203	0.9838
间接效应	遮掩效应		中介效应		中介效应	
中介效应占比（%）	—		48		72.9	

检验结果显示，共建"一带一路"倡议能够显著提升沿线地区产业集聚水平，且产业集聚水平提升对地区经济效率增长的间接效应显著。一方面，共建"一带一路"倡议提出后，各地对重点产业的重视程度加大，同时利用重点产业已经形成的规模效应在周边发展新兴产业，有利于产业集聚形成；另一方面，在共建"一带一路"倡议下，我国各地贸易环境不断开放，而开放环境下市场竞争压力的加剧更要求集聚式的产业不断构建和完善其网络系统（夏永祥和张雯，2019）。加入产业协同集聚变量后，东部沿线地区和中部沿线地区交互项的具体数值和显著性均出现了下降，西部沿线地区虽然数值不变，但显著性略有降低，意味着产业集聚是沿线"一带一路"倡议影响沿线地区经济增长效率的重要作用机制，验证了假设 2。

具体而言，东部地区的交互项 $\eta_1 \times \gamma_2$ 系数显著为负，与产业集聚的间接效应 γ_2 异号，说明产业集聚在共建"一带一路"倡议对东部沿线地区经济增长效率的作用中表现为遮掩效应（温忠麟和叶宝娟，2014）。即在没有控制产业集聚的情况下，共建"一带一路"对东部沿线地区经济高效率增长的抑制作用被遮掩了，一旦控制了产业集聚，抑制作用更明显。如前文理论部分所述，当城市规模超过一定限制时，产业集聚反而会对地区经济增长产生"拥挤效应"，不利于该地区的经济持续发展（周圣强和朱卫平，2013）。由于我国东部地区在改革开放初期得到了较好的政策优势，已经形成了较高水平的产业集聚和规模经济（范剑勇，2004），随着其经济规模持续扩大，资本要素持续投入，但土地、能源等自然资源却逐渐稀缺，生产要素比例失衡导致东部地区产生非经济性，以至于经济增长效率难以持续提升，甚至掉进增长陷阱中。在面临资源、要素、环境约束日益趋紧的条件下，尤其伴随着产业区域梯度转移，及时推动产业结构转型升级和高端化发展，是东部地区产业持续健康发展的必由之路。

中部地区和西部地区交互项 $\eta_1 \times \gamma_2$ 均与产业集聚的间接效应 γ_2 同号，说明产业集聚在共建"一带一路"倡议促进中西部沿线地区经济增长效率提升中起到了部分中介效应。我国中部地区位于东、西部地区之间，处于经济次发达阶段，此时共建"一带一路"倡议提出畅通了国内外投入渠道，沿海发达地区生产要素向次发达地区转移（孙晓华等，2018），引致其产业迅速发展，更容易形成集聚和规模效应，进而对中部地区经济增长效率起到了较明显的提升作用。而西部地区产业发展程度本身不高，共建"一带一路"倡议提出后，国家投入大量资金和技术扩大西部地区产业规模，西部地区经济开放度得到了大幅提升，因此产业集聚式发展成为当前西部地区产业发展的新趋势（张学鹏和曹银亮，2019），从而对共建"一带一路"倡议促进西部地区经济增长起到中介作用。

由此可见，共建"一带一路"倡议确实通过产业集聚对我国沿线不同地区经济增长效率产生了不同的作用，验证了假设4。

第六节　主要结论与政策建议

解决地区间发展不平衡问题，是我国进入高质量发展阶段需要着力解决的重要问题。而共建"一带一路"倡议贯穿我国东中西部三大区域，其发展宗旨就是注重我国区域经济的协调发展。共建"一带一路"倡议实施改变了东中西部地区固有的产业模式，加强了东中西部地区之间的互联互通，使得东部地区产业开始探索向内陆转移，中西部地区借此机会承接东部地区产业转入，实现国内各区域间资源整合和互利共赢。

一、主要结论

本章首先对经济增长效率的内涵、共建"一带一路"倡议对经济增长效率和产业集聚产生的影响进行了理论分析，其次对共建"一带一路"倡议提出前后中国三大地区的各项经济指标进行了分区域特征事实分析，最后利用双重差分模型实证检验了共建"一带一路"倡议对沿线地区经济增长效率的影响，并采用中介效应模型探讨了产业集聚在其中的中介作用。以下是本章得出的主要结论：

第一，当前国内区域不平衡现象还比较严重，因此分区域研究其经济发展效率具有重要意义。研究发现，在经济总量方面，东部地区长期占据较大份额，但自 2006 年起，中西部地区经济总量占比逐年上升，并在 2014 年到达第一个顶峰，截至 2019 年，中西部地区经济总量占比已达 44.5%，说明中西部地区在共建"一带一路"倡议提出后逐步缩小了与东部地区的差距，在一定程度上改善了我国区域经济差异。在进出口贸易方面，20 年来我国东部地区占据了国内和国际贸易的较大份额，但近 10 年中西部地区进出口贸易占比逐渐增大，从不到10%增长到接近 20%，说明我国三大区域间对外贸易的差距在逐步减小，进一步反映了共建"一带一路"倡议促进开放的政策落到了实处，我国区域平衡发展得到了进一步提升。在产业结构方面，在 2014 年之前东中西部地区产业均呈现"二三一"结构，而 2015 年《愿景与行动》出台后，圈定共建"一带一路"沿线省份产业结构有了明显优化，第三产业逐渐崛起并在占比上反超第二产业，中西部地区产业结构朝着更科学更合理的方向发展。在产业集聚方面，我国东部地区产业集聚已处于相对领先水平，相反，我国中西部地区则表现出上升趋势，随着共建"一带一路"倡议在各地继续推进，中西部地区积极吸收东部地区产业转移并形成集聚将有利于中西部地区经济增长效率提升。

第二，使用双重差分以及双向固定效应模型对共建"一带一路"倡议与沿线地区经济增长效率之间的关系进行了实证检验，研究发现，共建"一带一路"倡议实施对东部地区经济增长效率起到了显著的抑制作用，有助于提升我国中西部沿线地区经济增长效率，但作用效果不显著。在加入一系列控制变量后发现，共建"一带一路"倡议对沿线中西部地区经济增长效率的促进作用变显著，说明共建"一带一路"在很大程度上是利用东部发达地区优势资源来带动中西部地区经济发展的，因此共建"一带一路"倡议在提升东部地区经济增长效率方面已难以发挥作用，而在中西部地区则可以表现出明显的政策净效应。这也意味着短期而言，共建"一带一路"倡议是有助于在经济增长效率维度实现区域协同发展的；但是，考虑到东部地区的"效率受损"，长期内不利于实现真正意义上的区域协调发展。

第三，理论分析认为产业集聚是共建"一带一路"倡议影响沿线地区经济增长效率的一个重要机制，因此将第二和第三产业协同集聚变量（Coa）作为中介变量进行了中介效应检验。研究发现，共建"一带一路"倡议有助于国内沿线区域形成产业集聚，但产业集聚在共建"一带一路"倡议与沿线地区经济增长效率的关系中，对中西部地区起到了部分中介作用，表现为推动其经济增长效率提升，对东部地区则表现为遮掩其在经济增长效率中的影响，说明东部地区产业集聚已超过一定程度，阻碍该地区经济增长，也说明近年来东部地区产业集聚水平出现下降是有原因的。

二、对策建议

本章通过研究共建"一带一路"倡议对沿线地区经济增长效率的影响，进一步讨论了产业集聚在其中的中介作用，结果显示：国内三大地区发展不平衡现象虽有所改善，但仍存在一定差距；共建"一带一路"倡议对不同地区经济增长效率的影响表现出异质性，产业集聚在其中的中介作用也呈现不同的结果。这些结论都对共建"一带一路"倡议促进国内区域协同发展的现实效果提供了科学经验证据，针对这些结论本章尝试提出以下政策建议。

（一）把握共建"一带一路"倡议政策优势，推动东中西部地区资源合理配置

在当前中国经济转型的机遇期，各地政府应及时把握共建"一带一路"倡议提供的政策优势，进一步完善各地区在资源储备和经济利益之间的有机串联，积极拓展沿线区域间要素共享的广度和深度，持续释放共建"一带一路"倡议的引导效应，推动国内资源合理配置，从而实现本地区经济高效率增长，最大程

度发挥共建"一带一路"倡议带来的效用。具体而言，我国中西部地区自然资源丰富，地方政府应合理开发和利用资源及成本优势，挖掘当地的优势产业，如旅游业、文化产业、加工贸易业等，提高外资吸引力。同时，由于我国西部地区向东与我国其他省份相邻，向西与其他国家接壤，地理位置优越，可以借助共建"一带一路"政策优势，加强区域间的合作交流，共享中西部地区的优势资源。在产业发展之后，还要继续加强中西部地区运输通道的建设，为国内地区间资源互动创造条件，先富带动后富，如此，才能合理配置和利用地区生产要素和市场需求，推动三大区域优势互补，实现区域协调发展。

（二）加大政策制定的针对性，加快地区主导产业优化升级

由于共建"一带一路"倡议及产业集聚对我国东中西部地区经济增长效率的作用表现出异质性，说明各地政府在制定政策时要因地制宜，在大力推动中西部地区经济发展的同时不能以牺牲东部经济增长效率为代价。更确切地说，政府应主动将政策向中西部地区倾斜，加大基础设施建设投资力度，缩小国内地区间发展差距。而中西部地方政府应重点培育本地具有长远发展潜力和引领作用的主导优势产业，并配以导向性的政策支持。例如，对当地特色产业实行税收减免、主动向融资困难的企业提供信贷资金、支持企业使用资源但要符合当地生态效益等，以此激发中西部地区市场活力，推动产业结构优化和升级。对于产业集聚已达到饱和状态的东部地区，如长三角、珠三角地区，则应加快促进其过度饱和的产业向中西部地区转移。由于产业集聚降低了单个企业的技术投入成本，为整体产业创新研发提供了有利条件，因此东部地区在未来还需要更加注重发展高新技术产业，推动能提升经济增长效率的高端产业集聚，即"腾笼"的同时还需做到"换鸟"，提高产业集聚的层级，形成更高水平的产业集聚，增强区域核心竞争力，提升我国在全球价值链中的地位。

（三）以共建"一带一路"倡议为契机，推动构建开放型经济新体制

进入21世纪，世界经济格局不断变化，传统竞争优势已无法为我国经济发展提供持续动力，在严峻复杂的国际环境下，未来我国应加快探索构建开放型经济新体制，以更高水平的开放促进经济增长效率提升。中国应把共建"一带一路"倡议与西部大开发、中部崛起、沿海经济带建设等战略有机结合起来，形成沿海内陆沿边内外联动、东西双向互济的开放格局。前文分析发现，我国在不同地区由于政策时间、地理位置和开放范围上的差异形成了东快西慢、沿海强内陆

弱的开放格局,导致我国区域发展不平衡现象。在新一轮对外开放中,中西部地区作为我国开放前沿阵地,应主动挖掘自身贸易潜力,借助共建"一带一路"倡议政策东风,积极开展双多边贸易,促进国际产能合作、培育贸易新业态,实现产业结构的优化和升级,推动中西部地区开放型经济进一步向纵深发展。对东部地区而言,则要继续保持开放起步早、发展快的领先优势,在开放的环境下建设面向全球的贸易、生产网络,争取参与更高水平的国际分工合作。共建"一带一路"倡议将不断为中国搭建开放新平台,为推动世界经济发展、深化地区合作提供新力量,最终实现各区域协调发展。

(四)融入创新驱动发展战略,加快地区增长动能由产业向创新转换

创新驱动是当前经济高质量发展过程中的关键,在未来,我国可以将共建"一带一路"倡议与创新驱动战略有机结合起来,开创创新发展渠道,鼓励相关科技产业创新创业。一方面,持续激发东部地区创新能力,利用东部地区高质量的教育资源与中西部地区结对帮扶,持续为中西部地区培养和输送更多高质量人才,带动中西部地区科技创新,带动中西部地区产业主动向学习型、创新型产业转型,推动中西部产业全面发展。另一方面,提升政府对人力资本的投资力度,主动培养高技能人才、提升劳动力整体素质、留住关键人才,积极推动新技术在产业内部流转,增加技术要素在生产要素中的比重。另外,在共建"一带一路"倡议持续扩大开放的过程中,各地区还应主动抓住与他国合作交流的机会,以对外贸易为载体,进口吸收国外技术外溢,出口直接参与国际竞争,整合和学习他国产业发展的经验,创造属于自己的创新发展理念,研发核心技术和品牌,让中国制造真正成为中国智造。

(五)整合经济发展影响因素,全力推动经济高质量发展

当前国家大力推进经济高质量发展,意味着未来追求的经济增长应更具有综合性,积极重视各种因素对经济发展的重要作用。其一,积极响应文化强国战略,着力提高沿线地区文化内涵。文化竞争力已成为促进经济快速协调发展的重要推动力,各地政府应加快完善各地区文化内涵和精神文明建设,打造具有当地特色的文化产业,提升当地文化产业整体实力,发展第三产业,打造经济发展的内在动力。其二,完善基础设施建设,协调促进经济全方位发展。各地政府未来在拓宽交通体系时,应注重与周边交通枢纽有机串联,继续建设横贯东西、纵贯南北的运输通道,加快综合物流枢纽、城际铁路、城乡网络覆盖建设,实现全国

范围的经济互动，推动区域协调发展。其三，重视生态文明建设，实现经济健康发展。各地在追求经济增长过程中，要将生态文明建设贯穿始终，利用科技优化产业生产环节，提高资源利用率、降低污染排放量，实现经济发展重心转向绿色经济，推动经济与生态协同发展。

第八章 高水平开放之"双循环"与制造业高质量发展

高质量要素投入及其优化配置，是制造业实现高质量发展的微观基础。"双循环"通过培育和引进的双重作用，提升制造业要素投入层次和水平，并在实现其优化配置中推动制造业高质量发展。以此理论分析为先导，在科学构建和测度制造业高质量发展和"双循环"指标基础上，本章利用 2009~2021 年中国制造业行业层面的面板数据开展的计量检验表明，第一，内循环、外循环及其相互促进，对我国制造业高质量发展的确产生了显著推动作用，这一结论在各种稳健性检验与内生性检验下依然成立。第二，分技术层次检验发现，"双循环"对高技术产业高质量发展促进效果更好。第三，从具体作用机制来看，人力资本积累、技术创新能力提升以及资源配置效率改善，是"双循环"助推制造业高质量发展的内在作用机制。第四，以行业市场规模为表征的经济要素，在"双循环"促进制造业高质量发展中起到正向调节作用。同时，本章理论假说得到了较好的逻辑一致性计量检验。未来，亟待加快构建和形成双循环新发展格局，为制造业高质量发展进一步夯实微观要素基础。

第一节　问题提出

党的二十大报告指出，"高质量发展是全面建设社会主义现代化国家的首要任务"。制造业是国民经济的支柱产业，作为实体经济的核心部分，推动制造业高质量发展无疑是实现高质量发展的重要内容和组成部分，甚至可以说对实现高质量发展具有重要的引领作用。客观而论，改革开放以来尤其是中国加入 WTO以来，中国制造业规模的快速扩张乃至一定程度上实现的转型升级，正是得益于开放发展的引领作用。具体而言，依托"人口红利"等低成本优势，快速而全面地融入全球价值链分工体系，是中国制造业实现长足发展的经验所在。截至2023 年初，中国制造业整体规模已经连续 13 年居世界首位，工业增加值累计增加，中国制造业比重及其对世界制造业贡献比重均已接近 30%，中国制造业的综合实力和国际竞争力显著增强，已经成为全球制造业产业链供应链中心之一。但与之相伴的是，由于受到自身要素禀赋优势约束，以及全球价值链重构"低端锁定"和"高端封锁"双层困境（刘明宇和芮明杰，2012）等不利影响，中国制造业依然存在产业结构升级缓慢，过度资源消耗与环境污染，附加值低、品牌缺失，关键核心技术对外依存度高等问题。

在百年未有之大变局加速演化的影响下，党中央根据我国发展阶段、国内外环境与局势变化，提出了"坚持高水平对外开放，加快构建以国内大循环为主体、国内国际双循环相互促进的新发展格局"的重要战略决策，并强调"要加快建设现代化产业体系，推动制造业高端化、智能化、绿色化发展"，这是重塑我国国际合作和竞争新优势的战略抉择。如果说，以往融入以"两头在外，大进大出"为主要特征的国际大循环，推动了中国制造业规模快速扩张，那么以重塑竞争新优势的双循环新发展格局，能否助推我国制造业高质量发展？显然是当前理论和实践部门亟待解决的重要课题。虽然针对中国制造业高质量发展的影响因素分析，以及针对双循环新发展格局的有关探讨，已经取得了丰富成果，但遗憾的是，针对上述重要命题的直接研究还较为鲜见。

鉴于此，本章着重探讨"双循环"对制造业高质量发展的影响，与已有文献相比，本章可能的边际贡献在于：第一，在研究视角上，从"双循环"新发展格局下要素投入的特定视角，对制造业高质量发展的影响因素进行拓展分析；第二，在研究内容上，针对"双循环"新发展格局的构建对中国制造业高质量发展的可能影响，不仅从理论和实证层面分析其可能具有的现实效应，而且还力图识别其中的可能作用机制；第三，在评价指标体系构建上，创新性地构建了包含四个维度的 18 个具体指标，利用中国制造业行业数据来评价各行业制造业高质量发展水平，并在解析制造业高质量内涵的基础上，通过计量检验来探究"双循环"对制造业发展不同维度的影响及差异性，进一步明晰"双循环"对制造业高质量发展影响的内在逻辑。

第二节　现有观点

现有文献尚缺乏从要素投入视角分析"双循环"是否以及如何推动中国制造业高质量发展的直接研究。但国内外学者对于双循环测度、中间品进口以及如何助推制造业高质量发展的研究，与本章高度契合，能够为本章从要素投入视角分析"双循环"与制造业高质量发展关系提供相关思路。

一、关于制造业高质量发展评价指标体系构建

现有文献主要采用单一指标体系法与综合指标体系法两种方法来评价。单一指标体系法主要从盈利能力（王卉彤等，2019）、增加值率（陈丽姗和傅元海，2019）、全要素生产率（陈昭和刘映曼，2019）与绿色全要素生产率（余泳泽等，2019）等角度来衡量。单一指标体系法仅从一个角度来衡量具有片面性，高质量发展是一个多维度的概念，应当构建综合指标体系进行衡量（金碚，2018）。近年来多数学者对制造业高质量发展综合评价指标体系的构建进行了多角度的探讨，如江小国等（2019）从制造业高质量发展内涵分析，在坚持新发展理念与质量效益原则下构建了由经济效益、技术创新、绿色发展、质量品牌、两化融合、高端发展 6 个一级指标构成的制造业高质量发展指标体系。高运胜和杨阳（2020）基于价值链升级的全新视角，构建涵盖创新效应、经济效应、社会效应和环境效应四个维度的制造业高质量发展目标体系。方梓旭和戴志敏（2023）结合宏观层面新发展理念，构建了包含增长规模、产品质量、结构优化升级、"两化"融合、创新、绿色发展、开放发展 7 个纬度的测度指标体系。该文与现有文献相比，在结合新发展理念的基础上将全国制造业实践纳入指标体系构建之中，考虑了省域制造业的增长规模与产品质量，使指标体系的构建更加完善。上述文献均以制造业整体为评价对象，而非制造业细分行业。由于制造业各细分行业存在异质性，这些研究方法并不能从制造业整体评价中得出有效及精确结论，不利

于制造业高质量发展的研究。对此，有少数学者将制造业行业细分进行评价，如汪芳和石鑫（2022）将制造业细分行业作为评价对象，从绿色发展效率和出口技术结构两方面对制造业高质量发展水平进行测度与分析。上述学者分别从不同角度、不同维度对制造业高质量发展指标体系的构建进行衡量，对本章制造业高质量发展指标体系的构建有很大借鉴意义。

二、关于助推制造业高质量发展的研究

在2018年全国两会提出"推动制造业高质量发展"之后，相关专家学者就不断展开如何助推制造业高质量发展的研究。国内外现有代表性的研究主要包括从深化体制机制改革（余东华，2020）、产业融合创新（郭朝先，2019）、技术引进与自主研发（李巧华，2019）、质量与人才（傅为忠和储刘平，2020）、数字经济（李英杰和韩平，2021）、"互联网+"（王俊和陈国飞，2023）等角度开展研究。本章重点关注从"双循环"角度来分析制造业高质量发展的影响因素，虽然有部分文献探讨了其对制造业高质量发展的可能影响，但大多学者仅从宏观层面来理论分析"双循环"对制造业高质量发展的影响，如唐琼（2022）基于供给和需求双视角，分析了"双循环"对制造业发展的重要性，指出制造业通过补短板、强弱项、激活力，加快疏通国内大循环，高水平开放助推国际经济大循环，从而加速形成强大国内制造业高质量发展的局面。赵霞（2022）以供需双维度为切入点，分析了"双循环"格局下，制造业高质量发展的实现路径。但遗憾的是两位学者都没有对"双循环"进行分解测度及实证分析，也没有探寻"双循环"对制造业高质量发展的具体作用机制。值得一提的是，邢彦和杨小辉（2023）基于行业面板数据及技术差异视角，分别检验国内大循环下的自主创新、国内国际双循环下的技术引进与制造业创新绩效之间的非线性动态门槛效应，但并未对制造业高质量发展进行评价指标体系构建，更没有从要素投入视角探讨其对制造业高质量发展的可能影响及作用机制。

三、针对要素投入与制造业高质量发展之间的关系

虽然现有文献并未基于"双循环"新发展格局分析要素投入对制造业高质量发展的研究，但诸多有关中间品进口与要素投入的文献，仍与本章主题相关并能提供一定的启发和借鉴意义。例如，于春海等（2023）分析企业通过中间品进

口以获得其中内嵌的服务要素与上游国际服务市场建立联系，并且通过对企业所面临的国际服务市场波动的度量分析了国际要素服务市场与企业研发创新的关系；付建栋和刘军（2023）从资本品、中间品进口角度分析资本要素进口能否推动城市产业结构升级，并提出资源配置效率与城市产业结构高级化密切相关；刘峻峰等（2022）基于资本要素"双循环"分析企业融资约束缓解方式，通过理论分析了"双循环"下资本要素对企业资本融资的影响机制，指出资本要素"双循环"会降低企业资本使用价格从而缓解融资约束。

综上所述，已有文献虽对制造业高质量发展及其可能影响因素，包括从"双循环"角度已经展开了广泛讨论，但鲜有学者从要素投入视角直接分析"双循环"缘何推动制造业高质量发展。鉴于此，本章力图对现有研究进行进一步拓展，聚焦"双循环"下要素投入视角，探讨其对制造业高质量发展的可能影响。

第三节　理论分析与假说

一、"双循环"能够助推制造业高质量发展

马克思关于三种资本形式并存和继起的原理，揭示了"畅通"是实现产业资本循环的条件。新发展格局的本质在于循环的"畅通"，这无疑有利于降低国内外要素与中间品流动壁垒，加速包括资本在内的生产要素循环速率。现阶段，国内价值链与全球价值链相互嵌合，已经成为全球生产网络的重要模式和特征。制造业在完成最终产品生产之前，包括内嵌于中间品的生产要素，会在国内和全球价值链上进行反复流转，经济循环的畅通将有效提升整个生产网络效率，降低生产过程中的"流转"成本，从而提升制造业生产效率。作为新兴产业大国，我国有着较为完善的产业分工体系，完整的国内分工运营体系能够更好地发挥"以国内大循环为主"的本土市场规模优势，为制造业生产提供高质量、低成本的中间产品，并且国内各产业部门间的专业化分工联系，有利于知识的外溢和技术水平的提升（郑江淮和郑玉，2020），推进产业结构转型升级，为制造业高质量发展提供动力。国内大循环体系除了通过线性的传导路径影响产业的发展外，

还在超大本土市场规模下产生前后向关联效应。溢出效应和分工前后阶段产生的追赶—竞争效应（苏丹妮等，2019），不仅能够提升企业核心竞争意识和增加科技创新投入，而且实现企业内部高端要素积累以及技术进步，从而带动我国制造业产业结构升级与技术进步。同时，我国产业结构的不断完善以及分工细化也提升了我国产业配套能力水平和国内要素质量、层次，并且在基于我国超大国内市场优势下，逐渐培养起竞争新优势，提升对国际高端要素的吸引力以及全球经济要素的整合与掌控能力（刘志彪，2020）。上述作用在以"开放的大门越开越大"的"双循环"新发展格局下会更加凸显，也就是说，"双循环"有助于吸引更多高端要素与中间品的流入，通过对高端中间品中所内嵌的技术、服务等要素的吸收与学习，以及对高端生产要素的直接使用，将有效提升我国制造业技术水平，助推我国制造业高质量发展。

据此，本章提出如下假说：

H1：双循环能够助推制造业高质量发展。

二、"双循环"助推制造业高质量发展的机制

正如已有研究指出的，在全球价值链分工条件下，投入的要素质量和层次，包括内嵌要素的中间品投入质量和层次，是决定一国产业分工地位和层次的关键（Fujita & Thisse，2006；张二震，2016）。基于这一意义，"双循环"推动高质量发展的关键机制正是通过要素投入发挥作用。实际上，近年来我国制造业发展面临的"卡脖子"问题，本质上是高端技术要素的短缺，这不仅会带来制造业整体盈利有限、要素回报率偏低等问题，也成为阻碍制造业高质量发展的主要因素。而"双循环"正是通过改变人力资本、技术创新与资源配置效率，来影响制造业高质量发展。

从人力资本投入角度看。党的二十大报告指出，人才是第一资源。人力资本作为"一揽子"要素的支配者，对于物质要素的利用效率与质量有着重要的影响，其投入对于推进制造业高质量发展具有极为关键的意义。但长期以来，由于体制机制的约束问题，不同行业之间包括人力资本在内的要素错配，要比人力资本短缺更为严重（黄娅娜和邓洲，2022）。"双循环"新发展格局下，畅通国内大循环，不断完善建设全国统一大市场，不仅能完善市场机制，缓解因不同行业间要素错配或市场失灵而造成人力资本损失等问题，而且能加强制造业与服务业深度融合，破除机制障碍，畅通二者之间的要素流动与往来，从而减轻制造业相较于服务业人才吸引较弱和不足问题，增加制造业的人力资本积累和投入。同时，超大本土市场规模下制造业产业分工的细化，也会加强劳动者生产交易各环节的相互合作与学习，从而提高劳动者素质与能力。随着本土市场规模的扩大以及包括劳动者素质不断提高的生产要素升级，对国际人才的吸引能力也会有所提升，促进高端人才的流入。这不仅能增加制造业发展所需的高端、高技术人才数量，还能通过学习效应提升国内人才能力与水平。可见，"双循环"有助于通过人力资本积累和投入助推制造业高质量发展。

从技术创新角度看。众所周知，创新是五大新发展理念之一，在高质量发展中具有举足轻重的地位。在开放经济条件下，技术创新既可以通过模仿时滞获取经济利益（Posner，1961），推动经济高质量发展，也可以通过增加研发部门投资实现技术进步，带来经济的内生增长（Krugman，1979），从而推动高质量发展。创新能力的提升与技术要素的积累，不仅是解决我国制造业"卡脖子"问题的关键，也是推动我国制造业高质量发展的重要动力源泉。"双循环"新发展格局下，基于超大本土市场规模优势的国内大循环深化，以国内生产为切入端，有助于形成"产业分工—关键核心技术研发与投入—中间产品—最终产品"的国内全链条培育机制，不仅能提升各企业生产效率，还能在生产交易各环节的相互合作与学习中，促进技术水平的进步与全要素生产率的提升（王高凤和郑玉，2017）。企业生产效率的提高以及各环节生产的专业化有助于节约生产成本与时间，从而能在研发部门上投入更多的时间与精力，促进国内创新要素的培育。同时，"双循环"新发展格局下更高水平的开放，意味着企业可以在参与全球价值链生产过程中，通过国际高质量、低成本的中间品进口，获取其中内嵌的高端技术要素，并通过技术溢出效应与成本节约效应，提升企业经济效益与全要素生产率，助推制造业高质量发展。可见，"双循环"会提高制造业的技术创新能力从而实现高质量发展。

从资源配置效率角度看。资源配置效率关系着全要素生产率和经济增长，资源配置效率的提高将推动经济增长，而资源错配将会降低一国的全要素生产率和经济增长的速度（Moll，2014，Collard-Wexler & De Loecker，2015）。改革开放以来，我国资源配置效率的提高，推动了我国经济快速发展。但由于计划经济时代遗留的国有企业问题以及市场不完全和政府干预的存在，中国制造业仍存在劳动配置过度、资本配置不足的特征，及一定程度的资源错配，阻碍资源配置效率的提升（文东伟，2019），不利于制造业发展质量的提升。而双循环新发展格局下，经济循环的畅通将有效提升劳动、资本的流通速率以及资源配置效率，缓解资源错配问题，从而提高制造业的经济效益、生产效率与全要素生产率等，助推制造业高质量发展。在国内市场的统一与更高水平的对外开放下，阻碍国内外资本与劳动要素流动的非正式制度性壁垒得到有效减少，市场透明度提高，信息不对称性降低，使得市场运行效率得到有效提升，提升制造业企业资源配置效率，更好发挥市场在资源配置中的决定性作用。

据此，本章提出如下假说：

H2：双循环可以通过人力资本积累、技术创新、资源配置推动我国制造业高质量发展。

已有研究指出，从更宽泛的角度看，生产要素不仅包括直接进入生产过程的要素，还包括影响生产要素作用得以发挥的其他要素，即所谓的经济要素（张幼文，2016）。在"双循环"新发展格局下，对制造业发展的探究不能仅局限于物质资本、人力资本和技术等传统要素，行业市场规模、生产配套能力等经济要素能为传统要素发挥作用提供保障（吴杨伟和李晓丹，2021）。超大本土市场规模与更高水平开放的相互作用，不仅能改善各产业资源配置效率，还会促进产业分工更加细化与完善，有助于企业更好地将规模不经济的生产环节加以分离，以此节约生产成本（胡昭玲，2006），由此企业可以增加创新要素与人力资本的积累，促进产业高端要素的培育。波特的钻石模型认为，完善健全的生产配套能力，能够有效提升企业利用要素的效率与能力，有利于行业内企业创新，行业内企业核心技术的形成，有助于推动行业高质量发展。并且，随着国内生产配套水平的完善与市场规模的扩大、畅通性的提高，也会提升制造业对国际高端要素的吸引，提升我国制造业对国际高质量中间品中内嵌高端要素的吸收与学习能力，在模仿与产业自主创新相互作用下，更好地推动我国制造业的技术进步，加速由"制造大国"向"制造强国"的转型。从上述意义看，经济要素为传统要素发挥作用提供保障，更加有助于发挥"双循环"对制造业高质量发展的促进作用，即经济要素在"双循环"新发展格局助推制造业高质量发展的过程中具有调节作用。

据此，本章提出如下假说：

H3：经济要素在双循环促进制造业高质量发展中起调节作用。

第四节　模型设定、变量选取与数据来源

一、模型设立

基于上述理论分析,本章构建如下双向固定效应模型来实证分析"双循环"对制造业高质量发展的影响,具体公式如下:

$$hq_{it} = \alpha_0 + \beta_1 dom_{it} + \beta_2 glb_{it} + \beta_3 dom \times glb_{it} + \sum control_{it} + v_i + v_t + \varepsilon_{it}$$

$$(8-1)$$

式中,i 表示行业;t 表示年份;hq_{it} 表示被解释变量制造业高质量发展指数;dom_{it} 表示 i 行业第 t 年的国内大循环;glb_{it} 表示 i 行业第 t 年的国际大循环;$dom \times glb$ 表示国内国际双循环相互促进的表征变量;$\sum control_{it}$ 表示其他控制变量;v_i 表示行业固定效应;v_t 表示年份固定效应;ε_{it} 表示随机误差项。

二、变量选取与数据来源

(一)被解释变量

本章的被解释变量为制造业高质量发展(hq)。从内涵上看,制造业高质量发展是充分、均衡的发展,是包含发展方式、发展结果、民生共享等多个维度的供给更优、效益更高的发展(李标和孙琨,2022)。且高质量发展应该是经济发展的结果体现,不应包含过程指标(李金昌等,2019),部分文献的综合评价指标体系包括制造业高质量发展的状态与方式,并不能真实反映制造业高质量发展水平,评价的目的是反映制造业高质量发展所达到的程度和发展质量状况的结果。因此并未将制造业发展的过程指标(如产业科技创新投入等)纳入评价体系,而是考虑制造业发展的效益与发展结果。从上述制造业高质量发展内涵出发,通过对现有文献的总结与概括,将制造业细分行业作为评价对象,坚持科学性、系统性与可量化性原则,构建衡量制造业高质量发展的综合评价指标体系。具体来说,首先,制造业高质量发展必须高效率发展,从投入产出角度看,它是

经济效益不断提升的发展，经济效益综合反映了工业企业竞争力和收益的提高，是实现工业高质量发展的必然要求和直观体现（李莉莉和叶阿忠，2022），制造业经济效益改善与其高质量发展的实现息息相关，制造业高质量背景下的经济高效通常表现为产品生产效率、利润率与销售率提升，对社会经济贡献度增加以及产业的负债率降低等方面。其次，制造业高质量发展水平的重要特征之一便是产业现代化水平提高，产业现代化不仅是我国制造业发展的最终目标，而且是制造业以创新为基础的高效率发展与全要素生产率处于较高水平的重要体现，其主要特征有产业运营能力提升、产业结构优化与产品质量提升等，使产业结构逐步靠近世界先进水平。再次，制造业高质量发展也必须是绿色发展，坚持贯彻可持续发展理念，牢记既要"金山银山"也要守住"绿水青山"的高质量发展内涵，将资源环境约束纳入决策框架，依靠产业经济效益与效率提升，来降低产业能耗水平、三废排放，并提升环境治理能力。最后，制造业高质量发展应是体现"五大发展理念"的发展，是能够很好满足人民日益增长的美好生活需要的发展，要全面审视制造业产业发展的社会协同机制，推动经济系统和社会系统视域内协同嬗变演进的进程（唐红祥等，2019），在经济效益提升与产业结构优化的基础上增加自身利润率，提升产业就业贡献能力与促进收入分配能力。根据以上理论框架，构建包含产业经济效益、产业现代化、产业生态效益与产业社会贡献四个维度的评价指标体系，涵盖了13项二级指标和18个三级指标，上述各项指标所对应指标与计算方法具体见表8-1。

表8-1　制造业高质量发展水平指标体系

一级指标	二级指标	三级指标	指标解释	指标单位	指标属性
产业经济效益	经济贡献	占工业增加值比重	行业增加值/工业增加值	%	正
	生产率	劳动生产率	（产成品×标准工时）/（劳动者×日工作时）	%	正
	利润率	规模以上企业主营业务利润率	营业利润/主营业务收入	%	正
	负债率	资产负债率	行业总负债/行业总资产	%	负
	销售率	产品销售率	产品销售率	%	正

续表

一级指标	二级指标	三级指标	指标解释	指标单位	指标属性
产业现代化	运营能力	固定资产周转率	主营业务收入/固定资产净值	%	正
	结构优化	国有资产比重降速	国有工业资产占行业实收资本比重减少	%	正
		私营企业资产比重增速	私营工业企业资产占行业实收资本比重	%	正
	产品质量	工业产品质量合格率	行业产品质量合格率	%	正
		产品升级	行业新产品销售收入/主营业务收入	%	正
产业生态效益	能耗水平	能源消耗强度	行业能源消费总量/行业总产值	%	负
	三废排放	废水排放	行业废水排放总量/行业总产值	%	负
		废气排放	行业废气排放总量/行业总产值	%	负
		固废产生	行业一般固体废弃物产生量/行业总产值	%	负
	环境治理	工业废水治理	工业废水排放达标量/工业废水排放总量	%	正
产业社会贡献	就业贡献	就业吸纳率	行业就业人数/总就业人口数	%	正
	收入分配	职工工资水平	企业从业人员平均工资/当年全国平均工资	%	正
		税收贡献率	规模以上企业本年应交增值税/工业应交增值税	%	正

在指标权重设定的方法上，选用熵权法分行业对制造业高质量发展综合水平予以定量识别。该法具有客观准确、可信度高的优点，并且能够应用于多指标、多对象的评价指标体系。具体做法为，对各个指标数值的离散程度进行权重赋值，对于测度本章制造业高质量发展的多维度指标而言，这种方法不仅能够减少计算难度而且避免因指标差异小而产生难以分解的问题。因此采用熵权法对制造业高质量发展水平进行定量识别。

（二）核心解释变量

本章的核心解释变量为"双循环"。为探寻中间产品往来关系和最终产品生产复杂程度，借鉴 Fally（2012）所提出的封闭经济下单国的各产业生产分割程度与倪红福等（2016）提出的多国开放经济体下各产业生产分割程度的测度方式，来衡量我国制造业全球生产分割情况，将生产分割情况解构为国内与国外两个层次，分别作为国内大循环与国际大循环的表征变量，并将二者交互项作为"双循环"相互促进的表征变量。具体测度方法如下：

考虑一国 k 个部门总体生产分割长度如下：

$$N_i = \sum_{n=1}^{\infty} n \times u_i^{(m)} = 1 + \sum_j v_{ij} N_j \qquad (8-2)$$

用矩阵表示为：$N^T = V^T + N^T A$，拓展到多国开放经济体下 m 国 k 个部门的分解公式如下：

$$N_i^{aT} = v^T L_{ji}^{aa} + v^T \sum_{a \neq b} L_{ji}^{aa} A_{ij}^{ab} B_{ji}^{ba} + v^T \sum_{a \neq b} B_{ji}^{ba} \qquad (8-3)$$

式中，L_{ji}^{aa}、A_{ij}^{ab} 与 B_{ji}^{ba} 分别为 a 国内部的 *Leontief* 逆矩阵、b 对 a 国的直接消耗系数矩阵与 a 国对 b 国的 *Leontief* 逆矩阵。N_i^{aT} 为 a 国 i 部门产品生产所需经历的全球的生产阶段数，即全球生产循环情况，数值上等于国内循环与国际循环之和。$v^T L_{ji}^{aa}$ 为国内生产分割程度，即代表无国际中间品贸易情况下的国内生产大循环。等式右边后两项 $v^T \sum_{a \neq b} L_{ji}^{aa} A_{ij}^{ab} B_{ji}^{ba}$ 和 $v^T \sum_{a \neq b} B_{ji}^{ba}$ 分别表示国外产品的生产对 a 国 i 产品的中间需求，a 国 i 产品生产对国外产品的中间需求，反映了 a 国 i 部门生产与其他国家各部门之间的联系强度，即体现 a 国 i 部门参与国际循环的程度。

（三）机制变量

基于前文分析，本章涉及的关键机制为人力资本（*hr*）、技术创新（*innov*）以及资源配置情况（*factor*）。人力资本，劳动者受教育年限提高会带来人力资本改善，因此采用劳动者的受教育程度来衡量人力资本水平，具体计算方法为行业受教育人数（受教育大专及以上文化程度人数×16+高中文化程度人数×12+初中文化程度人生×9+小学文化程度人数×6）与行业总人数之比。技术创新，本章从投入角度来度量各行业技术创新，具体做法为，采用各行业有 R&D 活动企业数比各行业规模以上企业数。资源配置情况，借鉴徐晔和张秋燕（2009）的做法，通过测度 DEA-Malmquist 指数作为资源配置效率的表征变量，其中投入指标采用行业主营业务成本、全部从业人员平均人数，产出指标选取工业总产值与出口交货值。

（四）控制变量

考虑到除"双循环"这一核心解释变量外，制造业高质量发展还受到其他因素的影响。因此纳入资产结构（*sa*）、融资约束能力（*fc*）、交通运输条件（*tra*）以及金融保险条件（*fin*）等生产性服务业作为控制变量。分别用行业非固定资产与固定资产净值之比；行业利息支出与负债之比；行业单位从业人员的公路线路里程相对配额；行业单位从业人员的金融保险服务业从业人员相对配额予以表示。

（五）数据来源

用于衡量制造业行业"双循环"的数据来源于亚洲开发银行（ADB）的世界投入产出表（ICIO），行业指标体系涉及的数据均来自《中国统计年鉴》、《中国工业统计年鉴》、《中国科技统计年鉴》、《中国劳动统计年鉴》、《中国环境统计年鉴》、《中国能源统计年鉴》等。由于 ICIO 数据库制造业分类方式与国内存在差异且国内行业分类标准较以往存在变动①，本章在国内制造业与数据库分类方式相匹配的基础上，最终选定 15 个制造业行业②进行分析。在时间范围选取上，考虑亚洲开发银行的世界投入产出表不包含 2001~2006 年的数据，且 2008年前中国经济仍然处于国际大循环阶段，经济的外向化趋势比较明确（黄群慧和倪红福，2021；陆江源等，2022），故选用的起始时间为 2009 年。另外，虽然亚洲开发银行的世界投入产出表数据已更新至 2022 年，但国内 2022 年的制造业细分行业数据仍有大量缺失，因此最终选取 2009~2021 年来进行研究。最后，为了提高数据的准确性与可靠性，对于数额较大的变量缺失数据采用插值法进行补充（见表8-2）。

表8-2 描述性统计

变量	变量名称	观测值	平均值	中位数	标准差	最小值	最大值
hq	高质量发展指数	195	0.082	0.071	0.048	0.027	0.444
dom	国内大循环	195	2.716	2.688	0.313	1.882	3.600
glb	国际大循环	195	0.501	0.494	0.102	0.230	1.234
fin	金融保险	195	2.720	2.221	1.855	0.097	7.998
tra	交通运输	195	12.846	11.260	8.453	0.585	34.922
sa	资产结构	195	1.671	1.466	0.734	0.616	3.709
fc	融资约束能力	195	0.055	0.054	0.008	0.037	0.093

① 制造业行业分类标准在 1994 年、2002 年、2011 年和 2017 年分别进行过修订；2002 年、2011 年与 2017 年的分类标准之间差异不大，因此统一采用 2017 年的分类标准。

② 最终匹配的 15 个制造业行业分别为：食品、饮料和烟草；纺织品及纺织产品；皮革、皮革制品和鞋类；木材及木材和软木制品；纸浆、纸张、纸制品、印刷和出版；焦炭、精炼石油和核燃料；化学药品和化工产品；橡胶和塑料；其他非金属矿物；基本金属和金属制品；机械；电机及光学设备；运输设备；其他制造业；废弃资源综合利用业。

续表

变量	变量名称	观测值	平均值	中位数	标准差	最小值	最大值
innov	技术创新	195	0.158	0.127	0.104	0.027	0.572
hr	人力资本	195	10.403	8.502	8.592	0.611	38.360
factor	资源配置效率	195	1.078	1.059	0.152	0.705	1.598
ms	市场规模	195	26869.684	20141.785	20143.628	1238.650	76096.640

第五节 基准回归分析

一、基准回归结果

表8-3为"双循环"影响制造业高质量发展的基准回归结果。其中奇数列没有加入控制变量，偶数列加入控制变量，且对后两列控制固定效应。从基准回归结果中可以看出，在控制固定效应前，无论是否加入控制变量，"双循环"都与制造业高质量发展之间均在5%的置信水平存在着显著正相关的关系；在控制固定效应之后，"双循环"对制造业高质量发展的回归结果依旧在1%的置信水平显著为正，且显著性提高，说明"双循环"相互促进有助于推动我国制造业高质量发展。由此初步证明了H1。

表8-3 基准回归结果

变量	(1)	(2)	(3)	(4)
dom	0.051***	0.049***	0.034*	0.035**
	(3.55)	(3.30)	(1.94)	(1.98)
glb	0.101**	0.113***	0.089**	0.081*
	(2.54)	(2.83)	(2.12)	(1.94)
dom×*glb*	0.033**	0.040***	0.067***	0.070***
	(2.30)	(2.66)	(3.81)	(3.96)
控制变量	不控制	控制	不控制	控制
行业固定效应	否	否	是	是

续表

变量	（1）	（2）	（3）	（4）
时间固定效应	否	否	是	是
N	195	195	195	195
R^2	0.457	0.472	0.508	0.519

注：括号内为 t 统计量，＊、＊＊、＊＊＊分别表示在 10%、5%、1%的水平下显著。下同。

二、稳健性检验

（一）替换被解释变量

为排除不同测度方法对于估计结果可能产生的影响，改变被解释变量制造业高质量发展的量化方法，借鉴汪芳（2022）从制造业绿色发展效率与出口技术两方面来测度制造业高质量发展水平。首先构建包含期望产出和非期望产出的环境技术模型，在全域生产可能性集下，运用 DEA 构造衡量能源环境的全域 SBM 方向性距离函数，从而在此基础上构建 GML 生产率指数。假设 2008 年的绿色发展效率为 1，依据 GML 指数得到 2009~2021 年各行业的绿色发展效率。其次用生产产品的多样化与独特性来衡量我国产品的复杂度，进而用于衡量我国出口技术结构。具体做法为，依据李小平等（2015）提供的制造业行业与 SITC 三位码对照表，最终确定与 15 个行业相对应的 245 种 3 位数层面产品集合，测算完产品层面复杂度后，将各产品归类到不同行业，随后利用产品出口值占行业出口总值的比重作为权重，从而汇总得到行业出口技术结构。在分别测度完绿色发展效率与出口技术权重后，再通过均值法对二者进行无量纲化，采用补偿性加总函数量化制造业高质量发展水平。

随后，利用上述改变计算方法所得的制造业高质量发展水平进行实证分析，其中核心解释变量、控制变量的选择均与前文一致。表 8-4 前两列为更换被解释变量后的回归分析结果，从中可以看出，虽然更换被解释变量，但"双循环"与制造业高质量发展的回归结果依旧在 1%的置信水平显著为正，这与前文控制固定效应的基准回归结果一致，再次验证了"双循环"能够助推制造业高质量发展。

（二）GMM 基准回归模型

为避免遗漏重要解释变量，各变量之间内生性的问题以及"双循环"与制造业高质量发展之间可能存在的双向因果问题，采用动态广义矩估计（GMM）面板模型，采用动态面板模型将制造业高质量发展水平的滞后一期作为模型的工具变量，来进行稳健性检验。具体做法为，在式（8-1）的基础上加入制造业高质量发展指数的一阶滞后项，控制可能存在的动态效应以及内生性问题。

$$hq_{it} = \alpha_0 + \alpha_1 hq_{i,\,t-1} + \beta_1 dom_{it} + \beta_2 glb_{it} + \beta_3 dom \times glb_{it} +$$

$$\sum control_{it} + v_i + v_t + \varepsilon_{it} \qquad (8-4)$$

式中，$hq_{i,t-1}$ 表示滞后一期的制造业高质量发展水平，估计系数为 α_1，其余变量与式（8-1）相同。

对式（8-4）进行 GMM 方法估计，计量结果如表 8-4 中动态面板部分所示。作为一致估计，GMM 方法成立的前提条件是所有工具变量都有效，差分方程中残差序列不存在二阶及以上阶的自相关，因而需要进行 Hansen 检验 Arellano-Bond 序列相关检验。从检验结果来看，无论是差分 GMM 还是系统 GMM，二者的 Hansen 检验中各列值均大于 0.1，说明模型（3）~模型（6）的工具变量选取均是有效的，并且各列汇报的 AR（2）的值也均大于 0.1，表明各模型残差不存在二阶序列自相关。从动态面板回归系数值来看，滞后一期的制造业高质量发展水平是高度正向显著的，并且在引入滞后变量后"双循环"与制造业高质量发展之间仍存在着高度显著的正相关关系；不仅表明了制造业高质量发展水平具有一定路径依赖，上一期的发展水平将会影响当期制造业高质量发展水平，而且一定程度上排除了制造业高质量发展与"双循环"之间可能存在的双向因果与内生性问题，再次证明了双循环对制造业高质量发展的确具有显著的促进作用，证明了本章结论的稳健性。

表 8-4　替换被解释变量与内生性处理

变量	静态面板		动态面板			
	替换被解释变量		差分 GMM		系统 GMM	
	（1）	（2）	（3）	（4）	（5）	（6）
L1. hq			0.324**	0.326***	0.382**	0.393**
			(2.44)	(3.19)	(2.23)	(2.49)
dom	0.037***	0.037***	0.015	0.023	0.036***	0.037**
	(3.72)	(3.61)	(0.94)	(1.33)	(2.96)	(2.49)

续表

变量	静态面板		动态面板			
	替换被解释变量		差分 GMM		系统 GMM	
	（1）	（2）	（3）	（4）	（5）	（6）
glb	0.039* （1.69）	0.041* （1.74）	0.046 （1.15）	0.039 （1.05）	0.069 （1.38）	0.078 （1.48）
dom×glb	0.038*** （3.83）	0.037*** （3.72）	0.100*** （2.86）	0.094*** （2.63）	0.059*** （2.66）	0.064*** （2.62）
固定效应	是	是				
控制变量	不控制	控制	不控制	控制	不控制	控制
AR（1）	—	—	0.190	0.171	0.179	0.173
AR（2）	—	—	0.441	0.665	0.476	0.698
Hansen	—	—	0.376	1.000	0.999	0.867
R^2	0.652	0.646	—	—	—	—
N	195	195	165	165	180	180

注：Hansen 检验的零假设为工具变量与扰动项不相关，即模型不存在过度识别；AR（1）和 AR（2）检验的零假设为残差不存在一阶、二阶自相关，检验部分的值是各检验结果的 p 值。

三、内生性处理

虽然在前文基准回归模型中通过控制双重固定效应与不同层面影响制造业高质量发展的可能因素，在一定程度上缓解了内生性的干扰，但模型仍有遗漏变量的可能。此外，国内国际"双循环"与制造业高质量发展之间可能存在着逆向因果关系，"双循环"在发挥行业要素吸引效应的同时，也可能意味着行业产业配套更加完善，促使高端要素集聚，进而促进我国制造业"双循环"发展。因此，可以通过构建工具变量采用 2SLS 法来进一步解决可能存在的内生性问题。

具体做法为，选取国际大循环滞后一期作为制造业国际大循环的基准工具变量（IV1）。一方面，当期制造业"双循环"水平与其上一期的发展水平高度相关，满足了工具变量相关性的要求；另一方面，内外循环发展水平的滞后项具有"前定性"，与当期的随机扰动项不相关，满足工具变量排他性的要求。此外，考虑检验的稳健性，借鉴王玉燕和涂明慧（2021）的研究，利用日本的国内循环程度的滞后二期值作为本章的另一个工具变量（IV2）。从相关性条件看，日本与中国在地理位置上毗邻，贸易相关度高，与中国的生产分割程度相关性较强（刘维刚等，2017），即日本国内循环程度与我国国内循环之间可能存在正相关关系。在排他性方面，日本的生产分割反映的是他国生产情况，与中国制造业的发展程度不直接相关，满足工具变量外生性和相关性的选取条件。

基于工具变量的内生性检验结果如表 8-5 所示，从中可以看出，考虑了可能存在的内生性问题后，核心解释变量"双循环"的回归系数依旧在 10% 的置信水平显著为正，即考虑了潜在的内生性问题后，双循环能够促进制造业高质量发展的结论依旧正确，再次验证了本章基准回归结果的稳健性。此外，关于工具变量有效性的检验结果汇报于表 8-5 的第 7 行与第 8 行，结果显示，各列 Cragg-Donald Wald F 统计量均在 10% 显著性水平大于 Stock-Yogo 临界值，LM 统计量均在 1% 显著性水平拒绝原假设，表明上述两种工具变量均通过了弱工具变量检验与可识别检验，本章工具变量的构建合理且有效。

表 8-5　内生性检验

变量	工具变量检验 IV1		工具变量检验 IV2	
	（1）	（2）	（3）	（4）
dom	0.050***	0.046***	0.051***	0.047***
	(2.97)	(2.73)	(4.74)	(4.24)
glb	0.114**	0.128**	0.048**	0.047**
	(2.03)	(2.33)	(2.19)	(2.10)
dom×glb	0.033**	0.043***	0.017*	0.021**
	(2.12)	(2.75)	(1.93)	(2.34)
控制变量	不控制	控制	不控制	控制
时间固定效应	是	是	是	是
LM statistic	93.788***	95.774***	104.321***	102.665***
Wald F statistic	165.870***	168.914***	259.603***	242.104***
N	180	180	165	165
R^2	0.435	0.456	0.642	0.641

四、数据清洗

为克服极端异常值对检验结果的影响及得到更为稳健的回归结果，本章对被解释变量、解释变量以及控制变量做 1% 水平的双边缩尾处理，具体回归结果如表 8-6 的前两列所示，与基准回归结果保持一致。

五、去中心化处理

为进一步检验前文基准回归结果的稳健性，参照 Balli 和 Sørensen（2013）的做法，对核心解释变量 *dom*、*glb* 与 *dom×glb* 同时进行去中心化处理，具体回归结果如表 8-6 的第（3）列与第（4）列所示，核心解释变量去中心化后，"双循环"回归结果与前文保持一致。

表 8-6　去中心化与数据清洗

变量	数据清洗		去中心化处理	
	（1）	（2）	（3）	（4）
dom	0.034 *	0.035 **		
	(1.94)	(1.98)		
glb	0.089 **	0.081 *		
	(2.12)	(1.94)		
dom×glb	0.067 ***	0.070 ***		
	(3.81)	(3.96)		
de_dom			0.085 ***	0.090 ***
			(6.10)	(6.40)
de_glb			0.067	0.051
			(1.61)	(1.25)
de_dom×glb			0.322 ***	0.355 ***
			(4.82)	(5.37)
控制变量	不控制	控制	不控制	控制
行业固定效应	是	是	是	是
时间固定效应	是	是	是	是
N	195	195	195	195
R^2	0.508	0.519	0.531	0.552

六、异质性分析

前文已经论证了"双循环"与制造业高质量发展之间的关系，且对其进行了稳定性检验以及分析了影响机制，但"双循环"对不同类型制造业行业带来的影响差异还需要进一步探索。因此，根据各行业研发投入强度的相对高低，将15个行业平分为3组，即高技术层次行业组、中技术层次行业组以及低技术层次行业组，对不同技术层次的行业进行异质性检验，具体结果如表8-7所示。从中可以看出，"双循环"显著助推了中技术层次与高技术层次制造业行业高质量发展，而对于低技术层次行业而言，在加入控制变量后，二者并不存在相关关系。对低技术层次行业来说，其国际获益能力较弱，且大多为劳动密集型产业，主要依靠早期我国大量优质廉价劳动力而迅速发展，相对的从"双循环"中获益较小，并且随着近年我国劳动力成本的逐渐上升以及东南亚等国家的兴起，我国低技术层次行业发展降速，亟须通过自身产业结构调整与升级来推动其发展，提升发展的质量与竞争力。对于中高技术层次行业而言，"双循环"都能够显著地促进其高质量发展，但从回归结果的显著性来看，高技术层次行业的"双循环"回归系数更加显著，说明相较于中技术层次行业，"双循环"对高技术层次行业高质量发展的促进作用更明显，其可能的原因在于高技术层次行业与全球价值链的融合程度更高，对外开放水平高，并且国内生产配套设施更齐全，高度要素培育能力更强，行业规模更大，以及所得到的国家政策倾斜更多，能够更好地在国内国际"双循环"相互作用下提升自身发展水平。

表8-7　不同技术层次异质性分析

变量	低技术层次		中技术层次		高技术层次	
	(1)	(2)	(3)	(4)	(5)	(6)
dom	0.000 (0.01)	-0.006 (-0.17)	0.026 (0.50)	-0.020 (-0.41)	0.040*** (4.78)	0.040*** (4.38)
glb	0.130 (1.39)	0.144 (1.44)	0.403** (2.66)	0.363** (2.58)	0.004 (0.26)	0.004 (0.22)
dom×*glb*	0.044* (1.77)	0.042 (1.62)	0.086* (1.72)	0.115** (2.48)	0.044*** (3.82)	0.042*** (3.30)

续表

变量	低技术层次		中技术层次		高技术层次	
	（1）	（2）	（3）	（4）	（5）	（6）
控制变量	不控制	控制	不控制	控制	不控制	控制
行业固定效应	是	是	是	是	是	是
时间固定效应	是	是	是	是	是	是
N	65	65	65	65	65	65
R^2	0.506	0.482	0.615	0.683	0.872	0.864

前文基准回归分析揭示了"双循环"确实可以促进中国制造业高质量发展，并且通过稳健性检验与内生性检验证明该结论的正确性。本节在前文基础上，进一步明晰双循环对制造业高质量发展的促进效应在不同发展维度下的具体表现，对表8-1中影响制造业高质量发展的四个维度熵权法分别进行综合评分，并采用OLS线性基准回归进行计量检验，具体回归结果如表8-8所示。从前三列可以看出，"双循环"显著促进了制造业产业的经济与生态效益提高，并推动了我国制造业现代化进程，这一方面得益于"双循环"经济循环畅通所带来的生产成本减少，从而有利于产业经济收益提升，并做好低碳、减排；另一方面得益于"双循环"的培育与引进双重作用提升我国制造业高端要素集聚度，进而促进技术进步，推进高质量发展。表8-8中的最后一列汇报了"双循环"对我国制造业社会贡献所产生的影响，从中可以看出，国内循环以及国内国际"双循环"相互作用能促进我国制造业社会贡献能力的提升，但"双循环"相互作用对该维度影响的显著性相较于前三列维度低，且国际循环对其并未产生显著的影响，可能的原因在于，有关各行业职工工资水平等的影响因素，在一定程度上要受到地区经济发展水平的影响，这就削弱了"双循环"以及国际循环对于该维度的影响。

表8-8　"双循环"对不同维度高质量发展的影响

变量	经济效益 （1）	现代化 （2）	生态效益 （3）	社会贡献 （4）
dom	0.033 * （1.86）	0.036 ** （1.98）	0.032 * （1.79）	0.035 * （1.69）

续表

变量	经济效益 （1）	现代化 （2）	生态效益 （3）	社会贡献 （4）
glb	0.081* (1.92)	0.080* (1.84)	0.087** (2.10)	0.049 (1.02)
dom×glb	0.068*** (3.84)	0.064*** (3.50)	0.071*** (4.05)	0.042** (2.06)
控制变量	控制	控制	控制	控制
行业固定效应	是	是	是	是
年份固定效应	是	是	是	是
N	195	195	195	195
R^2	0.505	0.474	0.525	0.300

第六节　机制分析与调节效应

一、机制分析

前文回归分析证明了 H1，从基准回归的角度证明了"双循环"能够推动制造业高质量发展。本节为证明假说的合理性，构建中介效应模型，从要素投入的路径来分析"双循环"推动制造业高质量发展的内在机理，并对 H2 进行实证检验，借鉴温忠麟等（2004）的中介效应检验方法，设定如下模型：

$$hq_{it} = \alpha_0 + \beta_1 dom_{it} + \beta_2 glb_{it} + \beta_3 dom \times glb_{it} + \sum control_{it} + v_i + v_t + \varepsilon_{it}$$

$$(8-5)$$

$$M_{it} = \alpha_0 + \gamma_1 dom_{it} + \gamma_2 glb_{it} + \gamma_3 dom \times glb_{it} + \sum control_{it} + v_i + v_t + \varepsilon_{it}$$

$$(8-6)$$

$$hq_{it} = \alpha_0 + \theta_1 dom_{it} + \theta_2 glb_{it} + \theta_3 dom \times glb_{it} + \theta_4 M_{it} + \sum control_{it} + v_i + v_t + \varepsilon_{it}$$

$$(8-7)$$

式中，i 表示行业，t 表示年份，M 表示中介变量，M_1 表示人力资本积累，

M_2 表示技术创新，M_3 表示资源配置效率。其余变量均与式（8-1）保持一致。中介效应检验步骤为：若 β_3、γ_3 与 θ_3 均显著，且 θ_3 与 β_3 相比变小或显著下降，那么说明存在中介效应，具体回归结果如表8-9所示。

表8-9中第1列为"双循环"与高质量发展的基准回归结果，用于后续中介效应检验；第2列与第3列为人力资本积累的中介机制检验结果。回归结果表明，"双循环"与人力资本积累在1%的置信水平存在正相关关系，在第3列加入中介变量人力资本（M_1）后，中介变量系数在1%水平显著为正，且基准回归系数数值有所下降，表明此时存在部分中介效应。为稳健性起见，采用系数乘积检验法Bootstrap来检验间接效应是否显著，具体检验结果汇报于表8-9第6行中，从中可以看出Bootstrap检验的置信区间中不包含0，表明中介效应成立，间接效应显著，中介变量选取有效，即"双循环"通过提升人力资本积累水平有效地促进了制造业高质量发展。表8-9中第4列与第5列为技术创新的中介机制检验结果，结果表明，双循环在1%的水平显著推动了我国制造业高质量发展，且回归系数值为0.086，仍小于基准回归的系数值，表明存在中介效应，采用Bootstrap法检验后，发现中介效应成立，中介变量选取合理，证明"双循环"通过提升技术创新能力有效地促进了制造业高质量发展。表8-9中第6~第7列汇报了资源配置效率改善的中介机制检验结果，结果表明"双循环"显著促进了资源配置效率的升级，在第7列中纳入中介变量 M_3 后，回归系数数值有所下降，表明资源配置效率的改善产生了中介效应，为稳健性起见，继续采用Bootstrap法进行检验，结果显示置信区间中并不包含0，表明中介变量选取有效，即"双循环"通过改善资源配置效率有效地促进了制造业高质量发展。

表8-9　机制分析回归结果

变量	基准回归	人力资本积累		行业技术创新		资源配置效率	
	hq	M_1	hq	M_2	hq	M_3	hq
$dom{\times}glb$	0.121*** (10.74)	1.117*** (8.67)	0.094*** (7.73)	0.118*** (5.94)	0.086*** (8.96)	0.358*** (11.44)	0.101*** (7.20)
M_1			0.024*** (3.95)				
M_2					0.305*** (8.96)		

续表

变量	基准回归	人力资本积累		行业技术创新		资源配置效率	
	hq	M_1	hq	M_2	hq	M_3	hq
M_3							0.055** (2.13)
Bootstrap 检验 95%置信区间		[0.059914, 0.119376]		[0.059535, 0.110175]		[0.000316, 0.092886]	
控制变量	控制	控制	控制	控制	控制	控制	控制
行业固定效应	是	是	是	是	是	是	是
时间固定效应	是	是	是	是	是	是	是
N	195	195	195	195	195	195	195
R^2	0.595	0.746	0.559	0.636	0.676	0.577	0.526

综上所述,上述分析回归结果证明了 H2 的正确性,也证实了"双循环"通过人力资本积累、技术创新能力提升以及资源配置效率改善来推动制造业高质量发展。

二、"双循环"对制造业高质量发展影响的调节效应检验

根据前文理论分析,"双循环"可能通过经济要素等作用机制,调节其对制造业高质量发展的影响。因此,本节在理论分析的基础上进一步利用调节效应对"双循环"关于制造业高质量发展的影响机制进行检验。关于经济要素的衡量,选取行业市场规模(ms)作为其代理变量,并采用行业工业总产值来衡量,构建计量方程如下:

$$hq_{it} = \alpha_0 + \beta_1 dom_{it} + \beta_2 glb_{it} + \beta_3 dom \times glb_{it} + \beta_4 dom \times ms_{it} + \beta_5 glb \times ms_{it} +$$

$$\beta_6 dom \times glb \times ms_{it} + \sum control_{it} + v_i + v_t + \varepsilon_{it} \qquad (8-8)$$

按照行业市场规模从高到低排序后,根据中位数划分市场规模较大组与市场规模较小组,基于两组别的调节效应检验结果如表 8-10 所示,结果显示,交互项 $dom \times glb \times ms$ 在市场规模较大组别显著为正,而在市场规模较小组别则不再具备经济显著性,这一差别说明,行业市场规模越大,其高质量发展受到"双循环"的影响作用越明显,即证明了 H3,市场规模对"双循环"推动制造业高质量发展具有正向调节作用。

表8-10　调节效应检验

变量	市场规模较大		市场规模较小	
	（1）	（2）	（3）	（4）
dom×glb	0.045***	0.045***	0.238***	0.235***
	（3.65）	（3.55）	（8.15）	（7.76）
ms	0.000***	0.000***	-0.000	-0.000
	（4.15）	（3.91）	（-0.43）	（-0.47）
dom×glb×ms	0.000***	0.000***	0.000	-0.000
	（5.24）	（5.02）	（0.06）	（-0.26）
控制变量	不控制	控制	不控制	控制
行业固定效应	是	是	是	是
时间固定效应	是	是	是	是
N	104	104	91	91
R^2	0.645	0.630	0.613	0.614

第七节　简要结论与启示

为探讨中国制造业高质量发展水平及影响因素，本章从产业经济效益、现代化、生态效应以及社会贡献四个维度构建综合评价指标测度细分行业的高质量发展水平。在此基础上，分析了制造业高质量发展与"双循环"的内在关系，从要素投入的特定视角，理论分析了"双循环"对中国制造业高质量发展的影响及内在作用机制。并以此为先导，在科学构建和测度制造业高质量发展和"双循环"指标基础上，利用2009~2021年中国制造业15个行业的面板数据，进一步开展的计量检验发现，第一，国内国际"双循环"及其二者相互促进，均能助推中国制造业高质量发展，而且实证检验结果发现，相比外循环，内循环对高质量发展的助推效果更明显，上述结论在各种稳健性检验与内生性检验下依然成立。第二，分技术层次检验发现，"双循环"有效联动对高技术层次产业的促进效果更好，而中低技术层次产业次之。第三，从具体作用机制来看，制造业行业人力资本的积累、技术创新能力的提高以及资源配置效率的改善，是"双循环"

助推制造业高质量发展的内在作用机制。第四，以行业市场规模为表征的经济要素在"双循环"促进制造业高质量发展起到正向调节作用，即行业市场规模越大，越有利于发挥"双循环"对中国制造业高质量发展的促进作用。

本章研究不仅有助于拓宽对中国制造业高质量发展影响因素的认识，而且对于如何利用"双循环"新发展格局提升制造业要素投入水平，从而助推制造业高质量发展也有重要的政策含义。

一方面，加快构建形成"双循环"新发展格局。对内要继续强化体制机制改革，进一步畅通国内大市场，加快国内市场一体化进程，提升国内大循环对高端要素的培育能力；加快实施扩大内需战略，扩大国内本土需求市场规模，从而增强我国对国际高端要素的吸引力。对外要积极参与全球与区域经济合作，新发展格局并不是"不开放"，而是要实施更高水平的对外开放，要积极推动多边或双边经贸合作，做经济全球化的推手。另一方面，进一步减少要素市场行政扭曲，消除要素流动的制度性障碍与壁垒。双循环新发展格局的本质，无论是从内循环还是从国际大循环角度看，"畅通"都是其内在要求，也是据此实现提升要素投入质量和水平以及优化要素配置的关键。当前，中国经济发展正朝着高质量发展新阶段迈进，政府要降低制度性交易成本，进一步提升国内与国际市场的畅通性；并且要全面深化体制改革，要充分发挥市场在资源配置中的主体作用，减少因制度性障碍而造成的要素错配问题，从而提升要素流动效率与速率及产业分工水平与生产专业化能力，助推本土市场对高端要素的培育；同时重视制造业对国际高端要素引入支持力度，降低新兴外资项目准入壁垒，调整好高端要素与中间品准入的关税。在政策上，既要对高技术行业给予一定政策倾斜，鼓励与支持高技术行业的发展；也要加强营商环境法治化与市场化建设，以确保国内外各类生产要素与资源的有序流动。总之，这也是加快构建和形成新发展格局的必由之路。

参考文献

［1］ Arrow K. The Economic Implications of Learning by Doing ［M］. London: Palgrave Macmillan, 1971.

［2］ Balli H O, Sørensen B E. Interaction Effects in Econometrics ［J］. Empirical Economics, 2013, 45 (01): 583-603.

［3］ Barro R J. Inequality and Growth in a Panel of Countries ［J］. Journal of Economic Growth, 2000, 5 (01): 5-32.

［4］ Collard-Wexler A, J De Loecker. Reallocation and Technology: Evidence from the US Steel Industry ［J］. American Economic Review, 2015, 105 (01): 131-171.

［5］ Daniel S, Jose V, Adolfo M. Trade Openness, Income Levels, and Economic Growth: The Case of Developing Countries, 1970-2009 ［J］. Journal of International Trade & Economic Development, 2015, 24 (06): 860-882.

［6］ Eiichi T. Changing Economic Geography and Vertical Linkages in Japan ［J］. Journal of the Japanese and International Economies, 2003, 17 (04): 561-581.

［7］ Fally T. Production Staging: Measurement and Facts ［J］. Boulder, Colorado, University of Colorado-boulder, 2012 (01): 155-168.

［8］ Fujita M, J F Thisse. Globalization and the Evolution of the Supply Chain: Who Gains and Who Loses ［J］. International Economic Review, 2006, 47 (03): 811-836.

［9］ Hanson G H. Regional Adjustment to Trade Liberalization ［J］. Regional

Science and Urban Economics, 1994, 28 (04): 419-444.

[10] Henderson J V. The Sizes and Types of Cities [J]. The American Economic Review, 1974, 64 (04): 640-656.

[11] Krugman P R. A Model of Innovation, Technology Transfer, and the World Distribution of Income [J]. Journal of Political Economy, 1979, 87 (02): 253-266.

[12] Lucas R. On the Mechanism of Economic Development [J]. Journal of Monetary Economics, 1988 (22): 3-22.

[13] Ludema R D, Wooton I. Economic Geography and the Fiscal Effects of Regional Integration [J]. Journal of International Economics, 2000, 52 (02).

[14] Moll B. Productivity Losses from Financial Frictions: Can Self - Financing Undo Capital Misallocation? [J]. American Economic, 2014, 104 (10): 3186-3221.

[15] Philippe M G, et al. Growth and Agglomeration [J]. International Economic Review, 2001, 42 (04): 947-968.

[16] Posner M V. International Trade and Technical Change [J]. Oxford Economic Papers, 1961, 13 (03): 323-341.

[17] Romer P M. Increasing Returns and Long - run Growth [J]. Journal of Political Economy, 1986, 94 (05): 1002-1037.

[18] Romer T, Rosenthal H. Median Voters or Budget Maximizers: Evidence from School Expenditure Referenda [J]. Economic Inquiry, 1982, 20 (04): 556-578.

[19] Solow R M. Technical Change and the Aggregate Production Function [J]. The Review of Economics and Statistics, 1957, 39 (03): 312-320.

[20] Tahir M, Azid T. The Relationship between International Trade Openness and Economic Growth in the Developing Economies [J]. Journal of Chinese Economic & Foreign Trade Studies, 2015, 8 (02): 123-139.

[21] Wong Hock Tsen. Granger Causality Tests among Openness to International Trade, Human Capital and Economic Growth in China: 1952-1999 [J]. International Economic Journal, 2016, 20 (03): 285-302.

[22] Yanikkaya H. Trade Openness and Economic Growth: A Cross-country Empirical Investigation [J]. Journal of Development Economics, 2003 (72): 57-89.

［23］艾麦提江·阿布都哈力克，白洋，卓乘风，邓峰．我国"一带一路"基础设施投资效率对经济增长方式转变的空间效应分析［J］．工业技术经济，2017，36（03）：131-138.

［24］安树伟．"一带一路"对我国区域经济发展的影响及格局重塑［J］．经济问题，2015（04）：1-4.

［25］曹平，王智林．"一带一路"倡议、产业集聚与中国企业创新［J］．技术经济，2020，39（06）：10-16，23.

［26］陈国福，唐炎钊．经济高质量发展的内外双循环驱动因素和政府竞争的影响机制［J］．经济问题探索，2022（01）：1-14.

［27］陈丽姗，傅元海．融资约束条件下技术创新影响企业高质量发展的动态特征［J］．中国软科学，2019（12）：108-128.

［28］陈胜蓝，刘晓玲．公司投资如何响应"一带一路"倡议？——基于准自然实验的经验研究［J］．财经研究，2018，437（04）：20-33.

［29］陈太明．对外开放如何影响经济波动［J］．当代经济科学，2020，42（06）：13-24.

［30］陈威，潘润秋，王心怡．中国省域对外开放度时空格局演化与驱动机制［J］．地理与地理信息科学，2016，32（03）：53-60.

［31］陈云贤．中国特色社会主义市场经济：有为政府+有效市场［J］．经济研究，2019（01）：4-19.

［32］陈昭，刘映曼．政府补贴、企业创新与制造业企业高质量发展［J］．改革，2019（08）：140-151.

［33］程大中，陈福炯．中国服务业相对密集度及对其劳动生产率的影响［J］．管理世界，2005（02）：77-84.

［34］程晶晶，夏永祥．基于新发展理念的我国省域经济高质量发展水平测度与比较［J］．工业技术经济，2021，40（06）：153-160.

［35］迟福林．建设更高水平开放型经济新体制［J］．当代经济科学，2021，43（01）：10-17.

［36］崔日明，陈永胜．沿边开放与区域经济增长——基于制度变迁的研究［J］．山西大学学报（哲学社会科学版），2022，45（01）：139-148.

［37］代谦，何祚宇．国际分工的代价：垂直专业化的再分解与国际风险传

导［J］. 经济研究，2015，50（05）：20-34.

［38］戴翔. 当前新国际分工形势下的"外需"内涵［J］. 新华文摘，2013（02）：162-163.

［39］戴翔. 扩大服务业开放与制造业全球价值链参与［J］. 山西财经大学学报，2020，42（12）：68-80.

［40］戴翔. 要素分工新发展与中国新一轮高水平开放战略调整［J］. 经济学家，2019（05）：85-93.

［41］戴翔. 制度型开放：中国新一轮高水平开放的理论逻辑与实现路径［J］. 国际贸易，2019（03）：4-12.

［42］戴翔，金碚. 产品内分工、制度质量与出口技术复杂度［J］. 经济研究，2014，49（07）：4-17.

［43］戴翔，刘梦，张为付. 本土市场规模扩张如何引领价值链攀升［J］. 世界经济，2017，40（09）：27-50.

［44］戴翔，宋婕. 我国外贸转向高质量发展的内涵、路径及方略［J］. 宏观质量研究，2018，6（03）：22-31.

［45］戴翔，王如雪."一带一路"建设与中国对外直接投资：促进抑或抑制？［J］. 当代经济研究，2020（06）：81-93.

［46］戴翔，张二震. 论"全球增长共赢链"［J］. 江海学刊，2020（05）：80-87.

［47］戴翔，张二震. 要素分工与国际贸易理论新发展［M］. 北京：人民出版社，2017.

［48］戴翔，张二震，王原雪. 特朗普贸易战的基本逻辑、本质及其应对［J］. 南京社会科学，2018（04）：11-17.

［49］丁江辉."一带一路"倡议与区域经济融合发展［J］. 人民论坛，2017（27）：92-93.

［50］杜志高，陈启充，郭晨晖. 中国经济高质量发展水平测度及时空驱动因素研究——基于30个省级行政区2014~2018年数据［J］. 西部经济管理论坛，2022，33（01）：66-76.

［51］段秀芳，寇明龙."一带一路"倡议对东部沿线五省市经济增长的影响——基于PSM-DID模型［J］. 经济论坛，2019（10）：77-84.

[52] 段秀芳，寇明龙．"一带一路"倡议对中国西部沿线省级区域经济增长的影响——基于 PSM‐DID 方法研究 [J]．新疆财经，2019，221（06）：70‐78．

[53] E. 多马．经济增长理论 [M]．北京：商务印书馆，1983：21．

[54] 樊越．可持续发展理念的历史演进及其当前困境探析 [J]．四川大学学报（哲学社会科学版），2022（01）：88‐98．

[55] 范剑勇．市场一体化、地区专业化与产业集聚趋势——兼谈对地区差距的影响 [J]．中国社会科学，2004（06）：39‐51，204‐205．

[56] 范剑勇，冯猛，李方文．产业集聚与企业全要素生产率 [J]．世界经济，2014（05）：51‐73．

[57] 方梓旭，戴志敏．中国制造业高质量发展水平测度及时空特征研究 [J]．软科学，2023（01）．

[58] 冯俏彬．推动我国经济高质量发展的五大途径 [J]．经济研究参考，2018（30）：34‐35．

[59] 付建栋，刘军．资本品、中间品进口与产业结构升级 [J]．华东经济管理，2023，37（06）：44‐53．

[60] 傅为忠，储刘平．长三角一体化视角下制造业高质量发展评价研究——基于改进的 CRITIC‐熵权法组合权重的 TOPSIS 评价模型 [J]．工业技术经济，2020，39（09）：145‐152．

[61] 高伟，王天驰，王晓珍．区域经济发展效率演化及其影响因素——以江苏省为例 [J]．企业经济，2016（10）：109‐114．

[62] 高翔，黄建忠．对外开放程度、市场化进程与中国省级政府效率——基于 Malmquist‐Luenberger 指数的实证研究 [J]．国际经贸探索，2017，33（10）：19‐35．

[63] 高艳红，陈德敏，张瑞．再生资源产业替代如何影响经济增长质量？——中国省域经济视角的实证检验 [J]．经济科学，2015（01）：18‐28．

[64] 高运胜，杨阳．全球价值链重构背景下我国制造业高质量发展目标与路径研究 [J]．经济学家，2020（10）：65‐74．

[65] 郭爱君，朱瑜珂，钟方雷．"一带一路"倡议对我国沿线地区开放型经济发展水平的影响效应评估——基于"准自然实验"分析 [J]．经济问题探

索，2019（09）：59-71.

［66］郭朝先．产业融合创新与制造业高质量发展［J］．北京工业大学学报（社会科学版），2019，19（04）：49-60.

［67］郭周明，张晓磊．高质量开放型经济发展的内涵与关键任务［J］．改革，2019（01）：43-53.

［68］国家统计局．新常态 新战略 新发展［N］．中国信息报，2015-10-13（001）.

［69］海闻．国际贸易理论的新发展［J］．经济研究，1995（07）：67-73.

［70］韩文秀．贯彻新发展理念，构建新发展格局，以高质量发展为"十四五"开好局——学习中央经济工作会议精神的几点体会［J］．宏观经济管理，2021（02）：1-3，21.

［71］何明升．评价发展质量的五个判据［J］．学术交流，1998（04）：71-73.

［72］何伟．中国区域经济发展质量综合评价［J］．中南财经政法大学学报，2013（04）：49-56，160.

［73］洪银兴．新时代社会主义现代化的新视角——新型工业化、信息化、城镇化、农业现代化的同步发展［J］．南京大学学报（哲学·人文科学·社会科学版），2018，55（02）：5-11.

［74］洪银兴，杨玉珍．构建新发展格局的路径研究［J］．经济学家，2021（03）：5-14..

［75］胡昭玲．国际垂直专业化分工与贸易：研究综述［J］．南开经济研究，2006（05）：12-26.

［76］黄河．公共产品视角下的"一带一路"［J］．世界经济与政治，2015（06）：138-155，160.

［77］黄清煌，高明．环境规制对经济增长的数量和质量效应——基于联立方程的检验［J］．经济学家，2016（04）：53-62.

［78］黄旭东，石蓉荣．"一带一路"区域贸易和FDI对经济增长的贡献——基于GVAR模型的研究［J］．数理统计与管理，2018，37（03）：492-508.

［79］黄娅娜，邓洲．生产要素对制造业的影响分析及政策建议［J］．中国井冈山干部学院学报，2022，15（01）：112-122.

[80] 黄益平，王勋，胡岷．"十四五"时期中国经济的增长收敛与发展前景 [J]．武汉大学学报（哲学社会科学版），2022，75（01）：91-100.

[81] 黄永春，郑江淮，杨以文，祝吕静．中国"去工业化"与美国"再工业化"冲突之谜解析——来自服务业与制造业交互外部性的分析 [J]．中国工业经济，2013（03）：7-19.

[82] 霍忻，刘冬，王新城．中国对"一带一路"沿线直接投资的经济增长动态效果研究——基于理论模型和 VAR 模型的实证分析 [J]．工业技术经济，2020，39（03）：97-106.

[83] 季剑军，曾昆．服务业对外开放与竞争力关系的研究 [J]．经济与管理研究，2016，37（01）：63-69.

[84] 贾中华，梁柱．贸易开放与经济增长——基于不同模型设定和工具变量策略的考察 [J]．国际贸易问题，2014（04）：14-22.

[85] 江小国，何建波，方蕾．制造业高质量发展水平测度、区域差异与提升路径 [J]．上海经济研究，2019（07）：70-78.

[86] 江小涓．新中国对外开放与赋能增长和改革 [J]．当代中国史研究，2020，27（02）：151.

[87] 江小涓，孟丽君．内循环为主、外循环赋能与更高水平双循环——国际经验与中国实践 [J]．管理世界，2021，37（01）：1-19.

[88] 金碚．关于"高质量发展"的经济学研究 [J]．中国工业经济，2018（04）：5-18.

[89] 黎文勇，杨上广．对外开放、功能分工与中国经济增长质量——基于282个地级以上城市的空间杜宾模型研究 [J]．经济体制改革，2019（05）：28-36.

[90] 李标，孙琨．新时代中国工业高质量发展的理论框架与水平测度研究 [J]．社会科学研究，2022（03）：73-83.

[91] 李丹，崔日明．"一带一路"战略与全球经贸格局重构 [J]．经济学家，2015（08）：62-70.

[92] 李佳，汤毅．贸易开放、FDI 与全要素生产率 [J]．宏观经济研究，2019（09）：67-79，129.

[93] 李健，朱雯雯．"一带一路"倡议与沿线区域规划协同发展研究 [J].

上海城市管理, 2020, 29（05）：50-58.

［94］李金昌, 史龙梅, 徐蔼婷. 高质量发展评价指标体系探讨 ［J］. 统计研究, 2019, 36（01）：4-14.

［95］李金叶, 沈晓敏. 境外园区对中国对外直接投资的影响研究——基于"一带一路"国家面板数据的分析 ［J］. 华东经济管理, 2019, 33（12）：20-27.

［96］李莉莉, 叶阿忠. 环境规制能否助推中国工业高质量发展？——基于动态空间 Durbin 模型的实证研究 ［J］. 技术经济, 2022, 41（12）：99-110.

［97］李巧华. 新时代制造业企业高质量发展的动力机制与实现路径 ［J］. 财经科学, 2019（06）：57-69.

［98］李小帆, 蒋灵多."一带一路"建设、中西部开放与地区经济发展 ［J］. 世界经济, 2020, 43（10）：3-27.

［99］李小平, 周记顺, 王树柏. 中国制造业出口复杂度的提升和制造业增长 ［J］. 世界经济, 2015, 38（02）：31-57.

［100］李英杰, 韩平. 数字经济下制造业高质量发展的机理和路径 ［J］. 宏观经济管理, 2021（05）：36-45.

［101］李颖. 我国东西部省份经济开放度与经济增长关系的实证检验 ［J］. 统计与决策, 2016（22）：133-135.

［102］联合国贸易发展研究所, Contents and Measurement of Socio-economic Development, Donald McGranahan et al. UNRISD and Praeger, 1972, https：//www. unrisd. org/en/research/projects/measurement-and-social-indicators.

［103］廖红伟, 杨良平."一带一路"国家 OFDI、产业结构升级与经济增长：互动机理与中国表现 ［J］. 社会科学研究, 2018（05）：29-37.

［104］刘斌, 李宏佳, 孙琳. 北京市服务业开放对京津冀价值链升级影响的实证研究 ［J］. 国际商务（对外经济贸易大学学报）, 2018（02）：63-74.

［105］刘峻峰, 李巍, 张卫峰. 资本要素双循环对企业融资约束的缓解效应 ［J］. 经济体制改革, 2022（02）：144-149.

［106］刘梦, 戴翔."国际贸易重要性渐减规律"成立吗？ ［J］. 数量经济技术经济研究, 2018, 35（12）：61-80.

［107］刘仕国, 宋泓, 高凌云, 石先进, 周学智, 臧成伟, 张宇燕. 世界开放大变局：基于对外开放指数的测度 ［J］. 国际经济评论, 2021（01）：28-

55，4.

［108］刘维刚，倪红福，夏杰长．生产分割对企业生产率的影响［J］．世界经济，2017，40（08）：29-52.

［109］刘渝琳，刘明．开放经济条件下政府的优惠投资政策与区域经济发展差异［J］．世界经济研究，2011（06）：3-9.

［110］刘再起，张元．"一带一路"倡议与中国经济对外开放的再平衡［J］．湖北社会科学，2017（10）：78-84.

［111］刘志彪．重塑中国经济内外循环的新逻辑［J］．探索与争鸣，2020（07）：42-49，157-158.

［112］刘志彪，孔令池．从分割走向整合：推进国内统一大市场建设的阻力与对策［J］．中国工业经济，2021（08）：20-36.

［113］刘志彪，凌永辉．在主场全球化中构建新发展格局——战略前提、重点任务及政策保障［J］．产业经济评论，2021（06）：5-13.

［114］马小南．"一带一路"影响下区域经济的发展新格局［J］．技术经济与管理研究，2016（05）：113-117.

［115］倪红福，龚六堂，夏杰长．生产分割的演进路径及其影响因素——基于生产阶段数的考察［J］．管理世界，2016（04）：10-23，187.

［116］朴光姬．"一带一路"与东亚"西扩"——从亚洲区域经济增长机制构建的视角分析［J］．当代亚太，2015（06）：37-62，156.

［117］乔敏健．对外直接投资对东道国经济增长影响路径分析——基于"一带一路"国家投资的面板数据［J］．工业技术经济，2019，38（08）：83-91.

［118］任保平．新时代我国制造业高质量发展需要坚持的六大战略［J］．人文杂志，2019（07）：31-38.

［119］任保平，李梦欣．中国经济新阶段质量型增长的动力转换难点与破解思路［J］．经济研究参考，2021（10）：85-95.

［120］任保平，李禹墨．新时代我国高质量发展评判体系的构建及其转型路径［J］．陕西师范大学学报（哲学社会科学版），2018，47（03）：105-113.

［121］任保平，朱晓萌．新时代中国高质量开放的测度及其路径研究［J］．统计与信息论坛，2020，35（09）：26-33.

［122］沈坤荣，傅元海．外资技术转移与内资经济增长质量——基于中国区

域面板数据的检验 [J]. 中国工业经济，2010（11）：5-15.

[123] 师博，任保平. 中国省际经济高质量发展的测度与分析 [J]. 经济问题，2018（04）：1-2.

[124] 石莹，何爱平. 以全面、协调、可持续发展理念看待生态文明——基于马克思主义经济学的视域 [J]. 当代经济研究，2015（04）：66-72.

[125] 史本叶，马晓丽. 中国特色对外开放道路研究——中国对外开放40年回顾与展望 [J]. 学习与探索，2018（10）：118-125.

[126] 斯丽娟. "一带一路"倡议与区域对外开放度时空演化 [J]. 西北师大学报（社会科学版），2019，56（03）：118-126.

[127] 宋明顺，张霞，易荣华，朱婷婷. 经济发展质量评价体系研究及应用 [J]. 经济学家，2015（02）：35-43.

[128] 苏丹妮，盛斌，邵朝对. 国内价值链、市场化程度与经济增长的溢出效应 [J]. 世界经济，2019，42（10）：143-168.

[129] 隋广军，黄亮雄，黄兴. 中国对外直接投资、基础设施建设与"一带一路"国家经济增长 [J]. 广东财经大学学报，2017，32（01）：32-43.

[130] 孙根紧，丁志帆. 我国经济增长效率影响因素的实证研究 [J]. 统计与决策，2015（07）：125-128.

[131] 孙晓华，郭旭，王昀. 产业转移、要素集聚与地区经济发展 [J]. 管理世界，2018，34（05）：47-62，179-180.

[132] 孙晓华，郭玉娇. 产业集聚提高了城市生产率吗？——城市规模视角下的门限回归分析 [J]. 财经研究，2013，39（02）：103-112.

[133] 唐红祥，张祥祯，吴艳，等. 中国制造业发展质量与国际竞争力提升研究 [J]. 中国软科学，2019（02）：128-142.

[134] 唐琼. "双循环"格局下中国制造业高质量发展的实践路径 [J]. 技术经济与管理研究，2022（06）：111-116.

[135] 田秋生. 高质量发展的理论内涵和实践要求 [J]. 山东大学学报（哲学社会科学版），2018（06）：1-8.

[136] 佟家栋. 分工与国际经济保护主义：驳"中国威胁论" [J]. 世界经济，2017，40（06）：3-22.

[137] 万伦来，陈永瑞. 知识产权保护对经济高质量发展的影响——来自

2008—2017 年中国 30 个省份的经验数据 [J].科技管理研究，2021，41（17）：136-143.

［138］汪芳，石鑫.中国制造业高质量发展水平的测度及影响因素研究 [J].中国软科学，2022（02）：22-31.

［139］王高凤，郑玉.中国制造业生产分割与全要素生产率——基于生产阶段数的分析 [J].产业经济研究，2017（04）：80-92.

［140］王晗，何枭吟.服务业开放与地区绿色全要素生产率提升——基于中国省际面板数据的实证分析 [J].华东经济管理，2021，35（11）：1-11.

［141］王卉彤，刘传明，刘笑萍.中国城市战略性新兴产业发展质量测度及时空特征分析 [J].城市发展研究，2019，26（12）：130-136.

［142］王俊，陈国飞."互联网+"、要素配置与制造业高质量发展 [J].技术经济，2020，39（09）：61-72.

［143］王腊芳，谢锐，阳立高，陈湘杰，解洪秀.中国与"一带一路"国家经济增长的双向溢出效应 [J].中国软科学，2020（12）：153-167.

［144］王立平，李缓.制造业智能化、产业协同集聚与经济高质量发展——基于高技术产业与生产性服务业实证分析 [J].管理现代化，2021，41（02）：24-28.

［145］王丽丽.集聚、贸易开放与全要素生产率增长——基于中国制造业行业的门槛效应检验 [J].产业经济研究，2012（01）：26-34.

［146］王美昌，徐康宁."一带一路"国家双边贸易与中国经济增长的动态关系——基于空间交互作用视角 [J].世界经济研究，2016（02）：101-110，137.

［147］王宁，温正，郭占强，李兆耀.城市生态发展评估研究——维度、方法与不确定性 [J].生态经济，2022，38（01）：84-91.

［148］王巧，佘硕."一带一路"倡议实施的产业结构转型升级效应研究——基于中国 285 个城市 PSM+DID 的检验 [J].经济问题探索，2020（02）：132-143.

［149］王伟.中国经济高质量发展的测度与评估 [J].华东经济管理，2020，34（06）：1-9.

［150］王伟，顾飞.省域高质量发展的评价分析——以重庆为例 [J].当代

金融研究，2020（01）：93-99.

[151] 王雅林，何明升．论现代化的发展质量 [J]．社会学研究，1997（03）：36-44.

[152] 王玉燕，涂明慧．国内大循环与制造业全球价值链地位——兼论双循环发展格局的新思路 [J]．商业研究，2021（06）：44-54.

[153] 王跃生，吕磊．"一带一路"建设、全球结构重建与世界经济增长新引擎 [J]．中国特色社会主义研究，2016（04）：23-28.

[154] 魏婕，任保平．中国各地区经济增长质量指数的测度及其排序 [J]．经济学动态，2012（04）：27-33.

[155] 魏敏，李书昊．新时代中国经济高质量发展水平的测度研究 [J]．数量经济技术经济研究，2018（11）：3-20.

[156] 温忠麟．张雷，侯杰泰，刘红云．中介效应检验程序及其应用 [J]．心理学报，2004（05）：614-620.

[157] 温忠麟，叶宝娟．中介效应分析：方法和模型发展 [J]．心理科学进展，2014，22（05）：731-745.

[158] 文东伟．资源错配、全要素生产率与中国制造业的增长潜力 [J]．经济学（季刊），2019，18（02）：617-638.

[159] 巫强，刘志彪．中国沿海地区出口奇迹的发生机制分析 [J]．经济研究，2009，44（06）：83-93.

[160] 吴刚，魏修建，解芳．区域对外开放、全要素生产率与经济高质量发展 [J]．经济问题，2022（04）：108-115.

[161] 吴杨伟，李晓丹．要素投入提升了制造业贸易竞争力吗？：基于拓展要素和调节效应的双重视角 [J]．世界经济研究，2021（02）：49-63，135.

[162] 夏永祥，张雯．"一带一路"、开放环境与产业集聚发展 [J]．陕西师范大学学报（哲学社会科学版），2019，48（03）：113-127.

[163] 邢彦，杨小辉．"双循环"新发展格局下制造业高质量发展的路径选择——基于技术差距视角 [J]．技术经济与管理研究，2023（02）：117-123.

[164] 徐承红，张泽义，赵尉然．我国进口贸易的产业结构升级效应及其机制研究——基于"一带一路"国家的实证检验 [J]．吉林大学社会科学学报，2017，57（04）：63-75，204.

［165］徐芹．以高水平对外开放推动经济高质量发展［N］．中国社会科学报，2020-12-25（012）．

［166］徐志向，丁任重．新时代中国省际经济发展质量的测度、预判与路径选择［J］．政治经济学评论，2019（01）：172-194．

［167］许和连，亓朋，祝树金．贸易开放度、人力资本与全要素生产率：基于中国省际面板数据的经验分析［J］．世界经济，2006（12）：3-10，96．

［168］许永兵．河北省经济发展质量评价——基于经济发展质量指标体系的分析［J］．河北经贸大学学报，2013，34（01）：58-65．

［169］杨浩昌，李廉水，刘军．产业聚集与中国城市全要素生产率［J］．科研管理，2018，39（01）：83-94．

［170］杨丽花，王跃生．建设更高水平开放型经济新体制的时代需求与取向观察［J］．改革，2020（03）：140-149．

［171］杨仁发，刘勤伟．生产性服务投入与制造业全球价值链地位：影响机制与实证检验［J］．世界经济研究，2019（04）：71-82，135．

［172］杨汝岱．中国制造业企业全要素生产率研究［J］．经济研究，2015，50（02）：61-74．

［173］杨恕．中国西部地区需要什么样的新丝绸之路——从北京的战略构想到兰州的现实诉求［J］．人民论坛·学术前沿，2013（23）：14-19．

［174］杨伟民．贯彻中央经济工作会议精神 推动高质量发展［J］．宏观经济管理，2018（02）：13-17．

［175］杨艳红，卢现祥．中国对外开放与对外贸易制度的变迁［J］．中南财经政法大学学报，2018（05）：12-20，162．

［176］于春海，章凯莉，孙浦阳．服务市场波动、要素依赖与企业技术创新［J］．财贸经济，2023，44（03）：134-149．

［177］余东华．制造业高质量发展的内涵、路径与动力机制［J］．产业经济评论，2020（01）：13-32．

［178］余雷．更高水平开放型经济新体制的构建路径［J］．河南社会科学，2020，28（02）：57-65．

［179］余泳泽，杨晓章，张少辉．中国经济由高速增长向高质量发展的时空转换特征研究［J］．数量经济技术经济研究，2019，36（06）：3-21．

［180］詹新宇，崔培培．中央对地方转移支付的经济增长质量效应研究——基于省际面板数据的系统 GMM 估计［J］．经济学家，2016（12）：12-19.

［181］张二震．从贸易大国走向贸易强国的战略选择［J］．世界经济研究，2016，272（10）：6-8.

［182］张二震，戴翔．当前开放型经济发展的几个认识问题［J］．现代经济探讨，2012（01）：23-27.

［183］张二震，戴翔．高质量利用外资与产业竞争力提升［J］．南开学报（哲学社会科学版），2018（05）：1-10.

［184］张二震，戴翔．更高水平开放的内涵、逻辑及路径［J］．开放导报，2021（01）：7-14.

［185］张二震，戴翔．构建开放型世界经济：理论内涵、引领理念与实现路径［J］．经济研究参考，2019（14）：89-102.

［186］张二震，戴翔．数字赋能中国全球价值链攀升：何以可能与何以可为［J］．阅江学刊，2022，14（01）：109-118.

［187］张军，吴桂英，张吉鹏．中国省际物质资本存量估算：1952—2000［J］．经济研究，2004（10）：35-44.

［188］张可云，蔡之兵．全球化 4.0、区域协调发展 4.0 与工业 4.0——"一带一路"战略的背景、内在本质与关键动力［J］．郑州大学学报（哲学社会科学版），2015，48（03）：87-92.

［189］张良悦，刘东．"一带一路"与中国经济发展［J］．经济学家，2015（11）：51-58.

［190］张梁梁，杨俊，张华．社会资本的经济增长效应［J］．财经研究，2017，43（05）：31-43.

［191］张士杰，饶亚会．基于组合评价的经济发展质量测度与时序分析——来自中国 1978—2013 年数据的实证研究［J］．财贸研究，2016，27（03）：10-17.

［192］张学鹏，曹银亮．"一带一路"愿景下经济开放与西部地区生产率增长——基于中国西部省际面板数据的历史经验与前景预测［J］．财经理论研究，2019，186（01）：34-41.

［193］张艳艳，于津平，李德兴．交通基础设施与经济增长：基于"一带

一路"国家铁路交通基础设施的研究［J］. 世界经济研究，2018（03）：56-68，135.

［194］张幼文. 以要素流动理论研究贸易强国道路［J］. 世界经济研究，2016（10）：3-6.

［195］张云飞. 城市群内产业集聚与经济增长关系的实证研究——基于面板数据的分析［J］. 经济地理，2014，34（01）：108-113.

［196］赵蓓文. "一带一路"与中国对外开放的协同发展［J］. 南开学报（哲学社会科学版），2019（06）：11-16.

［197］赵霞. "双循环"新发展格局下中国制造业实现高质量发展的路径研究［J］. 改革与开放，2022（19）：28-34.

［198］郑江淮，郑玉. 新兴经济大国中间产品创新驱动全球价值链攀升——基于中国经验的解释［J］. 中国工业经济，2020（05）：61-79.

［199］郑立伟，张纲，蒋家东，王赟松. 制造质量强国指标体系研究［J］. 中国工程科学，2015，17（07）：76-82.

［200］中国经济增长前沿课题组，张平，刘霞辉，袁富华，陈昌兵，陆明涛. 中国经济长期增长路径、效率与潜在增长水平［J］. 经济研究，2012，47（11）：4-17，75.

［201］周圣强，朱卫平. 产业集聚一定能带来经济效率吗：规模效应与拥挤效应［J］. 产业经济研究，2013（03）：12-22.

［202］朱承亮，岳宏志，李婷. 中国经济增长效率及其影响因素的实证研究：1985-2007 年［J］. 数量经济技术经济研究，2009，26（09）：52-63.

［203］朱天明. "一带一路"建设促进区域协调发展的机制与路径［J］. 中共中央党校学报，2017，21（02）：37-44.